**BERND BUCHTERKIRCH** REDAKTIONSLEITUNG

Iwwer Frankfort geht nix!“, fand einst der Frankfurter Dichter, Satiriker und Freiheitsdenker Friedrich Stoltze. Große Worte. Seinem Ausspruch scheint heute nur wenig entgegenzustehen. Frankfurt boomt. Seit Jahren wächst die Mainmetropole – rund 770.000 Menschen wohnen inzwischen in der internationalen Stadt mit urbanem Lebensstil, kurzen Wegen und beachtlichem Kultur- und Naturangebot. Zudem zeigen die erfolgreichen Ansiedlungen zahlreicher Unternehmen und Institutionen, dass Frankfurt nach wie vor eine hohe Anziehungskraft als internationaler Standort ausübt. Und auch in Studien reüssiert sie. 2023 etwa führte die Stadt zum ersten Mal die Rangliste der Städte mit der höchsten Lebensqualität für Expatriates in Deutschland an, weltweit landet sie bei der von der Beratungsgesellschaft Mercer durchgeführten internationalen Vergleichsstudie auf Platz 6. Entwicklungen, die für sich selbst sprechen. Im Ergebnis positive Meldungen auf sehr vielen Ebenen.

Dabei mutet es manchmal an, als sei die Geburtsstadt Goethes getrieben, immer wieder auf der Suche, sich selbst zu finden. Wenige Schlagworte, Rankings und Superlative zur Selbstbeschreibung werden ausgelassen: Europastadt, Finanzplatz, Global City, Green City, Krönungsstadt, Mainhattan, Metropole, Sportstadt, Stiftungshauptstadt und einige mehr. All diese Zuschreibungen haben ihren zutreffenden Kern und sind keineswegs leere Worthülsen. Doch hat diese alte Messe- und Handelsstadt, die bis heute von einem breiten bürgerlichen Engagement getragen wird, all diese plakativen Bezeichnungen nötig?

Frankfurt ist einmalig und besonders. Seine Qualitäten, die vor allem in den Stadtteilen sichtbaren unterschiedlichen Facetten, seine charmanten Ecken und Kanten, die Brüche und Kontraste, die hier auf engstem Raum wie selbstverständlich nebeneinanderliegen, und vor allem seine Bevölkerung, die jeden offen willkommen heißt, sind ein Schatz – sie sprechen für sich und verdeutlichen, wie lebens- und liebenswert Frankfurt ist.

Mit den vorliegenden Seiten wollen wir Interesse und Neugierde wecken, in diese Stadt einzutauchen, sie mit allen Sinnen zu erleben und zu entdecken. Dabei werfen wir auch einen Blick über den Tellerrand hinaus auf nahe gelegene Ausflugsziele rund um die Mainmetropole, denn nichts ist so abwechslungsreich wie die Region Frankfurt/RheinMain.

**Wir wünschen Ihnen viel Vergnügen beim Genießen und Entdecken all der Eigenschaften, die Frankfurt so einmalig machen!**

Iwwer Frankfort geht nix!“ (Nothing beats Frankfurt!) once said the Frankfurt poet, satirist, and freedom thinker Friedrich Stoltze. Big words. But there seems to be little to contradict his statement today. Frankfurt is booming. The Main metropolis has been growing for years - approximately 770,000 people now live in this international city with its urban lifestyle, short distances, and remarkable cultural and nature offerings. In addition, the successful establishment of numerous companies and institutions shows that Frankfurt continues to be a highly attractive international location. In 2023, for example, the city topped the ranking of cities with the highest quality of life for expatriates in Germany for the first time and was ranked 6th worldwide in the international comparative study conducted by the consulting firm Mercer. Developments that speak for themselves. The result is positive news on many levels.

At the same time, it sometimes seems as if the city of Goethe‘s birth is driven by a constant search to find itself. Few buzzwords, rankings, or superlatives to describe itself are left out: European city, financial center, global city, green city, coronation city, Mainhattan, metropolis, sports city, foundation capital and a few more.

All these attributions are accurate and are by no means empty phrases. But does this old trade fair and commercial city, which is still supported by a broad civic commitment today, need all these bold descriptions?

Frankfurt is unique and special. Its qualities, the different facets visible above all in the city‘s districts, its charming nooks and crannies, the breaks and contrasts that coexist here in the smallest of spaces as a matter of course, and above all its population, which openly welcomes everyone, are a treasure – they speak for themselves and illustrate how liveable and lovable Frankfurt is.

With these pages, we want to arouse interest and curiosity to immerse yourself in this city, to experience and discover it with all your senses.

We also look beyond the horizon to nearby excursion destinations around the Main metropolis because nothing is as varied as the Frankfurt/Rhine-Main region.

**Above all, we wish you lots of fun discovering and enjoying all the qualities that make Frankfurt so unique!**

# INHALT

# **TRENDWENDE** AUF HOHEM NIVEAU?

**Wohnungen in Frankfurt – ein Kapitel für sich. Dabei scheint es gute Nachrichten zu geben, denn die Zeit, in der die Preise für Wohnungen in der Mainmetropole nur eine Richtung kannten, nämlich senkrecht nach oben, ist vorüber. Und dennoch: Für die meisten Menschen sind sie weiterhin unerschwinglich. Dies belegen die Zahlen des Gutachterausschusses für Immobilienwerte für den Bereich der Stadt Frankfurt. Das unabhängige Gremium wertet alle Kaufverträge in der Stadt aus.**

Die Kosten für neue Eigentumswohnungen in Frankfurt sind nach etwa zehn Jahren mit permanent starkem Anstieg 2023 erstmals gesunken – sie gingen im letzten Jahr um rund 9 Prozent zurück und liegen im Durchschnitt bei 7.530 Euro pro Quadratmeter Wohnfläche. Massiv zurück gingen die Transaktionszahlen von Neubauwohnungen: von 1844 im Jahr 2015 auf 101 im Jahr 2023 (2022: 467). Dabei wurden die teuersten neuen Eigentumswohnungen in Sachsenhausen mit 11.450 Euro und auf dem Riedberg mit 8.800 Euro pro Quadratmeter Wohnfläche verkauft. Im Gutleutviertel/Gallus bzw. in Bockenheim lagen die Neubaupreise bei 7.510 Euro bzw. 7.200 Euro pro Quadratmeter Wohnfläche. Lagen wie Rödelheim und Oberrad erzielten Kaufpreise in ähnlicher Größenordnung.

Insgesamt wurden laut der Immobilienexperten im vergangenen Jahr im Schnitt 5.250 Euro pro Quadratmeter Eigentumswohnung bezahlt. Nahezu die Hälfte (48 Prozent) aller Eigentumswohnungen wechselte sogar für weniger als 5.000 Euro pro Quadratmeter den Eigentümer (2021 waren es nur lediglich 27 Prozent) – und nur für fünf Prozent der Wohnungen wurden 10.000 Euro oder mehr gezahlt. Für den stellvertretenden Vorsitzenden des Gutachterausschusses, Michael Debus, „eine Trendwende“.

Auch die Preise für Reihenmittelhäuser im Bestand waren im Jahr 2023 ebenfalls gesunken. Im Durchschnitt wurde für ein Reihenmittelhaus im Jahr 2023 ein Preis von 502.000 Euro gezahlt. Das vergangene Jahr habe gezeigt, der Frankfurter Immobilienmarkt ist nicht langweilig, die Zeiten, in denen die Preise für Wohnungen stiegen und stiegen, seien vorbei,

so Michael Debus, stellvertretender Vorsitzender des Gutachterausschusses. „Wir haben Preisrückgänge von 10 bis 20 Prozent verzeichnet."

Die Preisrückgänge 2023 sieht der Gutachterausschuss durchaus als „übliche Marktschwankung" an. Marktteilnehmer könnten nicht davon ausgehen, dass dauerhaft mit jährlichen Preissteigerungen von zehn bis fünfzehn Prozent zu rechnen ist. Rahmenbedingungen, wie kriegerische Auseinandersetzungen, Pandemien, Baukostensteigerung, Höhe der Kreditzinsen und der Inflationsrate, könnten sich sehr schnell ändern und auch den Immobilienmarkt beeinflussen.

Für 2024 und 2025 erwarten die Mitglieder des Gutachterausschusses, dass sich die Verkaufspreise bei Eigentumswohnungen zum Teil stabilisieren werden und Einfamilienhäuser weiterhin begehrt bleiben. Außerdem gehen sie davon aus, dass sich die Entwicklung der Einwohnerzahl in Frankfurt negativ auf die Mieten auswirke.

Marcus Gwechenberger, Dezernent für Planen und Wohnen der Stadt Frankfurt unterstreicht deshalb: „Einerseits begrüße ich die Preisrückgänge. Andererseits sorgen die Gründe für die gesunkenen Preise, also höhere Finanzierungskosten, Inflation sowie gestiegene Baukosten, nicht dafür, dass auch die normalverdienende Bevölkerung in Frankfurt Eigentum erwerben kann. Es wird daher immer wichtiger, dass bezahlbare Mietwohnungen errichtet und gesichert werden. Derzeit sind in Frankfurt, über 10.000 Wohnungen in Bau, davon werden 3.000 Wohnungen als geförderte Mietwohnungen für Preise zwischen 5,50 und 10,50 Euro pro Quadratmeter vermietet werden."

## **WOHNUNGSBAU**GESELLSCHAFTEN

**ABG FRANKFURT HOLDING**
„Wohnen für alle": Mit über 54.000 Wohnungen bietet der Wohnungs- und Immobilienkonzern in Frankfurt und im Rhein-Main-Gebiet sowohl frei finanzierten als auch geförderten Wohnraum für fast ein Viertel der hiesigen Bevölkerung an.
**www.abg.de**

**GSW GEMEINNÜTZIGES SIEDLUNGSWERK GMBH**
Der Schwerpunkt liegt in Frankfurt – hier gibt es etwa 4.000 Wohnungen in vielen Stadtteilen. Menschen in jedem Alter und jeder Lebenslage wird ein attraktives, bezahlbares Zuhause geboten.
**www.gsw-ffm.de**

**NASSAUISCHE HEIMSTÄTTE / WOHNSTADT!**
Das größte Wohnungsunternehmen in Hessen bietet rund 60.000 Mietwohnungen an 113 Standorten. In Frankfurt gehören nahezu in allen Stadtteilen attraktive und bezahlbare Mietwohnungen in allen Größen und mit individueller Ausstattung zum Bestand. Der Gesellschaftsauftrag: Menschen ein bezahlbares Zuhause zu geben.
**www.naheimst.de**
**www.wohnen-in-der-mitte.de**

**GWH IMMOBILIEN HOLDING GMBH**
Mit rund 53.000 verwalteten Wohnungen gehört die GWH-Gruppe zu den größten Wohnungsunternehmen in Hessen. Sie ist aber nicht nur Vermieter von Wohnraum für alle Altersklassen und zu fairen Preisen, sondern auch Immobilienhändler, Bauträger und Projektentwickler, immobiliennaher Dienstleister und Fondshaus.
**www.gwh.de**

# **GEMEINSCHAFTLICHES** WOHNEN

**NETZWERK FRANKFURT FÜR GEMEINSCHAFTLICHES WOHNEN E.V.**
Der Bedarf an alternativen und tragfähigen Wohn- und Lebensformen wächst. Der Verein ermöglicht den Austausch zwischen Menschen, die am gemeinschaftlichen Wohnen interessiert sind. Wer seine Wohnsituation verändern, eine Initiative gründen oder eine Gemeinschaft suchen will, die sich unabhängig von Alter, Herkunft und Einkommen füreinander interessiert und verantwortlich fühlt, ist hier richtig.
**www.gemeinschaftliches-wohnen.de**

**WOHNGENO**
Als junge Genossenschaft will die WohnGeno gemeinschaftliche Wohnprojekte und innovative Wohnformen verwirklichen. Dabei soll solidarisch-ökologisches Wohnen mit Urbanität verbunden und bezahlbarer Wohnraum in Frankfurt geschaffen werden. Das Wohnprojekt „BeTrift" in Niederrad ist das größte Frankfurter Mehrgenerationenhaus und wird im Rahmen des Bundesmodellprogramms „Gemeinschaftlich wohnen, selbstbestimmt leben" als Modellprojekt gefördert.
**www.wohngeno.org**

**ANDERS LEBEN – ANDERS WOHNEN E.V.**
Generationsübergreifendes Wohnprojekt. Das Zusammenleben unter einem Dach basiert darauf, dass sich alle Mieter gleichermaßen einbringen. So unterstützen die Älteren bei der Kinderbetreuung, während die Jüngeren Besorgungen machen und handwerkliche Tätigkeiten übernehmen.
**www.gemeinschaftliches-wohnen.de**

**SEN-SE E.V.**
Seniorenselbsthilfe für gemeinschaftliches Wohnen im „dritten Lebensalter" nach dem Motto „Gemeinsam statt Einsam". In Niederursel gibt es barrierefreie Mietwohnungen sowie ein stadtteiloffener Gemeinschaftsraum, der zentrale Kommunikationszone ist. Man kann sich treffen und gegenseitig helfen oder gemeinsame Aktivitäten und Interessen pflegen.
**Weißkirchener Weg 7, 60439 Frankfurt**

**MATCHING-PLATTFORM**
Die Plattform bringt Menschen zusammen, die das Wohnen und Leben in Gemeinschaft revolutionieren wollen. „Wie will ich leben und vor allem mit wem?" – wer sich solche Fragen stellt und Menschen sucht, mit denen der Alltag geteilt und nachhaltig zusammengelebt wird, kann sich hier zugehörig fühlen.
**www.bring-together.de**

**MITWOHNEN IM TAUSCH**
Die Seite vermittelt keine Interessenten, bringt aber Wohnungssuchende, die Hilfeleistungen anbieten sowie Vermieter, die Unterstützung im Haushalt oder Betrieb wünschen, zu beiderlei Vorteil zusammen.
**www.mitwohnen.org**

**GIMA Frankfurt eG**
Die Stadt Frankfurt ist Mitglied in der Genossenschaftlichen Immobilienagentur Frankfurt eG (GIMA Frankfurt). Ziel dieser Genossenschaft ist es, verantwortungsbewusste Eigentümer, Bewohner und gemeinwohl-orientierte Immobilienunternehmen wie die Frankfurter Genossenschaften zusammenzubringen und so vermehrt faire und sozialverträgliche Hausverkäufe zu ermöglichen.

Damit Eigentümern von Immobilien in Frankfurt künftig eine passende Ansprechpartnerin zur Seite steht, wenn sie ihr Haus auf sozialverträglichem Wege verkaufen wollen, wurde die GIMA Frankfurt eG gegründet. Das Netzwerk rund um die GIMA Frankfurt eG ermöglicht es Eigentümern, ihre Immobilie zu fairen Preisen an Genossenschaften und andere gemeinwohl-orientierte Wohnungsunternehmen zu vermitteln und zu verkaufen. Zugleich wird abgesichert, dass die Mieter im Haus dauerhaft zu guten Bedingungen dort wohnen (bleiben) können.
**https://gima-frankfurt.de**

## **WOHNUNG** FINDEN

**FRANKFURT FAIRMIETEN**
Auf der Website dieses städtischen Angebots für Haushalte mit mittlerem Einkommen werden Mietwohnungen für 8,50 bis 10,50 Euro pro Quadratmeter angeboten. Interessenten können sich ausrechnen lassen, ob sie für eine geförderte Wohnung in Frage kommen. Mit einer entsprechenden Bescheinigung kann man dann Vermieter solcher Wohnungen direkt kontaktieren.
**www.frankfurt-fairmieten.de**

**KOMMUNALE IMMOBILIENPLATTFORM IN HESSEN**
Hier findet man für jede Kommune und jeden Kreis in Hessen eine eigene regionalisierte Immobilienbörse mit dem Immobilienangebot von Kommunalverwaltungen, Privatpersonen und örtlichen Immobilienmaklern.
**www.kip.net/hessen**

## **BELIEBTE IMMOBILIENPORTALE** DEUTSCHLANDS

- **Immobilienscout24.de**
- **Immowelt.de**
- **WG-Gesucht.de**
- **Immonet.de**
- **Kalaydo.de**
- **Wohnungsboerse.net**
- **Immobilo.de**
- **Immobilien.de**
- **1a-immobilienmarkt.de**
- **wunschimmo.de**
- **Immoforless.de**
- **Ohne-Makler.net**
- **My-next-home.de**
- **Immopool.de**
- **Wohnung-jetzt.de**
- **Wohnungshelden.de**
- **Ebay-kleinanzeigen.de**

The Flag

# LONG **STAY**

## EINE AUSWAHL

**Wer länger als ein paar Nächte in einer fremden Stadt bleibt, freut sich über ein Hotelzimmer, in dem man sich mehr als nur einen Tee oder Kaffee zubereiten kann.**
**Für das „Wohnen auf Zeit", also einen Aufenthalt von mehreren Monaten, bieten manche Häuser Apartments mit unterschiedlichem Service-Umfang.**

**THE FLAG**
Wohnen auf Zeit für Business und Reise in Serviced Apartments beziehungsweise einem Hotel, das genau dafür ausgerichtet ist: Das „The Flag Oskar M." bietet attraktiven Longstay-Aufenthalt von bis zu sechs Monaten – und das in zentraler Lage nahe der EZB. Jedes der großzügigen Apartments verfügt über eine eigene Loggia, größtenteils mit direktem Blick auf die Skyline oder den Main. Mitten im Westend liegt das „The Flag West M." und damit in unmittelbarer Nähe der Alten Oper und der lebendigen Innenstadt.
**www.the-flag.de**

studiomuc

**STUDIOMUC**
Eine gute Adresse für den bleibenden Eindruck: Serviced Apartments für gehobene Ansprüche und in zentraler Lage Frankfurts. Eine Wohn- und Lebenswelt auf Zeit mit Concierge-Service, Fitness-Area, Sky-Lounge auf dem Dach, erlesener Ausstattung und Feng Shui-Garten.
**www.studiomuc.de**

**THE DOORMAN DIE WELLE FRANKFURT**
Großzügige High Class Serviced Apartments und vielfältige Service-Pakete garantieren stilvollen Langzeitaufenthalt, einzigartigen Wohlfühlkomfort und luxuriöses Wohnerlebnis in bester Lage. Ein 24-Stunden-Concierge-Service bietet umfangreiche Dienstleistungen.
**www.thedoorman.de**

Doorman

**Kein Hotel, sondern eine Gästegemeinschaft zu sein, ist das Motto der stilvollen Hotel-WG Lindley.**

### LINDENBERG

Das Lindenberg ist weder Hotel noch Wohngemeinschaft. Und ist doch beides zugleich: eine Gästegemeinschaft. Das Lindenberg lädt ein zum zeitlosen Bleiben. Übernachtungsgäste sind genauso willkommen wie solche, die für Tage, Wochen, Monate oder gar Jahre ein zweites Zuhause suchen.

**www.thelindenberg.com**

**Bold Frankfurt Messe**

### BOLD FRANKFURT MESSE

Im Bold Gästekollektiv kann jeder machen, was er will, ob in einer WG, voll ausgestatteten Einzelstudios oder Apartments. Das Zuhause auf Zeit bietet alles zum Arbeiten, Erholen und Sein: Kitchenette, Schreibtisch, Kühlschrank und ein bequemes Bett. Wäscheservice, WLAN und Urban Garden kommen hinzu, Hunde sind willkommen!

**www.bold-hotels.com**

### STAYERY SACHSENHAUSEN

Stayery Frankfurt verbindet in Sachsenhausen den Komfort einer Wohnung mit dem Service eines Hotels. Deshalb erwartet Gäste neben den Serviced Apartments auch das großzügige Loft. Die Apartments wurden vom Berliner Designer studio aisslinger so konzipiert, dass Gäste nur noch ankommen müssen.

**www.stayery.com**

# **DIE STADT** UND IHRE **DÖRFER**

**Frankfurts Stadtteile sind so unterschiedlich wie die Menschen, die hier leben. 43 Stadtteile gibt es in der Mainmetropole und jeder hat ein eigenes unverwechselbares Gesicht, keiner gleicht dem anderen. Es ist für jeden Geschmack und jedes Bedürfnis etwas dabei.**

© Christoph Boeckheler

**ZEILSHEIM**
Ganz im Westen der Stadt gelegen, hat sich der 794 erstmals urkundlich erwähnte Ort mit seinen verwinkelten Gassen, der katholischen Bartholomäuskirche und ehemaligen Bauernhöfen seinen teils dörflichen Charme bewahrt. Die denkmalgeschützte „Zeilsheimer Kolonie", die Anfang des 20. Jahrhunderts im Auftrag der damaligen Farbwerke Höchst entstanden ist, gilt als gelungenes Beispiel für den Bau von Arbeiterwohnungen. Schlagzeilen machte der 1928 eingemeindete Stadtteil durch das von den U.S.-Amerikanern eingerichtete Lager für Displaced Persons – von 1945 bis 1948 lebten dort etwa 4.000 Überlebende, bis ihnen die Weiterreise nach Amerika oder Israel genehmigt wurde.

**WESTEND**
Wohlhabende Bürger bauten sich hier Mitte des 19. Jahrhunderts ihre Domizile. Bis heute prägen im zentral gelegenen und gut angeschlossenen Westend imposante Gründerzeitfassaden und großbürgerliche Häuser die Straßenzüge. Mit dem Uni-Campus, dem Rothschild-Park, dem Grüneburgpark, dem Botanischen Garten und dem Palmengarten sowie einer Fülle von Einkaufs- und Genussmöglichkeiten wird hier Lebens- und Freizeitqualität großgeschrieben.

**UNTERLIEDERBACH**
Seinen Namen hat der Stadtteil vom Liederbach, der durch den bereits angeblich um 550 gegründeten Ort fließt. Dörflich präsentiert sich der Stadtkern samt Fachwerkhäusern und barocker Dorfkirche. Von der A66 aus fällt die lange, bewohnte Hochhäuserfront am Cheruskerweg auf. Die Papageiensiedlung dient seit Mitte der 1970er als Lärmschutz. In der Nähe Unterliederbachs befinden sich mit der Jahrhunderthalle und der Fraport Arena zwei Orte für Veranstaltungen, Events und Sport.

**SOSSENHEIM**
Ein Großteil des Stadtteils gehört zum Naturschutzgebiet Frankfurter Grün-Gürtel. Schon zu römischen Zeiten gab es im Ort Ziegeleien, die den Vordertaunus und die Wetterau mit Baumaterial versorgten. Und der Leichnam des Heiligen Bonifatius wurde 754 während seiner Überführung von Mainz nach Fulda auch in Sossenheim vorbeigetragen. Das Wahrzeichen des Stadtteils ist der „Faulbrunnen". Gegenüber dem ehemaligen Rathaus bohrte man 1925 ein tiefes Loch, weil man Mineralwasser in der Tiefe vermutete. Die Sossenheimer Träume, Heilbad zu werden, währten nicht lange, denn das Wasser stank wegen des hohen Schwefelgehalts.

**SINDLINGEN**
Mit knapp 88 Metern über dem Meeresspiegel ist das Sindlinger Mainufer der tiefst gelegene Punkt der Mainmetropole. Der Stadtteil ist durch die Bahnstrecke zweigeteilt: Im nördlichen Teil entstanden kontinuierlich Neubausiedlungen, u.a. die Ferdinand-Hofmann-Siedlung, mit deren Bau 1920 begonnen wurde. Der über 1.200 Jahre alte Sindlinger Ortskern samt rund 150 denkmalgeschützter Gebäude befindet sich im Süden der Bahnlinie. Im Meisterpark hat einer der Gründer der Farbenwerke Höchst seine schlossähnliche Villa am Main errichtet.

Foto: Stephanie Agethen

**SECKBACH**
Der Stadtteil hat das am besten erhaltene fränkische Fachwerk-Ensemble in Frankfurt. 1900 wurde Seckbach eingemeindet, Frankfurt gewann damit benötigten Wirtschafts-, Lebens- und Erholungsraum. Da nach dem Zweiten Weltkrieg dringend Wohnraum benötigt wurde, entstanden moderne Bauten wie die Atzelbergsiedlung. Doch bis heute ist das dörfliche Flair mit verwinkelten Gassen und alten Hofreiten im Zentrum des im Jahre 880 als „villa Seckibah" (Sickerwasser) urkundlich erwähnten Ortes spürbar. Naherholung wird hier großgeschrieben: Der Huthpark, das Naturschutzgebiet Seckbacher Ried, das Heiligenstockgelände mit Streuobstwiesen, das MainÄppelHaus und der Lohrpark samt seiner Spiel- und Liegewiesen unterstreichen den enormen Freizeitwert dieses Stadtteils. Vom Lohrberg, Frankfurts Hausberg mit 185 Metern, hat man einen beeindruckenden Blick auf die Skyline. Zudem wird an seinem Hang im städtischen Weingut Wein angebaut.

Solmspark in Rödelheim

**SCHWANHEIM**
Der kleine Ort am Südufer des Mains war zunächst ein Dorf der Bauern, dann der Industriearbeiter – aber auch immer ein Ort der Künstler. Der um 880 n. Chr. als „Sweinheim" bekannt gewordene Stadtteil hat sich seine urigen Ecken erhalten. Sehenswert ist u.a. die „Schwanheimer Düne", eine 58,5 Hektar große Binnendüne, und der Schwanheimer Wald mit seiner Vielzahl von Eichen und Hainbuchen. Übrigens: Die Schwanheimer Wiese ist die größte Frankfurts. Vor 10.000 Jahren floss hier der Urmain.

**SACHSENHAUSEN**
Dank seiner zentralen Lage und hohen Lebensqualität gehört der Stadtteil, der liebevoll auch „Dribbdebach" (auf der anderen Mainseite) genannt wird, zu den beliebtesten in Frankfurt. Für viele Menschen ist Sachsenhausen der Stadtteil der „Stöffche": viele Ebbelwoi-Kneipen laden hier zum geselligen Beisammensein ein. Weit über nationale Grenzen hinaus hat das Sachsenhäuser Mainufer Bekanntheit erlangt. Zahlreiche Museen von internationalem Rang liegen wie aufgereiht, beispielsweise das Städel, das Deutsche Filmmuseum, das Liebieghaus, das Museum für Angewandte Kunst und das Museum für Weltkulturen. Überhaupt ist das begrünte Mainufer mit Blick auf die Hochhaus-Skyline an sich schon ein Anziehungspunkt. Mit ihren Fachgeschäften, Cafés und Restaurants ist die Schweizer Straße die zentrale Shopping- und Verweilmeile.

**RÖDELHEIM**
Rödelheims jahrhundertlange Geschichte reicht bis ins Jahr 788 zurück, denn damals wurde der Ort als Radilenheim im Lorscher Codex erstmals urkundlich erwähnt. Eng verknüpft ist Rödelheim mit dem berühmten Namen Brentano. Großkaufmann Georg Brentano (1775–1851) erwarb an der Nidda einen Privatpark mit Landhaus und baute ihn zum Landschaftspark aus – dem heutigen Brentanopark mit seinem idyllischen Petri-Haus. Letzteres war Anziehungspunkt für politische, künstlerische und geistige Prominenz. Auf einem früheren Teil des Parks ist das Brentanobad entstanden, das größte Beckenbad Deutschlands. Naturidylle lässt sich in Rödelheim auch im auf einer Niddainsel gelegenen Solmspark und seinem alten Baumbestand erfahren. Doch Rödelheim ist auch ein beliebter Wirtschafts-

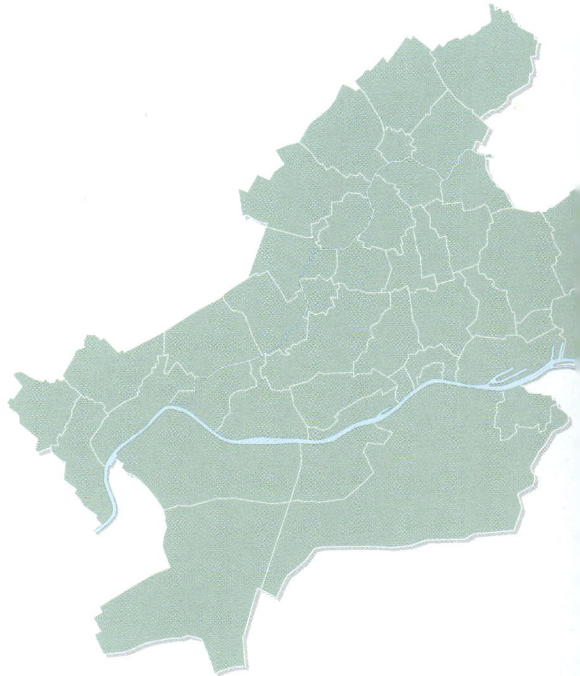

standort. Neben Continental Teves, Sinn Uhren und vielen weiteren, ist die Kelterei Possmann, eine der größten Apfelweinkeltereien, das wohl bekannteste Unternehmen. Der Stadtteil wurde 1910 eingemeindet und dennoch haben die Bewohner mit einem guten Einzelhandelsangebot, mannigfaltigen Freizeitangeboten und Naturidylle nahezu alles direkt vor der Haustür.

### RIEDERWALD

Die ehemalige Arbeitersiedlung im Frankfurter Osten wurde 1910 gegründet und liegt teilweise auf einer Niederung, die zwischen dem Main und einem eiszeitlichen, später versumpften Seitenarm des Mains angeschwemmt wurde. Der namensgebende Riederwald ist der Rest des dort entstandenen Auenwaldes. Der Riederwald fliegt in der öffentlichen Wahrnehmung etwas unter dem Radar, dabei gibt es hier im Stadtbild auch architektonisch eine Menge zu entdecken. Die ersten Bauvorhaben entstanden noch im damaligen Heimatstil mit zweigeschossigen Doppelhausgruppen und hohen Mansardendächern, während sich Mitte der 20er Jahre Konzepte des legendären Städteplaners Ernst May einfügten. Besonders markant ist das Stadttor, auch die umliegenden Häuser sind unbedingt einen Blick wert.

### PREUNGESHEIM

Wer Preungesheim nur auf seine bekannte Justizvollzugsanstalt (Frauengefängnis) reduziert, tut dem lebenswerten Stadtteil im Frankfurter Nordosten unrecht. Der GrünGürtel ist nicht fern, die Naturlandschaften an der Nidda sowie der Bornheimer Hang sind nah – und durch eine günstige Verkehrsinfrastruktur sind unterschiedlichste Ziele in der Stadt gut erreichbar. Ein alter Ortskern, Fachwerkhäuser, Bauten im Jugendstil und Siedlungsgebäude geben den Straßen ihr Gesicht. Neu hinzugekommen ist ein Wohngebiet in der Umgebung der Friedberger Warte. Auf dem ehemaligen US-Kasernen-Gelände sind zahlreiche Wohnungen, Einfamilienhäuser sowie weitere Einkaufsmöglichkeiten und Versorgungsangebote entstanden.

### PRAUNHEIM

Viel Natur und Siedlungen prägen den 1910 eingemeindeten Stadtteil. Die Nidda-Auen und das nahegelegenen Ginnheimer Wäldchen sorgen für hohe Naherholungsqualität. Bekannt ist die Bauhaussiedlung Westhausen, die in den 1920ern von Ernst May an der Ludwig-Landmann-Straße errichtet worden ist. Ausgestattet waren sie mit der legendären Frankfurter Küche, der Mutter der heutigen Einbauküchen. Weitere Siedlungsensembles sind die Siedlung Praunheim und die Heinrich-Lübke-Siedlung. Im historischen Kern des Stadtteils befindet sich mit der Zehnscheune aus dem 14. Jahrhundert ein Zeuge der agrarischen Vergangenheit Praunheims. Heute finden hier Kulturveranstaltungen statt.

### OSTEND

Das ursprünglich reine Arbeiterviertel unterliegt ständigem Wandel, ist voller Dynamik und Brüche. Aus der Ferne ist der Turm der Europäischen Zentralbank sichtbar, die im Jahr 2015 auf das Gelände der früheren Großmarkthalle umzog. Pulsierende Lebensader ist die Hanauer Landstraße mit ihren vielen Autohäusern, Einrichtungsgeschäften und zahlreichen weiteren Läden.
Die Straße ist vor allem bei Nachtschwärmern angesagt. Auf und rund um das alte Union-Brauhaus-Areal gruppieren sich Restaurants, Clubs und Bars. Und auch kulturell hat das Ostend einen reich gedeckten Tisch zu bieten: Volkshochschule, Hoch'sches Konservatorium, Romanfabrik, Fritz-Rémond-Theater, Internationales Theater, Bühnen im Mousonturm, Ensemble Modern, Theater Willy Praml – hier ist für jeden Geschmack etwas dabei. Wer Erholung an der frischen Luft benötigt, der kann den Zoo oder den Main genießen. Der Hafenpark mit Wiesenflächen, multifunktionalen Spielfeldern und Fitnessanlagen ist eine Attraktion.

### OBERRAD

Oberrad ist eng mit der „Grie Soß" (Grüne Soße) verbunden. Im Stadtteil mit den meisten Gärtnerbetrieben Frankfurts gedeihen die sieben Kräuter für das Frankfurter Nationalgericht. Oberrad grenzt im Süden direkt an den Stadtwald. Der Oberräder Teil wird Scheerwald genannt und ist wegen seines Spielplatzes beliebt. Bewegung ist auch am Mainufer angesagt. Im sogenannten „Rudererdorf" haben zahlreiche Vereine ihre Bootshäuser. Gleich nebenan liegt die Gerbermühle, die schon im 18. Jahrhundert als Ausflugslokal genutzt wurde. Schon Goethe genoss von hier den Blick auf den Main.

## NIEDERRAD

Am südlichen Mainufer liegt mit dem ehemaligen Wäscherdorf einer der kleineren Stadtteile der Mainmetropole. Besonders ist vor allem die 1927 entstandene Wohnsiedlung Bruchfeldstraße des Frankfurter Stadtplaners und Architekten Ernst May. Aufgrund ihrer winkligen Fassadenanordnung wird sie auch „Zickzackhausen“ genannt. Vom Barockbau des Frauenhoftors ist noch der sehenswerte Torbogen mit den beiden Seitenflügeln erhalten. In der „Bürostadt Niederrad“ arbeiten täglich Tausende Menschen, inzwischen wird hier nicht genutzter Büroraum in Wohnraum umgewandelt. Mit dem nahegelegenen Stadtwald und dem Carl-von-Weinberg-Park gibt es attraktive Naherholungsziele. Am Mainufer lässt sich im Licht- und Luftbad Niederrad die Sonne genießen und abschalten.

## NIEDER-ESCHBACH

Die ehemals eigenständige Gemeinde wurde erst 1972 Frankfurt eingegliedert. Im historischen Teil ist dörfliche Idylle und landwirtschaftliche Prägung spürbar. Um den alten Ortskern entstanden Wohngebiete. Das Gewerbegebiet expandierte, u.a. eine Ikea-Filiale und ein Hornbach-Baumarkt haben sich hier niedergelassen.

## NIEDER-ERLENBACH

Der nördlichste Stadtteil der Mainmetropole liegt näher an Bad Vilbel und Bad Homburg als an Frankfurt. Angrenzend zur Wetterau hat sich der über 1.200 Jahre alte Ort mit den engen Straßen und restaurierten Fachwerkhäusern seinen Charakter bewahrt. Trotz des ländlichen Umfeldes finden sich hier alte und große Anwesen Frankfurter Patrizier, beispielsweise der ehemalige Herrensitz von Glauburg und das von Lersner'sche Anwesen, ein ehemaliger schlossartiger Gutshof.

## NORDEND

Kaum vorstellbar, dass das Nordend anfänglich vor allem aus Acker-, Wiesen- und Waldland bestand. In der Gründerzeit begann der große Bauboom – Gründerzeitbauten und Boulevards in wilhelminischem Stil entstanden. Das Nordend ist beliebt, hier hält man sich gerne auf. Mit seinen Einkaufsstraßen, Cafés, Restaurants und Kneipen verströmt der Stadtteil Urbanität par excellence. Hinzu kommt eine fußläufige Nähe zur Innenstadt. Und dennoch finden sich hier etliche grüne Oasen: Im Günthersburgpark gibt es einen Abenteuerspielplatz, der Bethmannpark erfreut Besucher mit einem bunten Schau- und Lehrgarten sowie einem chinesischen Garten samt Pavillon, im Holzhausenpark liegt ein romantisches Wasserschlösschen. Auch der Hauptfriedhof mit seinen vielen Gräbern bekannter Frankfurter Persönlichkeiten und seinem parkähnlichen Charakter lädt zu Spaziergängen ein.

## NIEDERURSEL

Der namensgebende Urselbach plätschert durch den Stadtteil, alte Mühlengebäude sind Zeugen einer reichen Historie und sehenswertes Fachwerk säumt den Ortskern – hier atmet man dörfliche Idylle. Gepaart mit Anschluss an die Moderne. In den achtziger Jahren entstand im Nordosten das Wohn- und Büroquartier Mertonviertel. Die moderne Infrastruktur hat zahlreiche Unternehmen an diesen Standort gelockt, in der sogenannten „Science City“ hat sich die Goethe-Universität mit ihrem naturwissenschaftlichen Campus niedergelassen. Shoppingmöglichkeiten bestehen im weitläufigen Einkaufszentrum Nordwestzentrum. Dank guter Verbindungen ist der Stadtteil problemlos erreichbar.

Foto: Hammerski

### NIED
Am Zusammenfluss von Nidda und Main liegend war Nied bereits zu römischen Zeiten von Bedeutung. Mit dem Anschluss an das Bahnnetz 1879 begann das Bevölkerungswachstum des lange beschaulichen Fischer- und Bauerndorfes. Die Brücke der ehemaligen „Taunus-Eisenbahn" über die Nidda gilt als älteste in Betrieb befindliche Eisenbahnbrücke Deutschlands. Beim Spazieren im Niedwald ist manche Entdeckung zu machen, unter anderem Reste einer römischen Raststation und der Selzerbrunnen (ein sprudelnder Mineralbrunnen). Nördlich kommt man direkt ans Ufer der Nidda-Altarme. Besonderer Höhepunkt sind die Stromschnellen.

### KALBACH-RIEDBERG
Der Stadtteil hat einen hübschen alten Ortskern. In den letzten Jahren hat sich dessen Stadtviertel Riedberg zum größten Neubaugebiet Frankfurts gewandelt. Weit über 6.000 Wohnungen und Häuser bieten Heimat für mehr als 15.000 Menschen. Viele von ihnen arbeiten in der neuen „Science-City". Auf dem naturwissenschaftlichen Campus der Goethe-Universität haben sich Institute angesiedelt, unter anderem auch das Max-Planck-Institut für Biophysik und das Frankfurter Innovationszentrum Biotechnologie.

### HÖCHST
Ganz im Westen am Main gibt es ein ganzes Füllhorn an Entdeckungen zu machen. Das lebendige Höchst verfügt über zahlreiche historische und kulturelle Highlights, exemplarisch wollen wir ein paar herausheben: Die seit 1972 unter Denkmalschutz stehende Höchster Altstadt (das größte geschlossene Fachwerkensemble Frankfurts), die Justinuskirche aus dem Jahr 850 (eines der ältesten erhaltenen Gotteshäuser des Landes), das Alte Schloss samt Schlossplatz, das Renaissanceschloss mit dem gotischen Bergfried, der barocke Bolongaropalast sowie die feine Höchster Porzellanmanufaktur (die zweitälteste in Deutschland). Zudem ist der Stadtteil mit der chemischen Industrie verbunden. Auf dem Gelände der früheren Hoechst AG hat sich inzwischen ein Industriepark mit rund 90 Chemie-, Pharma- und Dienstleistungsunternehmen entwickelt.

### INNENSTADT
Die Innenstadt erstreckt sich rund um den Stadtteil Altstadt und wird umgeben von den Parks der Wallanlagen. Hier ist das Zentrum der Stadt mit seinem vielfältigen Angebot, was angenehm fußläufig zu erreichen ist. Die Ansichten von Wolkenkratzer, Börse, Freßgass' und Alte Oper sind berühmt. Die Städtischen Bühnen, Museen, Ausstellungsräume und so vieles mehr - auch die Kultur ist in der Innenstadt zu Hause. Geschäftig geht es zwischen Hauptwache und Konstablerwache zu. Die Zeil gehört beständig zu den umsatzstärksten Einkaufsstraßen des Landes.

### HEDDERNHEIM

Am Westufer der Nidda liegt mit Heddernheim einer der kleinsten Stadtteile. Hier siedelten einst die Römer, erbauten ein Kastell und gründeten den Ort Nida. Die erste urkundliche Erwähnung erfolgte m 12. Jahrhundert. Für modernere Baukunst steht die Römerstadt, die der berühmte Stadtplaner Ernst May in den 1920er Jahren errichten ließ. Im Ernst May-Haus können Interessierte heute die typische Architektur und Einrichtung besichtigen. Bemerkenswert ist zudem die vom Architekten und Künstler Friedensreich Hundertwasser entworfene Kindertagesstätte. Einkaufsmöglichkeiten in Hülle und Fülle bietet das nahegelegene NordWestZentrum.

Heddernheim bietet kleinstädtisches Flair aber mit den Nidda-Auen, der Urselbachaue und dem Naturschutzgebiet Riedwiesen auch schöne Ziele für einen Spaziergang in der Natur. Zur Fassenacht verwandelt sich der Stadtteil ins närrische „Klaa Paris". Und das seit 1849. Damit findet in Heddernheim die älteste Straßenfassnacht Hessens statt. Zum Höhepunkt am Fastnachtsdienstag schlängelt sich ein großer Umzug durch die engen Gassen und es wird allenthalben friedlich gefeiert.

### HAUSEN

Das ehemalige Mühlendorf am Ufer der Nidda gehört seit 1910 zu Frankfurt. Bis heute hat es sich seine dörfliche Idylle und seinen Charme bewahrt. Hausens kulturelles Zentrum ist die Brotfabrik, auf ihrem Gelände präsentieren bekannte Künstler Salsa, Folk und Jazz. Aber auch Tanzkurse, Partys, Ausstellungen und Lesungen gehören zum Angebot. Im Norden grenzt Hausen an den Niddapark. Spazier- und Radwege entlang der Nidda führen direkt weiter zum beheizten Freibad Hausen, das schon ab April die Schwimmsaison eröffnet. Im Hausener Auwald gibt es ein einzigartiges Vogelschutzgebiet, in dem nur die Natur das Sagen hat. Damit die Vögel ihre Ruhe haben, hat die Stadt das komplette Areal eingezäunt.

### HARHEIM

Der kleine Stadtteil im Norden Frankfurts wird erstmals in einer Urkunde aus dem Jahr 786 erwähnt, 1972 kommt es zur Eingemeindung. Ländlicher Charakter, Fachwerkhäuser und reichhaltige Natur – Harheim ist ein Kleinod. Die Niddaaue ist prädestiniert für Spaziergänge oder Radtouren entlang des Wassers, und im Naturschutzgebiet Harheimer Ried wachsen u.a. Sumpfdotterblumen und Binsen. Ausgesprochen reichhaltig ist das örtliche Vereinsleben.

### GUTLEUTVIERTEL

Das Gutleutviertel liegt im Innenstadtbereich zwischen dem Hauptbahnhof im Norden und dem Mainufer im Süden. Namensgebend ist der mittelalterliche „Gutleuthof", einst ein Anwesen, auf dem Leprakranke betreut und gepflegt worden sind. Heute ist das ehemalige Arbeiterviertel um einige Facetten reicher. So entstand beispielsweise auf dem Gelände des ehemaligen Westhafens zwischen der Friedensbrücke und der Main-Neckar-Brücke ein modernes Stadtquartier mit Büros, Restaurants und Wohnungen, die teilweise über eigene Bootsanlegestege verfügen. Herausstechend ist der 112 Meter hohe Westhafen-Tower, der wegen seiner rautenförmigen Fassade und der daraus resultierenden Ähnlichkeit mit einem Apfelweinglas von den Frankfurter auch „Geripptes" genannt wird.

### GRIESHEIM

Griesheim ist eine Mainperle im Westen der Stadt, deren Attraktivität nicht überall bekannt ist. Neben einem beschaulichen Ortskern mit zahlreichen alten Häusern, vor allem die Backsteinhäuser der damaligen Fabrikarbeiter stechen ins Auge, verströmt das Mainufer malerische Atmosphäre. Boote schaukeln im kleinen Yachthafen sanft hin und her, Angler halten ihre Rute ins Wasser und Passanten spazieren den Main entlang und genießen die Aussicht. Ebenfalls am Main befindet sich die 1932 erbaute Staustufe Griesheim, die lange als die modernste und leistungsfähigste Binnenschifffahrtsanlage Deutschlands galt. Im Stadtteilzentrum gibt es ein umfangreiches Angebot an Einkaufsmöglichkeiten und Gastronomie.

### GINNHEIM

Bekannt ist der Stadtteil vor allem durch den Fernsehturm, liebevoll auch „Ginnheimer Spargel" genannt, der mit 337,5 m das höchste Bauwerk Frankfurts darstellt – aber strenggenommen steht er gar nicht in Ginnheim, sondern im benachbarten Bockenheim. Ginnheim selbst wurde unter dem Namen Gennenheim erstmals im Jahr 722 erwähnt, doch zahlreiche Funde belegen, dass die Geschichte des Ortes weit früher beginnt. Einen Entwicklungsschub erhielt der 1910 eingemeindete Stadtteil durch das berühmte Stadtplanungsprogramm „Neues Frankfurt", als die Wohnsiedlung „Höhenblick" entstand. Zusätzlich wurden weitere markante Siedlungen gebaut. In Ginnheim wohnt man jedoch nicht nur zentral, sondern auch nah an der Natur. Der Niddapark ist ein lohnendes Naherholungsziel, in dem sich gut entspannen und erholen lässt. Und wem das nicht reicht, der kann den „Colorado Park" genießen, ein Abenteuerspielplatz, auf dem Kinder sich nach Herzenslust austoben können.

### GALLUS

Der Name Gallus stammt von Galgenfeld ab. Denn auf dem heutigen Stadtteilgebiet stand einst der Frankfurter Galgen. Das Wahrzeichen des Stadtteils, die „Galluswarte", erinnert an diese Vergangenheit. Sie ist einer von vier erhaltenen mittelalterlichen Warttürmen aus dem 14. Jahrhundert. Das eigentliche Gallusviertel entstand 1888, als der Hauptbahnhof eröffnet wurde. Der Stadtteil wuchs rasant zum Industrie- und Arbeiterviertel. Sehenswert ist die Hellerhof-Siedlung, Ernst May baute von 1929 bis 1932 dieses großflächige Backsteinensemble mit etwa 1.200 Kleinwohnungen. Im Norden ist das Europa-Viertel entstanden. Entlang der Europa-Allee haben sich hier Bürohäuser, Mehrfamilienhäuser, Geschäfte, Hotels, Parks und ein Einkaufszentrum entwickelt.

### FRANKFURTER BERG

Der Frankfurter Berg entstand aus Teilen der benachbarten Stadtteile Bonames, Eschersheim sowie Berkersheim, und zwar erst im Jahr 1996. Eine Siedlung gab es auf dem Gebiet des jüngsten Frankfurter Stadtteils jedoch schon früher. Hochhäuser, Einfamilienhäuser und Neubauten paaren sich mit viel Natur und einer schnellen Verkehrsverbindung in die Innenstadt – das macht den Stadtteil vor allem für junge Familien attraktiv.

### FLUGHAFEN

Ja, richtig gelesen, der Flughafen ist offiziell ein eigener Stadtteil. Insgesamt leben wenige Hundert Einwohner in diesem außergewöhnlichen Stadtteil. Eine kleine Welt für sich. Den Passagieren und Bewohnern stehen in den Flughafenterminals zahlreiche Geschäfte, Supermärkte, Restaurants, Cafés, Kneipen, eine Kirche, Bahnhöfe und eine Klinik zur Verfügung. Neben Bewohnern, Reisenden und Arbeitenden trifft man hier aber auch Luftfahrtenthusiasten, die Flugzeuge beobachten. Aus der Nähe geht Letzteres auf der Besucherterrasse in Terminal 2.

### FECHENHEIM

Behaglich schmiegt sich der Stadtteil in die S-Kurve des Mainbogens. Fisch, Netz und Main – das Stadtteilwappen erinnert daran, dass Fechenheim jahrhundertelang ein ehemaliges Fischerdorf war. Viel Wasser, viel Grün. Gleichzeitig erinnern Casellawerk und Klassikstadt mit ihren auffallenden Backsteingebäuden an den Industriecharme vergangener Zeiten. Eine weitere optische Perle versteckt sich im östlichsten Stadtviertel Frankfurts: das Gartenbad, heute von der TG Bornheim für den Vereinsbetrieb genutzt. 1927 von Martin Elsaesser, dem Architekten der Großmarkthalle, als Hallenbad für die Fechenheimer Arbeiter gebaut. In unmittelbarer Nähe beeindruckt der alte Ortskern mit einer Reihe historischer Gebäude und sympathischer Unaufgeregtheit. Naturliebhaber kommen bei den Grünflächen des Fechenheimer Waldes sowie des Heinrich-Kraft-Parks auf ihre Kosten. Und der idyllische Mainbogen mit seinem großen Auengebiet lädt zu Spaziergängen ein.

### ESCHERSHEIM

Durch diesen Stadtteil, der vor über 110 Jahren eingemeindet wurde, verläuft eine der wichtigsten Verkehrsadern: die Eschersheimer Landstraße. Sie gehört zu den längsten Straßen der Mainmetropole und fährt man stadtauswärts, steht sie imposant auf der rechten Seite: die riesige Pflanze. Die Eschersheimer Linde, die im 17. Jahrhundert als Landmarke gepflanzt wurde und auf der Höhe der Straße „Am Lindenbaum" steht, ist mehr als ein Baum, sie ist das Wahrzeichen des Stadtteils. Eschersheim besitzt im alten Kern noch dörfliche Strukturen und insgesamt zahlreiche attraktive Lokale und Geschäfte. Mit Nidda-Aue, Grüngürtel und einem kleinen Park ist Eschersheim ein Stadtteil mit hoher Wohnqualität und in einigen Seitenstraßen mit herrlichen Villen.

### ECKENHEIM

Eckenheim ist ein beschaulicher Stadtteil, der erstmals 795 erwähnt wurde und seit 1910 zu Frankfurt gehört. Seine bäuerliche Vergangenheit ist bis heute an manchen Stellen erkennbar. Eckenheim besitzt ein aktives Vereinsleben, bekannt sind beispielsweise die beiden Karnevalsvereine „Die Fidelen Eckenheimer" und die „Krätscher". Am Marbachweg, auf dem ehemaligen Gelände einer US-Kaserne, befindet sich das moderne Brandschutz-, Katastrophenschutz- und Rettungsdienstzentrum (BKRZ) der Feuerwehr. Dort trainieren Feuerwehrleute, Rettungssanitäter und Notärzte für den Ernstfall. Nahe der Friedberger Warte befindet sich das Generalkonsulat der Vereinigten Staaten von Amerika im ehemaligen General Hospital der US-Army. Das Generalkonsulat ist die größte US-amerikanische Auslandsvertretung der Welt.

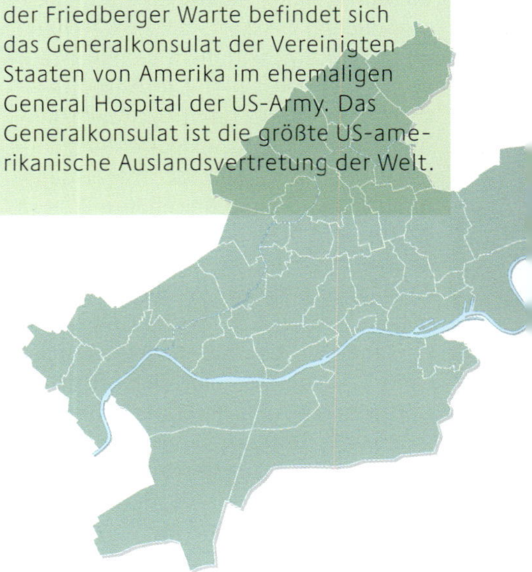

## DORNBUSCH

Seinen Namen hat der Stadtteil erhalten, weil das Gebiet im Norden Frankfurts bis zur Wende vom 19. zum 20. Jahrhundert überwiegend von Dornbüschen bewachsen gewesen ist. Das Brachland kam 1910 nach Frankfurt. Startschuss für den Stadtteil war allerdings erst 1946, als Teile von Ginnheim und Eckenheim diesen neuen Stadtteil bildeten. Mit seinen schönen Gründerzeithäusern und Villen, dem sogenannten Dichterviertel, westlich der Eschersheimer Landstraße und dem Bertramsviertel südlich des Marbachwegs ist der Dornbusch eine attraktive Wohngegend. Der Sinaipark ist die grüne Oase des Dornbusches. Bekannt ist der Stadtteil auch durch das Funkhaus des Hessischen Rundfunks an der Bertramswiese, streng genommen liegt das Funkhaus jedoch noch im Nordend. Besonders ist das „Haus Dornbusch", das als erstes Bürgerhaus gilt. Geprägt ist der Stadtteil durch die Eschersheimer Landstraße, die den Dornbusch in zwei Hälften teilt, aber auch für die sehr gute Erreichbarkeit durch Bahn und Auto sorgt.

## BONAMES

An der heutigen Stelle des Stadtteils gab es einst eine Heerstraße, die Nida (heute Heddernheim) und das Römerkastell in Okarben im Wetteraukreis verbunden hat. Urkundlich erwähnt wird Bonames jedoch erst 1030 unter dem Namen „Bonemisi". Obwohl in den letzten Jahrzehnten einige Siedlungen gebaut wurden, hat Bonames seinen naturnahen und dörflichen Charakter nicht verloren. Ein beliebtes Ausflugsziel ist der sieben Hektar große Nordpark im Südosten des Stadtteils. Über die Stadtteilgrenzen hinaus ist der naturgeschützte „Alte Flugplatz" bekannt. Die Flächen der ehemaligen Landebahnen wurden aufgebrochen und die Natur erobert sich diesen Raum zurück. An Lernstationen gibt es eine Menge zu erfahren, wer es entspannter mag, liegt auf den Wiesen oder düst über die frühere Start- und Landebahn.

## BORNHEIM

Frankfurts „lustiges Dorf" ist schon seit 1877 eingemeindet. Die Bezeichnung entstand einst durch die zahlreichen Gaststätten, Apfelweinkneipen, Vereine und Festivitäten. Die Frankfurter wanderten ins lustige Dorf, um Speis und Trank zu genießen, die „Bernemer Kerb" zu erleben und gelegentlichen sexuellen Abenteuern nachzugehen. Bis heute erfreut sich „Bernem" großer Beliebtheit. Die Berger Straße ist mit 2,9 Kilometern die längste Einkaufs- und Flanierstraße in Frankfurt und die Lebensader des Stadtteils. Sie führt durch die Innenstadt und verbindet die Stadtteile Seckbach und Nordend mit Bornheim. Ruhe, Erholung und Spaß bietet der Günthersburgpark, der mit einem großen Kinderspielplatz, einem Wasserspielbecken, großen Rasenflächen und schattigen Bäumen zum Verweilen einlädt.

## BOCKENHEIM

Frankfurts bevölkerungsreichster Stadtteil liegt zentral und punktet mit der pulsierenden Leipziger Straße, hervorragenden Einkaufsmöglichkeiten, kleinen Cafés, zahlreichen Restaurants, Kneipen und einem vielfältigen kulturellen Angebot. Das hier ansässige Senckenbergmuseum ist eines der bedeutendsten Naturkundemuseen. Berühmt ist es für seine imposanten Saurierskelette. In der City-West entstanden Wohn- und Bürogebäude, und zwischen Rebstockpark und Bundesautobahn hat sich ein eigenes Areal mit Wohnungen, Gewerbe, Schule und Kindertagesstätte etabliert. Einige Parks dienen als grüne Oasen, so etwa der Bernuspark mit seinem Weiher und der historischen Brücke und der Rebstockpark mit Obsthainen, Spielflächen sowie Liegewiesen.

Foto: Stefan Maurer

## BERKERSHEIM

Umgeben von Streuobstwiesen auf dem Nordhang des Berger Rückens erstreckt sich Berkersheim bis hin zum Niddatal. Der 1910 eingemeindete Ort ist ein idyllische Dorf, Großstadtstress sucht man hier vergebens. Dennoch ist Berkersheim verkehrstechnisch gut angeschlossen.

Die Berger Warte ist ein in der Mitte des 16. Jahrhunderts errichteter, etwa 12 Meter hoher, aus Rotem Mainsandstein gemauerter Wartturm. Der Turm mit kreisrundem Grundriss steht an der höchsten Stelle des heutigen Stadtgebiets von Frankfurt am Main, in der Gemarkung von deren östlichem Stadtteil Seckbach.

## BERGEN-ENKHEIM

Der höchstgelegene Stadtteil Frankfurts wurde erst im Jahr 1977 eingemeindet. Fernab der Großstadthektik hat er sich bis heute vor allem in Bergen einen beschaulichen und dörflichen Charakter bewahrt.

Die Marktstraße zieren zahlreiche Fachwerkhäuser. Im gotischen Rathaus von Bergen, das als schönstes Gebäude des Stadtteils gilt, befindet sich das Heimatmuseum, und der markante Weiße Turm, ein spätgotischer Wehrturm aus dem 15. Jahrhundert, war Teil der alten Stadtmauer. Bergen-Enkheim hat mit der Schelmenburg sogar eine Wasserburg aus dem Mittelalter. Unterhalb des Berger Hangs erstreckt sich das rund 8,6 Hektar große Naturschutzgebiet Enkheimer Ried entlang eines alten Mainarms. Westlich der Vilbeler Straße befindet sich das Hessen-Center, ein etabliertes Einkaufszentrum.

Bergen-Enkheim ist ein literarisches Schwergewicht, denn jährlich wird hier mit dem „Stadtschreiber von Bergen“ einer der bedeutendsten deutschen Literaturpreise vergeben.

## BAHNHOFSVIERTEL

Hier ist rund um die Uhr Betrieb. Restaurants, Cafés und Geschäfte bieten eine umfangreiche und teils exotische Angebotspalette. Und abends geht das rege Treiben in den Bars und Etablissements richtig los. Das Bahnhofsviertel ist nach der Altstadt der zweitkleinste Stadtteil der Mainmetropole – dafür einer der lebendigsten und voller Kontraste.

Das Viertel war einst eine der elegantesten Wohngegenden der Stadt, die Kaiserstraße entwickelte sich nach Pariser Vorbild zu einem Boulevard, am Bahnhofsvorplatz entstanden Hotels und Vergnügungsstätten wie das Schumanntheater, ein bedeutendes Varieté. Nach Kriegsende 1945 änderte sich der Stadtteil vom Prachtboulevard zum Problemviertel. Heute besitzt der Stadtteil ein besonderes Flair, präsentiert sich einzigartig und bietet zahlreiche attraktive Adressen für Nachtschwärmer.

**ALTSTADT**

Das Zentrum der Altstadt mit seinem mittelalterlichen Flair ist Mittelpunkt der Mainmetropole und lockt mit seinen Highlights. Römer, Römerberg, Kaiserdom und Paulskirche ziehen jährlich Millionen von Besuchern an. Nur ein paar Schritte vom berühmten Römer wurden Teile der einst größten mittelalterlichen Altstadt Deutschlands rekonstruiert: 35 Häuser, davon 15 schöpferische Nachbauten und 20 Neubauten, bilden ein neues Areal. Hier liegt auch der Archäologische Garten mit Ausgrabungen aus der römischen Besatzungszeit. Gleich daneben erhebt sich der Kaiserdom, in dem ab 1356 die Könige des Heiligen Römischen Reichs Deutscher Nation und ab 1562 die deutschen Kaiser gekrönt wurden. Wenn man den Blick etwas schweifen lässt, sieht man die grüne Kuppel mit dem goldenen Kreuz der Paulskirche. Hier tagte 1848 das erste demokratisch legitimierte Parlament Deutschlands. Auch Kunstinteressierte finden in der Altstadt zahlreiche Anziehungspunkte auf überschaubarem Raum: Galerien, die Schirn Kunsthalle, das Museum für Moderne Kunst, der Kunstverein, das erweiterte Historische Museum, das Struwwelpeter Museum, das Stoltze Museum oder das Caricatura Museum.

## **URBAN** DIVERSITY

Frankfurt is made up of 43 districts of which not one is the same as the other, each one charming, with its own distinct flair. Scenic timber frame villages with horse paddocks and orchards on the Nidda river, posh steel and concrete apartment buildings with boat docks on the Main or luxurious old Wilhelminian style buildings in direct vicinity to glistening financial district skyscrapers – Frankfurt has many faces.

A discovery tour is worth your while, not only for newcomers! By the way, many of the districts were originally independent villages and as such much older than the new small, big city they are now a part of. **Have fun exploring!**

# HOMO FRANCOFURTIENSIS

## ZWISCHEN EINGEPLACKT UND HERGELOFFE

Michael Apitz, Maler und Grafiker, zeichnet auch Comics über Eintracht Frankfurt, seinen Herzens-Verein.

**Reisetipp für Frankfurt gefällig? Ziehen Sie sich bloß warm an! Es liegt nicht an den Temperaturen. Immerhin zählt die Stadt allein im letzten Jahr 87 Sommertage - also solche mit über 25 Grad. Nein, es könnte nur hart für Besucher werden. Gilt es doch, sich von liebgewonnenen Vorurteilen zu verabschieden.**

Zum Beispiel von der Idee, dass man - um als typischer Frankfurter zu gelten - auch hier geboren sein sollte. Die fünftgrößte Stadt Deutschlands wäre demographisch und kulturell schön arm dran, würden hier nur jene zu den Eingeborenen gezählt, deren Mütter selbst gebürtige Frankfurterinnen sind und in einer der hiesigen Kliniken niederkamen. Zum Glück wird das seit Jahren anhaltende Bevölkerungswachstum vor allem durch Zuzug bestritten. Das bringt - so sagt es die Statistik, bezeugt es das Lebensgefühl - vor allem junge Menschen in die Stadt - und sorgt für eine fortwährende Frischzellenkur.

Wer abends beim Apfelwein an einem der langen Tische sitzt, lernt deshalb nicht nur eine der wenigen Konstanten der Stadt - den legendär ruppigen Charme der „Schoppe-Schlepper“ - kennen. (Studieren Sie bloß nicht zu lange die Speisekarte, sonst werden Sie vom Kellner mit „Wolle'Se lese oder esse?“ schon mal dezent darauf hingewiesen, dass man in dieser strebsamen Stadt keine Zeit zu verschenken hat). Er wird zwischen Koreanern, Chinesen,

**Vielseitig: Frankfurt zeigt städtische Betriebsamkeit, bietet aber auch eine Menge unerwarteter Facetten.**

**Olaf Gries (unten) ist der sympathische Gastgeber des Orange Beach – ein Ort zum Wohlfühlen und Entspannen.**

Engländern, Finnen und Türken vermutlich auch feststellen, dass in Frankfurt das Auswärtige immer auch das Heimische ist und umgekehrt. Man könnte auch sagen, die hiesige Daseinsform liegt irgendwo zwischen eingeplackt und hergeloffe – also zwischen „angekommen" und „unterwegs". In keiner der 15 großen deutschen Städte wird so oft umgezogen. Das fordert den Bewohnern einiges auch an geistiger Beweglichkeit ab. Kein Problem. Schließlich befinden wir uns auch im Epizentrum

intellektueller Elastizität. Deren Lebensnerv - auch das ein Beitrag zur Frankfurt-Dialektik - kann man ausgerechnet dort besichtigen, wo keiner mehr Puls hat - auf dem Hauptfriedhof. Da liegen sie alle, die der Stadt den unerschütterlichen Ruf eingebracht haben, horizont- und bewusstseinserweiternd gewirkt zu haben.

Solche wie Arthur Schopenhauer, Theodor W. Adorno, Ricarda Huch, Alois Alzheimer, Friedrich Stoltze, Struwwelpeter-Erfinder Heinrich Hoffmann, Goethes „Suleika" Marianne von Willemer, Robert Gernhardt, Matthias Beltz, Alexander und Margarete Mitscherlich. Und wo man schon mal da ist, kann man sich auch endlich einmal in Ruhe von all der städtischen Betriebsamkeit erholen.

In Frankfurt hat sich ein Rest protestantischer Ethik bewahrt, herübergerettet aus den Tagen, als hier ein wohlhabendes Bürgertum emsig, unaufgeregt und bodenständig seinen Wohlstand mehrte. Seitdem sind die Fleißkärtchen der Stadt traditionell beidseitig nur mit Bestnoten beschrieben.

Aber keine Sorge. In all der Nüchternheit, Geschäftigkeit, Ab- und Aufgeklärtheit schlägt auch ein sehr großes Herz. Was sich ebenso mit einem regen Stiftungswesen belegen lässt wie etwa mit der Leidenschaft für den hiesigen Fußballverein. Will man also mal einen Frankfurter außer sich erleben, besucht man am besten ein Bundesligaspiel der Eintracht Frankfurt. Wahlweise kann man auch in einer Apfelweinkneipe nach Bier fragen. Aber da müssten Sie sich am Ende dann doch wieder sehr warm anziehen.

**Erholungsraum: Am Main lässt es sich wunderbar flanieren und bis in die Abendstunden die Sonne genießen.**

# BOTSCHAFTER FÜR FRANKFURT UND DIE METROPOLREGION

**Eric Menges ist in der Welt zu Hause, aber verwurzelt in der Region. Als Geschäftsführer der Frankfurt/Rhein-Main GmbH und damit als oberster Standortvermarkter wirbt er mit Leidenschaft für Rhein-Main. Eric Menges ist als oberster Standortvermarkter der Region seit 2013 dafür zuständig, internationale Konzerne in die Region zu lotsen. „Rhein-Main ist Frankfurt, aber auch deutlich mehr" ist sein Credo.**

**Was macht Frankfurt für Internationale Unternehmen interessant?**
Wir bieten einen Mix, den es so an ganz wenigen Stellen in Deutschland und Europa gibt. Der zentrale Punkt ist, dass wir uns mitten in Europa befinden, in Europa die stärkste Wirtschaftskraft Deutschland ist und wir nicht nur geografisch mittendrin sind, sondern auch über die infrastrukturelle Anbindung mit ganz Deutschland, ganz Europa und der ganzen Welt verfügen. Das macht Frankfurt zum perfekten Ausgangspunkt durch alle Branchen hinweg für alle Unternehmen, die deutschland- und europaweit Geschäfte betreiben möchten. Frankfurt ist die internationale Verkehrsdrehscheibe mit einem der führenden Passagier- und Frachtflughäfen Europas, mit dem größten Autobahnkreuz und Schienenknotenpunkt Deutschlands, mit einer hervorragenden regionalen Verkehrsanbindung dank des gut ausgebauten und schnellen öffentlichen Nahverkehrs und – heute ganz entscheidend - dem größten Internet-Knotenpunkt der Welt und einer der am schnellsten wachsenden Märkte für Rechenzentren in Europa. Hinzu kommt, dass von Frankfurt aus andere europäische

**„Wir sind hier in Frankfurt die internationalste Region** und wir sind mit internationalen Messen, dem internationalen Finanzplatz, mit dem Flughafen oder auch mehr als 30 internationalen Schulen und über 100 Konsulaten und diplomatischen Vertretungen aufgewachsen."

Metropolen wie Amsterdam, Berlin, Paris, Zürich oder Mailand in kürzester Zeit auch mit dem Zug oder dem Auto erreichbar sind.

Ein weiterer Punkt betrifft die Menschen. Wir Deutsche sind immer so ein bisschen schüchtern, was unsere Englisch-Kenntnisse angeht. Aber das ist falsch. Wir sind hier in Frankfurt die internationalste Region und wir sind mit internationalen Messen, dem internationalen Finanzplatz, mit dem Flughafen oder auch mehr als 30 internationalen Schulen und über 100 Konsulaten und diplomatischen Vertretungen aufgewachsen. Hier verkauft selbst der Brezzelbub beim Wagner in der Apfelweinkneipe seine Bretzel auf Englisch, wenn es sein muss. Und das kriegen sie so nur in ganz wenigen anderen Städten in Europa hin – vielleicht Berlin, weil da so viele Touristen sind und die Startup-Szene sehr lebendig ist. Aber dass sich eine Stadt so darauf eingestellt hat zu sagen, es ist egal, wo jemand herkommt, ob du mit einem südlichen oder nördlichen Akzent Deutsch sprichst, ist uns egal. Und ob du einen ausländischen Pass hast, ist uns erst recht egal. Weil das eben nicht die große Ausnahme ist. Wir begegnen den Menschen mit der Einstellung: Mal gucken, was das für einer ist. Egal, woher er oder sie kommt. Und dann muss dieser Mensch zeigen, wer bin ich und warum bin ich an euch hier in Frankfurt interessiert.

Wie sehr auf diese Weise die Türen in Frankfurt offenstehen, zeigen viele Beispiele: Etwa die ehemalige Oberbürgermeisterin Petra Roth. Die kam aus Bremen. Der jetzige Oberbürgermeister Mike Josef ist das Kind syrischer Flüchtlinge. Diese und viele andere Geschichten sind so typisch Frankfurt. Geschichten, die es den Menschen von überall her so leicht machen hierher zu kommen. Diese Kombination aus Offenheit, familiärer Nähe und Internationalität macht es spannend, in die Rhein-Main-Region zu kommen. Gerade auch für junge Menschen.

**Gerade junge Leute schätzen den Standort Frankfurt?**
Stimmt, aber da gehört schon ein wenig Aufklärungsarbeit dazu. Schließlich wissen auch die jungen Leute meist nur viel vom alten Frankfurt, das von den Medien gerne bemüht wird. Die Clubszene, das pulsierende junge, kreative Leben, das an vielen Ecken der Stadt, aber auch in der Region Einzug gehalten hat, wird leider viel zu wenig beleuchtet. Aber es gibt hier eine mega-hippe Clubszene und das sportliche Angebot beschränkt sich keinesfalls auf die Eintracht. Ganz abgesehen vom kulturellen Angebot, das seinesgleichen sucht. Wir haben gerade vor dem Hintergrund des Brexits viele ausländische Medien in der Stadt gehabt, die wissen wollten, „was ist eigentlich dieses Frankfurt?" und durch die Bank weg überrascht waren, was diese Region wirklich zu bieten hat. Beispiel: Vom Flughafen aus brauchen sie 15 Minuten bis zur Alten Oper oder dem Wiesbadener Kurhaus und 20 Minuten in den Rheingau oder den Taunus. Das sind in London gerade mal ein paar Blocks.

Hinzu wird speziell bei jungen Leuten eine weitere Komponente zunehmend spürbar: Gerade über Social Media wird gerne das coole Großstadtfeeling gespielt. Also am liebsten machen die Influencer irgendwelche Bilder in irgendeinem Hochhaus mit Skylineblick und in der Bar mit einem Cocktail in der Hand, und die einzige Stadt, die das bieten kann in Deutschland, ist Frankfurt. Es gibt sogar eine große Tourismusstudie zum Thema Alleinstellungsmerkmal. Das Ergebnis war Skyline, Roof-Top-Bars, das ganze Leben in, um und obendrauf auf Hochhäusern. Das zieht an und Frankfurt hat eben diesen Appeal wie eine Großstadt rüberzukommen, obwohl die Stadt nur 700.000 Einwohner hat. Das macht Frankfurt für viele junge Leute sehr attraktiv ...

**... die sich in Communitys zusammenschließen, oder die Stadt im Alleingang erobern wollen?**
Da gibt es heute keine Grenzen mehr. Auch dank der Social Media-Plattformen. Junge Leute vernetzen sich, treffen sich, tauschen sich aus und kommen zusammen. Das ist ein großer Schmelztiegel, bei dem keiner außen vor ist. Und Frankfurt bietet ihnen eben auch die Möglichkeit, über kurze Wege, die via Internet geschaffenen Verbindungen mit Leben zu füllen. Dann besucht man übers Wochenende eben mal die neuen Freunde in Barcelona, Paris, London, Berlin oder anderswo. Frankfurt macht's durch seine Anbindung problemlos möglich. Dieser Lifestyle ist vielen wichtig in Kombination zu gut bezahlten Jobs. Im Übrigen mit der Aussicht: Wenn ich den Job verliere, mache ich zwei Mittagessen-Treffen und hab einen neuen. Weil hier so viele erfolgreiche Unternehmen sitzen, die alle Nachwuchskräfte suchen. Insgesamt über 450.000 Unternehmen mit rund 2,4 Millionen sozialversicherungspflichtigen Beschäftigten. Mehr als 150 Weltmarktführer haben hier ihren Hauptsitz oder ihre Forschungs- und Entwicklungszentren und die Region zählt zu den 25 besten Start-up-Standorten der Welt.

**Was bringt es der Region, wenn sich internationale Unternehmen und Menschen hier niederlassen?**
Ich will mal sagen: zweierlei. Als Erstes brauchen wir Talente wie alle. Und je mehr junge Talente aus dem Ausland hierherkommen, umso besser. Weil wir jeden von ihnen für die Entwicklungen der Zukunft, für die neuen Technologien, für die neuen Unternehmen brauchen. Ich bin sicher, das ist ein unglaublicher Wert, den man für die Region schafft, wenn diese Menschen zu uns kommen. Der zweite Punkt ist, dass wir mit jedem der hierherkommt und Frankfurt positiv wahrnimmt einen Botschafter für Frankfurt und die Metropolregion erschaffen. Ich bin sicher, dies ist ein Potenzial, das wir unbedingt pflegen und um das wir uns bemühen sollten.

# WO DER KUNDE NOCH KÖNIG IST

**Shopping gehört zu den beliebtesten Freizeitbeschäftigungen der Menschen. Und wo ginge dies besser als in der alten Handels- und Messestadt Frankfurt, wo der Austausch von Waren seit jeher Tradition hat.**

**Tipp für die Shoppingpause: Ein Blick über die Innenstadt von der Aussichtsplattform des Frankfurter Doms**

Frankfurt hat viel zu bieten. Neben all der Vielfalt an Kaufhäusern und bekannten Filialisten an zentralen Stellen auch einzigartige kleine Fachgeschäfte, die sich auf ihren Bereich spezialisiert haben und keine 08/15-Ware bieten, sondern eine umfassende Auswahl an ausgesuchten Produkten, wie es sie woanders nicht gibt. Das Wort Qualität hat hier noch Bedeutung, was aber nicht heißt, dass die Produkte zwingend besonders teuer sind. Im Gegenteil, sie sind ihren Preis wert und die Auswahl ist so groß, dass es eigentlich für jeden Geldbeutel das Richtige gibt – von preiswert bis exklusiv. Meist sind es inhabergeführte Familienbetriebe, in denen das Wissen und die Erfahrung mit den Produkten bereits seit Generationen weitergegeben werden.

Die Mitarbeiter haben echtes Interesse für die Belange der Kundschaft und nehmen sich gerne Zeit, ihnen mit Rat und Tat zur Seite zu stehen. So kommt es, dass sich die Menschen hier überall gut aufgehoben fühlen. Nicht zuletzt deshalb, weil die Betreuung nicht mit dem Bezahlen aufhört. Wenn einmal etwas zu reparieren oder zu ersetzen ist, wird den Kunden ebenfalls weitergeholfen. Das viel gerühmte Wort Nachhaltigkeit wird in diesen freundlichen Einzelhandelsgeschäften schon immer gelebt. Da wird der Einkaufsbummel zum genüsslichen Vergnügen.

**In der neuen Altstadt lässt es sich zwischen all den kleinen Geschäften herrlich bummeln, aber auch wunderbar eine Pause einlegen und guten Kaffee sowie leckeren Kuchen genießen.**

## KREATIV

**PERLENFISCHER**
**Friedberger Landstraße 119**
**60318 Frankfurt**
**Tel: (0 69) 59 79 96 80**
**www.perlenfischerdesign.de**
„Stempel verwandeln das kleinste Stück Papier in etwas Besonderes", so Katja Kücherer, die Perlenfischer, die Manufaktur für handgemachte Stempel, 2010 aus der Taufe hob. Ihre Kollektionen umfassen mittlerweile über 600 Designs, die Bandbreite reicht von Naturmotiven und Tieren, grafischen Mustern bis zu Monster und Zirkusstempeln. Von praktischen Würfelstempeln über Mini-Stempel bis Stempel-Sets finden Scrapbooker, Bastel- und Papeteriefans hier alles, was das DIY-Herz begehrt. Darüber hinaus gibt es regelmäßig kreative Stempel-Workshops, in denen die Basics und verschiedenen Techniken vermittelt werden.
Die Stempelmotive gibt es inzwischen übrigens auch als temporäre Tattoos für die Haut, aber auch auf Kerzen und Textilien kommen sie zur Geltung.

**IDEE.CREATIVMARKT**
**Schäfergasse 14**
**60313 Frankfurt**
**Tel.: (0 69) 13 38 81 97**
**www.idee-shop.com**
Ob Basteln, Malen, Schreiben, Stricken oder Dekorieren, bei idee.Creativmarkt finden Sie alles für Ihr kreatives Hobby. Auf zwei Etagen wartet eine große Auswahl an verschiedenen Hobbyartikeln und Bastelmaterial. Von Mal- und Zeichenartikeln über Stifte und Schreibutensilien, Partydeko, Papeterie und Schmuckzubehör bis hin zu Handarbeitsartikeln und Publikationen mit Anleitungen bietet das Geschäft in unmittelbarer Nähe der Konstablerwache alles rund um Bastel- und Künstlerbedarf sowie Schreibwaren an. Dazu gibt es immer wieder neue Bastelinspirationen mit kostenlosen Tipps.

**NÄHMASCHINEN SCHMID**
**Fahrgasse 86**
**60311 Frankfurt**
**Tel.: (0 69) 28 10 71**
**www.schmid-naehmaschinen.de**
Längst haben viele Menschen ihre Begeisterung für das Nähen entdeckt. Und wer einmal angefangen hat, macht weiter – die Freude an den selbstgenähten Kleidungsstücken oder Accessoires ist einfach riesig. Wer einen ebenso professionellen wie erfahrenen Ansprechpartner sucht, ist bei Nähmaschinen Schmid an der richtigen Adresse. Der renommierte Familienbetrieb bietet neben der breiten Auswahl an Maschinen in fast allen Preisklassen für Anfängerinnen und Anfänger und Profis einen zuverlässigen Reparaturservice in der eigenen Werkstatt und alles an Zubehör.

**VOWINCKEL**
**Kleiner Hirschgraben 14**
**60311 Frankfurt**
**Tel.: (0 69) 29 24 75**
**www.vowinckel.de**
Seit über fünfzig Jahren sorgt Vowinckel für Kreativität. Der Fachhändler bietet Material und Handwerkszeug für Künstler und Bastler – insgesamt ein Sortiment von mehr als 20.000 unterschiedlichen Produkten. Das Team aus bastelbegeisterten Experten berät, gibt Anregungen und Tipps für Hobby oder bestimmte Anlässe.

**W. WÄCHTERSHÄUSER**
**Töngesgasse 39, 60311 Frankfurt**
**Tel.: (0 69) 28 29 97**
**www.naehzutaten.de**
Im Traditionsgeschäft in zentraler Lage gibt es fast alle Zutaten, die das Schneiderherz begehrt. Knöpfe, Flicken, Kordeln, Futterstoffe, Verschlüsse und vieles mehr – das breite Sortiment gleicht einem Paradies für Nähzubehör. Inhaberin Sibylle Zolles kennt jedes ihrer Produkte und macht so sowohl Hobbyschneider als auch professionelle Designer gleichermaßen glücklich. Durch die langjährige Erfahrung und den intensiven Kontakt zu Kunden und Lieferanten findet sich hier für fast jedes Problem eine Lösung.

## BÜCHER

**ANTIQUARIAT ORBAN & STREU**
**Eckenheimer Landstraße 36**
**60318 Frankfurt**
**Tel.: (0 69) 94 41 55 70**
**www.orbanundstreu.de**
Ines Streu und Thomas Orban präsentieren in ihrem Antiquariat im Nordend Spannendes, Skurriles und so manches literarische Schätzchen. Schwerpunkte sind die Bücher des 20. & 21. Jahrhunderts (Naturwissenschaften, Philosophie, Science-Fiction, Frankfurt a. M.) und Schallplatten (Pop, Rock und Jazz).

**Buchhandlung Lesecafé**
**Diesterwegstraße 7**
**60594 Frankfurt**
**Tel.: (069) 62 14 28**
**www.buchhandlung-lesecafe.de**
In der kleinen Buchhandlung im Hinterhof, unweit des Schweizer Platzes, lässt sich hervorragend entschleunigen und vom Alltagstrubel abschalten. Schmökern kann man hier in Titeln aus unterschiedlichsten Bereichen – schwerpunktmäßig in zeitgenössischer Literatur, Biografien, aktuellen Sachbüchern zum Weltgeschehen sowie Kinder- und Jugendbüchern. Bei einem Heißgetränk im nebenangelegenen Lesecafé kann man sich anschließend vollends in den erworbenen Büchern verlieren.

**DIE WENDELTREPPE**
**Brückenstr. 34**
**60594 Frankfurt**
**Tel.: (0 69) 6 11 34**
**www.die-wendeltreppe.de**
1989 als erste Kriminalbuchhandlung auf dem europäischen Kontinent eröffnet, begeistert die Wendeltreppe noch heute. Inzwischen sind neben der Spezialisierung auf Kriminalliteratur ein Antiquariat sowie weitere ausgefallene und schöne Bücher dazugekommen. Auch viele signierte Exemplare aus allen Bereichen der Literatur.

**NAUMANN & EISENBLETTER**
**Berger Str. 168**
**60385 Frankfurt**
**Tel.: (0 69) 494 03 80**
**www.genialokal.de/buchhandlung/frankfurt/naumann-eisenbletter/**
Aktuelle und antiquarische Titel sowie günstige Bücher findet man bei Heinz Eisenbletter auf der Berger Straße. Darüber hinaus gibt es auch Restauflagen von lokalen Titeln, Postkarten und manches Buch, das es nur hier zu finden gibt.

**TRESOR AM RÖMER**
**Braubachstraße 32**
**60311 Frankfurt**
**Tel.: (0 69) 28 12 48**
**www.tresor-am-roemer.de**
Auf etwa 150 Quadratmetern gibt es im Buch- und Kunstantiquariat nahe des historischen Stadtkerns ein reiches Angebot an schönen und seltenen Büchern des 15. bis 20. Jahrhunderts sowie dekorativer Grafik und Landkarten. Francofurtensien, Reisebeschreibungen, illustrierte naturwissenschaftliche Bücher oder literarische Werke laden zum Stöbern ein.

**YPSILON BUCHLADEN**
**Berger Straße 18**
**60316 Frankfurt**
**Tel.: (0 69) 44 87 38**
**www.y-buchladen.de**
Gedankliche Vielfalt und die Möglichkeit, Neues zu entdecken – das Angebot an Büchern beschränkt sich im Ypsilon Buchladen nicht auf den Mainstream. Die Vielfalt kleiner Verlage, noch unbekannter Autoren und wichtiger Klassiker gehört ebenso zur Buchhandlung auf der Berger wie die Literatur aus anderen Kontinenten und Kulturen. Das angrenzende Ypsilon Café ist der richtige Ort für leseaffine Flaneure und Liebhaber eines guten Kaffees, ausgesuchter Weine und Getränke und leckeren Essens.

**Weitere tolle Buchläden finden Sie auch auf Seite 86 (Kinderkapitel)**

## WOHNEN
## UND EINRICHTEN

**BOCONCEPT**
**Stephanstraße 1-5, 60313 Frankfurt**
**Tel.: (0 69) 8 70 03 97-70**
**Hanauer Landstraße 83-87**
**60314 Frankfurt**
**Tel: (0 69) 8 70 03 97-80**
**www.boconcept.com**
Stil und Eleganz. BoConcept entwirft, produziert und verkauft moderne dänische Designmöbel, Accessoires und Leuchten für Wohn-, Ess-, Schlaf- und Arbeitszimmer sowie Außenbereiche. In den Stores wird die gesamte Bandbreite des modernen Designs angeboten: von Designer-Sofas und -Sesseln bis hin zu praktischen Wandsystemen und funktionalen TV-Modulen.

**CAIRO DESIGNSTORE**
**Große Eschenheimer Straße 9**
**60313 Frankfurt**
**Tel.: (0 69) 29 99 26 46**
**www.cairo.de/Designstore-Frankfurt**
Der Cairo Designstore lädt ein, bekannte Designklassiker und spannende Neuigkeiten aus dem Cairo Haupt- sowie dem Cairo Classic-Sortiment zu erleben. Auf rund 400 Quadratmetern werden Möbel, Büromöbel und Betten präsentiert. Viele Produkte können vor Ort begutachtet und auch gleich als Mitnahmeartikel erstanden werden. Größere Möbel werden innerhalb von einem Arbeitstag nach Hause oder ins Büro geliefert.

**EINRICHTUNGSHAUS HEIDE & BECHTHOLD**
**Schießhüttenstraße 16**
**60386 Frankfurt**
**Tel.: (0 69) 94 21 66-0**
**www.heide-bechthold.de**
Neben zeitlos schönen Designer-Möbeln dürfen sich Kunden auf eine kompetente und persönliche Beratung freuen. Auf einer Ausstellungsfläche von 1.300 Quadratmetern präsentiert das Familienunternehmen eine abwechslungsreiche, moderne und stets aktuelle Ausstellung. Die Einrichtungsexperten realisieren Planungen einzelner Räume bis hin zu kompletten Hauseinrichtungen.

## WOHNEN UND EINRICHTEN

**FRICK – Das bessere Innen**
**Große Gallusstraße 1–7**
**60311 Frankfurt**
**Tel.: (0 69) 28 51 31**
**https://frick.de**
Seit beinahe 70 Jahren realisiert FRICK für seine Kunden individuelle Büro- und Wohnsituationen. Das Sortiment der Einrichtungsexperten reicht von modernen Klassikern des Bauhauses bis hin zum internationalen Design von heute.

**IKARUS**
**Hanauer Landstraße 136**
**60314 Frankfurt**
**Tel.: (0 69) 9 43 18 20**
**www.ikarus.de**
Auf 2.000 Quadratmetern und vier Stockwerken findet sich in der großzügigen Loftatmosphäre alles für den stilvollen Tapetenwechsel. Ikarus bringt qualitativ hochwertige und hervorragend gestaltete Produkte zum schönen Wohnen und Leben näher. Das Sortiment beinhaltet eine ausgewogene Mischung aus angesagten, bekannten und (noch) unbekannten Designern bzw. Designlabels und schönen Basics und Klassikern.

**KONTRAST**
**Hanauer Landstraße 297**
**60314 Frankfurt**
**Tel.: (0 69) 9 04 39 30**
**www.kontrastmoebel.de**
Kontrast zeigt auf sechs Etagen Wohnkultur mit Anspruch und Vielfalt. Die Möbel, Leuchten und Accessoires liefern Inspiration im großen Stil. Internationale Designmarken sind im markanten Backsteingebäude genauso vertreten wie bisher ungesehene Stücke und eigene Kreationen.

**LEPTIEN 3**
**Große Friedberger Straße 29-31**
**60313 Frankfurt**
**Tel.: (0 69) 91 30 16 0**
**www.leptien3.de**
Ob Klassiker oder Newcomer, Leptien 3 bietet von Stoffen und Lampen über Sofas, Sessel, Stühle, Tische, Regale, Schränke bis hin zu Outdoor-Möbeln ein allumfassendes Qualitätsprogramm. Wohnen, Arbeiten, Schlafen – die engagierten Mitarbeiter hören zu und denken kreativ weiter.

**LIEBESDIENSTE HOME**
**Oeder Weg 59**
**60318 Frankfurt**
**Tel.: (0 69) 50 92 74 33**
**www.liebesdienste-frankfurt.de**
Der Conceptstore steht für lässigen Scandi-Style, schöne Dinge für zu Hause, außergewöhnliche Geschenkideen, kulinarische Besonderheiten und fantasievolle Blumenkreationen. Ausgewählte Marken und hohe Qualität sind das Credo von Goran Djukic und seinem Team.

**LORBER THE STORE**
**Egenolffstraße 38**
**60316 Frankfurt**
**Tel.: 0170-2 30 56 79**
**www.lorber-store.com**
Lorber the Store ist eingerichtet wie eine Wohnung. Gekonnt verschmelzen hier unterschiedliche Einrichtungsstile. Mid-Century Designklassiker werden mit traditionellem, marokkanischem Kunsthandwerk kombiniert. Zeitgenössisches Mobiliar, ausgewählte Leuchten und Wohnaccessoires treffen in diesem ausgesprochen stilvollen Laden auf Unikate Frankfurter Designer.

**2ND HOME**
**Vogelsbergstraße 38**
**60316 Frankfurt**
**Tel.: (0 69) 40 56 48 42**
**www.2nd-home.net**
In einer rund 80 Quadratmeter großen, komplett eingerichteten Altbauwohnung präsentiert 2nd Home Möbel und Accessoires, die inspirieren und gleich gekauft werden können. Zudem gibt es Lampen, Farben, Schmuck, Mode und Kosmetik. Auf Wunsch werden auch Einrichtungsberatungen angeboten.

**SINNGUT**
**Wittelsbacher Allee 119**
**60385 Frankfurt**
**Tel: (0 69) 27 27 37 00**
**https://sinngut.com**
Die angebotenen Designobjekte, Wohnaccessoires, Leuchten, Kunst und mehr, haben alle eins gemeinsam: einen hohen Anspruch an die Gestaltung und die Wertigkeit der Produkte. Viele entstehen in Handarbeit oder werden in kleineren Auflagen in Manufakturen gefertigt. Im Sinn haben Sandra Kehl und Ulrike Stock dabei immer die hohe Qualität des Materials, einen nachvollziehbaren Herstellungsprozess sowie die Nachhaltigkeit der Produkte.

**SMOW**
**Hanauer Landstraße 140**
**60314 Frankfurt**
**Tel.: (0 69) 8 50 92 30**
**www.smow.de**
Auf der Ausstellungsfläche im smow Store im Frankfurter Ostend können sich Besucher von Einrichtungsideen inspirieren lassen. Auf der Dachterrasse finden sie außerdem die aktuelle Gloster Outdoor-Kollektion. Klassiker von Charles & Ray Eames, Verner Panton, den Bouroullec Brüdern und vielen anderen warten darauf, ausprobiert zu werden. smow Frankfurt präsentiert zudem ein ausgesuchtes Sortiment mit Möbeln und Accessoires namhafter Markenhersteller wie Vitra, USM Haller, Thonet oder Nils Holger Moormann. Das kompetente Team hilft gerne bei der Suche nach einem konkreten Möbelstück, besonderen Leuchten oder stilvollen Accessoires. Auf Wunsch beraten die Experten beim Thema Wohneinrichtung sowie Büro und Lichtplanung und erstellen eine ganzheitliche innenarchitektonische Planung mit entsprechender Visualisierung des neuen Zuhauses oder des neuen Arbeitsplatzes.

**BETTEN-ZELLEKENS**
**Hanauer Landstraße 174**
**60314 Frankfurt**
**Sandgasse 6**
**60311 Frankfurt**
**Waisenhausstraße 2**
**61348 Bad Homburg**
**www.betten-zellekens.de**

Guter Schlaf ist essenziell. Das wissen auch die Experten von Betten-Zellekens. Das Bettenhaus, dessen Unternehmensgeschichte bis ins 19. Jahrhundert zurückgeht, hat sich in seinen drei Filialen in Frankfurt und Bad Homburg auf den Schlafkomfort spezialisiert – im Flagship-Store auf der Hanauer Landstraße sogar auf rund 1.100 Quadratmetern. Hier findet man so ziemlich alles, was es für einen erholsamen Schlaf braucht. Neben den Premiummarken Tempur, Bassetti, Velda, TRECA oder Dormabell gibt es auch eine separate Abteilung für Schlafsofas und Relaxsessel. Damit auch das Aufstehen mühelos gelingt, hat das Familienunternehmen auch viele höhenverstellbare Komfortbetten im Sortiment. Internationale Bettwäschekollektionen sowie hochwertige Frottierwaren finden Besucher hier ebenso wie Badtextilien, Kissenbezüge, Geschirrtücher und vieles mehr. Auf der Empore wartet ein Studio für Naturbetten, Naturlatexmatratzen sowie Bio-Bettwäsche.

Die individuelle Beratung steht stets an erster Stelle. Das Verkaufsteam wird deshalb auch durch einen Physiotherapeuten und Diplom-Pflegewirt ergänzt. Die Zentrale verfügt über eine hauseigene Schreinerei und bei jeder Auslieferung ist ein ausgebildeter Schreiner dabei, der im Bedarfsfall Anpassungen vornehmen kann. Neben einer kostenlosen Schlafberatung bietet das Unternehmen zusätzlich eine Betten-Komplettwäsche an. So lässt es sich rundum gut schlafen.

**ARIES FASHION**
**Berger Straße 63**
**60316 Frankfurt**
**Tel.: (0 69) 44 88 25**
**www.facebook.com/ariesfashion-online**

Bei Aries Fashion auf der Berger finden Frauen komplette Outfits für jede Gelegenheit. Das freundliche und fachkundige Personal hilft zudem, das perfekte Accessoires für jede Saison zu finden.

**ATELIER CREATION**
**Nibelungenallee 55**
**60318 Frankfurt**
**Tel.: (0 69) 24 44 97 78**
**www.atelier-jmf.de**

Auf Maßanfertigungen für Damen liegt der Fokus der Arbeiten von Johanna Maria Fischer. In ihrem Atelier in der Nähe der Deutschen Nationalbibliothek fertigt sie für jeden Anlass individuelle maßgeschneiderte Kleidung. Ein besonderer Schwerpunkt ist die Anfertigung individueller Brautmoden.

**BLUTSGESCHWISTER**
**Berliner Str. 34**
**60311 Frankfurt**
**Tel.: (0 69) 92 88 78 64**
**www.blutsgeschwister.de**

Blutsgeschwister ist überzeugt davon, dass jeder Stil richtig und schön ist, wenn man ihn authentisch lebt. Daher gibt es hier unkonventionelle, alltagstaugliche und farbenfrohe Mode, die Spaß macht, keinen Trends folgt und mit Liebe getragen wird. Blutsgeschwister versteht sich als erste fröhliche Alternative für verantwortungsvoll hergestellte und langlebige Mode.

**BRAUNEIS**
**Große Eschersheimer Landstraße 43**
**60313 Frankfurt**
**Börsenstraße 1**
**60313 Frankfurt**
**Tel.: (0 69) 29 72 85 92**
**www.brauneis-frankfurt.de**

Brauneis präsentiert die angesagtesten Brands für Männer und Frauen. Um stets modische Highlights anbieten zu können, reisen die Verantwortlichen regelmäßig in die Modemetropolen und kaufen ein, was zu den neuen Looks einfach dazu gehört. Getreu der eigenen Philosophie: „Shoppen bei uns soll Spaß machen und immer die Möglichkeit bieten, Neues zu entdecken."

**CAPITANA – FEINSTE TUCHWAREN**
**Bornheimer Landstraße 54**
**60316 Frankfurt**
**Tel.: 0163-88 55 667**
**https://capitana.eu**

Nathali Mack, Frankfurter Designerin und Gründerin des Labels Capitana – feinste Tuchwaren, kreiert hochwertige Tücher und Schals für Menschen, die Individualität und Stil lieben. Mit ihren ausgefallenen Entwürfen schafft sie es, den für Capitana typischen Vintage-Charme mit modernen Stilelementen zu verbinden und entwickelt zwei Kollektionen im Jahr.

**CHARLOTTE AM MAIN**
**Rohrbachstraße 4**
**60389 Frankfurt am Main**
**Tel: (0 69) 76 06 06 84**
**www.charlotteammain.de**

Charlotte Köhler entwirft und produziert ihre Kollektionen in liebevoller Handarbeit mit einem ganz eigenen Stil. Verspielte Details, ungewöhnliche, aber auch klassische Schnitte und Farbkombinationen sind Markenzeichen ihrer limitierten Kollektionen von Kleidung und Accessoires.

Foto: Renato Ribeiro Alves

**COCO LORES**
**Showroom und Atelier im Quartier Frau**
**Bornheimer Landstraße 54**
**60316 Frankfurt**
**Tel.: (0 69) 34 87 89 34**
**www.coco-lores.com**
Coco Lores steht für feminine, nachhaltige Business- und Eveningwear für jeden Anlass. Inhaberin und Designerin Olivia Dahlem kreiert Kollektionen für die selbstbewusste Business-Frau, mit dem gewissen Etwas. Mit einer eigenen Linie „Coco Lores Tall" werden die Modelle für große Frauen, ab 1,78 cm, angepasst. Gearbeitet wird mit hochwertigen Stoffen von ausgesuchten Manufakturen. Produziert wird ausschließlich in Deutschland. Coco Lores befindet sich im Quartier Frau, in dem sich mehrere Designerinnen unter einem Dach zusammenfinden, um ihre Kreativität neu zu präsentieren.

**EKN FOOTWEAR**
**Danziger Platz 2-4**
**60314 Frankfurt**
**Tel.: 0179-5 32 65 36**
**www.eknfootwear.com**
Alle Schuhe werden aus ökologisch freundlichen Materialien unter fairen Bedingungen produziert. Nachhaltige Sneaker und Accessoires, die nicht nur gut aussehen, sondern mehr sind: ein Statement.

**FALKE SPORTSHOP**
**Große Friedberger Str. 37-39**
**60311 Frankfurt**
**Tel.: (0 69) 36 60 34 79**
**www.frankfurterlaufshop.de/falke-sportshop**
Gleich neben seinem Frankfurter Laufshop eröffnete Geschäftsinhaber Jost Wiebelhaus im Jahr 2007 den FALKE Sportshop. Auf rund 100 Quadratmetern bietet Wiebelhaus das gesamte FALKE Sportsortiment an: Dazu zählen passende Oberbekleidung, Unterwäsche und Socken für sämtliche Sportarten, aber auch Business- und Freizeitstrümpfe. Die funktionale Sportkleidung ist darauf ausgelegt, Sportbegeisterte bei ihrer Ausübung von verschiedenen Sportarten optimal zu unterstützen und ihre Leistung zu fördern.

**FRIDA**
**Bleidenstraße 11**
**60311 Frankfurt**
**Tel.: (0 69) 56 99 74 07**
**www.frida-frankfurt.de**
Frida präsentiert auf 200 Quadratmetern Avantgarde-Mode in zentraler Lage. Alltagstaugliche und ausgefallene Stücke ergeben das umfangreiche und unverwechselbare Sortiment an Men & Women Fashion. Neben etablierten Marken gibt es auch junge Kreativlabels.

**GLORE**
**Oeder Weg 51**
**60318 Frankfurt**
**Tel.: (0 69) 79 18 99 35**
**www.glore.de**
glore steht für globally responsible fashion. Das Team um Geschäftsführer Bernd Hausmann bietet hochwertige Produkte für trendinteressierte, stil- und modebewusste Frauen und Männer, die im Einklang mit Mensch und Natur hergestellt werden. Deshalb fuhrt glore ausschließlich Marken, die fair gehandelte und ökologisch nachhaltige Mode mit ethischem Anspruch bieten.

**H. HARDY**
**Schweizer Str. 16, 60594 Frankfurt**
**Tel.: (0 69) 61 99 43 60**
**www.h-hardy.de**
Hier bedient der Chef. Hardy Steidl ist ein Mann vom Fach in punkto Kleidung für Männer. Er berät Sie, was passt. Und sagt auch, wenn es nicht passt. Bei h.hardy finden Männer ein rundes Dutzend guter Marken. Und von jedem dieser Anbieter finden Besucher bei h.hardy immer nur die besten Stücke.

**INGE GÖRDE**
**Oppenheimer Landstraße 46**
**60596 Frankfurt**
**Tel.: (0 69) 61 51 48**
Inge Görde ist seit über 40 Jahren eine feste Größe in Sachsenhausen. Die sympathische Modeexpertin ist immer auf der Suche nach Neuem, um ihren Kundinnen spannende, exklusive Mode zu bieten. Lässig sportiv, aber auch feminin, das sind die Attribute der Mode, die sie bei ihren Lieferanten sucht. Im Mittelpunkt stehen bevorzugt Labels, die sich harmonisch miteinander kombinieren lassen.

**JUNI FASHION**
**Brückenstraße 50, 60594 Frankfurt**
**Tel.: (0 69) 63 39 09 38**
**www.junifashion.de**
Als große Frau ist es nicht immer einfach, Mode zu finden, die passt und auch noch gut aussieht. Juni Fashion hat die Frauen ab einer Größe von 1,75 Meter im Blick. Styles, Passform und gute Kombinierbarkeit – nach diesen Kriterien wird das Sortiment zusammengestellt. Dieses reicht von schicker Businessmode bis hin zu stilvoller Freizeitkleidung. Besonderen Wert legt Inhaberin und Gründerin Jurgita Budrytė auf Materialien und Verarbeitung.

**KAUF DICH GLÜCKLICH**
**Kaiserstraße 8, 60311 Frankfurt**
**Tel.: (0 69) 21 93 79 03**
**Bleidenstraße 3, 60311 Frankfurt**
**Tel.: 0221-27 74 80 20**
**www.kaufdichgluecklich-shop.de**
Ob Damenmode, Männermode, Taschen, Sneaker, Schmuck, Naturkosmetik oder Wohnaccessoires – auf zwei Etagen verteilt sich eine spannende Auswahl angesagter europäischer Modemarken und kleinerer Designer.
In den Räumlichkeiten in der Bleidenstraße gibt es zwar keine Herrenmode, dafür besonders viele Artikel der Kauf Dich Glücklich Eigenmarke sowie angesagter europäischen Modemarken.

**MEN LIMITED**
**Oeder Weg 29**
**60318 Frankfurt**
**Tel.: (069) 13023910**
**www.men-limited.de**
Fashion, Accessoires, Beauty, Düfte, Bücher, Kunst, technische Spielereien, Hochprozentiges und vieles mehr – Men limited bietet in dem sehr einladend eingerichteten Geschäft alles für den Mann und für die, die Männer lieben.

**MI.NA**
**Bergerstraße 112**
**60316 Frankfurt**
**Tel.: (0 69) 48 00 51 72**
**https://mina-schuhe.de**
Nachhaltige Materialien, Faire Produktion und ein guter Style, das ist das Herz von mi.na. Neben Mode, Accessoires wie Taschen und Schmuck warten auch Sneaker von Veja, m.moustache, Woden oder Birkenstock sowie kmb und Toms.

**NUMBER SEVEN**
**Berger Str. 110**
**60316 Frankfurt**
**Tel: (0 69) 43 66 64**
**www.number-seven.com**
Seit mehr als 25 Jahren bietet Jasmina Bogdan in ihrem Laden modische, coole und nachhaltige Kleidung – überwiegend im skandinavischen Chic - und hilft Gästen dabei, neue Lieblingsstücke auszusuchen.

**OOKOKO**
**Brückenstraße 33**
**60594 Frankfurt**
**Tel.: (0 69) 25 53 60 64**
**www.ookoko.com**
Ookoko steht für Leben durch Farbe; für Menschen auf der Suche nach dem Besonderen. Viele Kleider in dieser Damen-Boutique sind wundervoll farbenfroh. Die Gründerin Ookoko's stammt aus Argentinien, verbrachte aber einen Großteil ihres Lebens in Barcelona und Berlin. Und genau dieses Lebensgefühl bringt sie nach Sachsenhausen: Moderne, Wärme, Eleganz und Lässigkeit – vereint in einem Laden.

**OSTÄND**
**Sonnemannstr. 73**
**60314 Frankfurt**
**Tel.: (0 69) 27 24 48 93**
**www.ostaendstore.de**
Wo früher Autolacke über die Ladentheke gingen, kann man jetzt ausgesuchte Produkte von jungen Labels erwerben. In dem 100 qm großen Laden herrscht außerdem Kreativ-Atmosphäre: Aus circa 6 Labels findet sich hier eine Art Kreativ-WG zusammen. Alma (Initiatorin mit eigenem Label – Alma Faire Fashion & Schmuck – produziert direkt im Store. Die Produkte des Stores sind ausschließlich von Frauen designt und hergestellt. Die meisten Labels sind direkt aus Frankfurt.

**PEGGY SUE VINTAGE**
**Wallstraße 20**
**60594 Frankfurt**
**Tel.: (0 69) 90 43 72 23**
**www.peggysuevintage.de**
„Back to the 50's!" – bei Peggy Sue Vintage in Sachsenhausen dreht sich alles um die weibliche Mode der Roaring Twenties, Rockin' Fifties, Swinging Sixties & Co. Passende Accessoires sind ebenfalls im Angebot, zusätzlich kleine Geschenke im Retrolook.

**RENÉ STORCK**
**Oeder Weg 38, 60318 Frankfurt**
**Tel.: (0 69) 13 02 40 80**
**www.renestorck.com**
Die Kreationen des Frankfurter Designers René Storck sind unkompliziert, raffiniert, minimalistisch, sinnlich und einfach schön. Auf dem Oeder Weg präsentiert er seine Mode.

**REVIER4**
**Peterstraße 2, 60313 Frankfurt**
**Tel.: (0 69) 92 03 94 63**
**www.revier-4.de**
Individuell und vielschichtig. Der coole und markante Eckladen mit der großen Schaufensterfront und der entspannten Atmosphäre bietet besondere Damen- und Herrenmode, Schuhe und Accessoires.

**ROMY**
**Berger Straße 32, 60316 Frankfurt**
**Tel.: (0 69) 79 21 09 78**
**www.romy-frankfurt.de**
Aktuelle Mode für Frauen, überwiegend aus Naturmaterialien wie Leinen, Wolle und Viskose. Stilvolle Accessoires runden das Outfit ab.

**SPAZIO CONCEPT STORE**
**Eppsteiner Str. 25, 60323 Frankfurt**
**Tel.: (0 69) 71 58 88 84**
**www.spazioconceptstore.de**
Urban, weiblich, individuell, lässig und edel: Seit 2004 finden hier im Westend die Highlights internationaler Mode- und Schuhkollektionen, anziehende Accessoires, dekoratives Interieur und originelle Geschenke einen außergewöhnlichen Ort der Präsentation. Mit dem Blick für das Besondere und der Liebe zum Detail trägt Inge Winterberg, Inhaberin des SpazioConceptStore, sie aus aller Welt zusammen.

**STEPHAN GÖRNER MAßATELIER**
**Gärtnerweg 31, 60322 Frankfurt**
**Tel.: (0 69) 95 92 90 60**
**www.massanzug.biz**
Seit 2008 steht das Stephan Görner Maßatelier für kompetente Beratung, perfekt sitzende Maßkonfektion und hochwertige Stoffe aus den besten Webereien Englands und Italiens. Mit Maßband und sicherem Geschmacksempfinden verhelfen die Spezialisten zu Maßhemden, Maßanzügen, Maß-Schuhen und Damenkostümen nach Maß in exakter Passform, bester Qualität und besonderer Verarbeitung. Ein besonderes Augenmerk wird auch auf die nachhaltige und faire Herstellung der Produkte gelegt.

**TULU IM ELITE-KAUFHAUS**
**Berger Straße 66, 60316 Frankfurt**
**Tel.: (0 69) 43 27 28**
In den ehemaligen Räumen des traditionsreichen Bornheimer Haushaltswarengeschäftes Elite-Kaufhaus finden Besucher seit inzwischen vielen Jahren lässige und moderne Mode für Sie und Ihn. Komplettieren lässt sich das Outfit durch Schuhe, Kopfbedeckung und passende Accessoires.

## AUKTIONEN

**AUKTIONSHAUS ARNOLD**
**Bleichstraße 40–42, 60313 Frankfurt**
**Tel.: (0 69) 28 27 79**
**www.auktionshaus-arnold.de**
Das Auktionshaus Arnold blickt auf eine Geschichte von mittlerweile über 70 Jahren zurück. Versteigerungen für Schmuck, Uhren und Juwelen, für moderne und zeitgenössische Kunst wie auch für Varia-Objekte werden regelmäßig mehrfach im Jahr durchgeführt. Zahlreiche Sonderversteigerungen zeigen außerdem die Vielfalt der Auktionsmöglichkeiten. Bewertungen von Nachlässen, Pfändungen und Insolvenzen stellen einen weiteren Tätigkeitsschwerpunkt dar.

**KUNST- UND AUKTIONSHAUS WILHELM M. DÖBRITZ**
**Braubachstraße 10–12 /Ecke Domstraße, 60311 Frankfurt**
**Tel.: (0 69) 28 77 33 oder 21 99 62 13**
**www.doebritz.de**
Das 1966 gegründete Kunst- und Auktionshaus ist die Adresse für Gemälde, Grafik, Fotografie, Ikonen, Skulpturen, Tapisserien, Teppiche, Uhren, Möbel, Silber, Porzellan und Schmuck. Im Mittelpunkt des Auktionsjahres stehen drei bis vier große Auktionen mit einem ausgesuchten Angebot. Um auch zwischen den Auktionen die Gelegenheit für einen Einkauf zu bieten, findet zwischen den Auktionen regelmäßig der Freihandverkauf statt. Das Kunst- und Auktionshaus Döbritz schätzt gerne Ihre Kunst. Nach telefonischer Anmeldung können Sie die Möglichkeit einer mündlichen Schätzung nutzen und mit Ihrem Objekt vorbeikommen. Dieser Service ist unverbindlich und kostenfrei.

**GALERIEN FRANKFURT MITTE**
**www.galerien-frankfurt-mitte.de**
Nahe der Altstadt, in und im Umfeld der aufblühenden und urbanen Fahrgasse, findet sich eine Vielzahl an Galerien. Unter „Galerien Frankfurt Mitte“ haben sich Galerien zusammengeschlossen, die nah der Altstadt, im Kunstquartier zwischen dem Museum für Moderne Kunst, der Kunsthalle Schirn, dem Frankfurter Kunstverein und dem Portikus angesiedelt sind. Die Galerien präsentieren ihr abwechslungsreiches Programm in spannenden Ausstellungen, organisieren geführte Rundgänge und veranstalten gemeinsame Vernissagen – das Spektrum dieser lebendigen Galerienszene reicht von aktueller Gegenwartskunst über klassische Moderne bis hin zu außereuropäischer Kunst. Parallel dazu existieren zahlreiche weitere Galerien, die über den gesamten Stadtraum verteilt sind.
Mehr hierzu unter
**www.galerien-frankfurt.de**

**KUNSTVEREIN FAMILIE MONTEZ**
**Honsellstraße 7, 60314 Frankfurt**
**www.kvfm.de**
Kunstausstellungen, Konzerte, Filmprogramme, Performances, Sommerakademien, Kaffee und Kuchen – die Rundbögen unter der Honsellbrücke des Künstlerkollektivs Familie Montez sind Treffpunkt für internationale Künstler, Freunde und Familien.

## SPORT

**ALPIN BASIS**
**Große Friedberger Straße 16–20**
**60313 Frankfurt**
**Tel.: (0 69) 9 13 31 40**
**www.alpin-basis.de**
Über 20.000 hochwertige Artikel rund um die Liebe zum Skifahren, Tourengehen, Klettern und Bergwandern bietet die Alpin Basis. Jedes der Produkte wurde mit Sorgfalt ausgesucht. Hierbei wird vor allem Wert auf Qualität, Langlebigkeit und Sicherheit gelegt.
Das fachkundige Team ist auch dann für seine Kunden da, wenn später mal etwas doch nicht passt.

**DECATHLON**
**Limescorso 19 (NordWestZentrum)**
**60439 Frankfurt**
**Telefon (0 69) 9 51 17 87 10**
**www.decathlon.de**
„Sport for all – all for Sport" – der französische Sportartikelanbieter Decathlon lebt sein sportliches Motto wie sonst kaum ein anderes Unternehmen. Von A wie Alpinski bis Z wie Zumba werden über 100 verschiedene Sportarten unter einem Dach in der Decathlon-Filiale im NordWestZentrum bedient. Angefangen vom Einsteiger bis zum Profi, vom Einzel- bis zum Teamsportler oder vom kleinen bis zum großen Kind bietet sich hier auf etwa 2.800 Quadratmetern alles, um die Sportlerherzen höher schlagen zu lassen. Neben dem breit gefächerten Sortiment werden auch eine Menge anderer Dienstleistungen angeboten: Am Servicepoint wird auf Wunsch das Fahrrad gewartet, Skier geschliffen, Sportausrüstungen repariert oder Ersatzteile für Fitnessgeräte, Zelte und vieles mehr besorgt. Seit nun mehr als 40 Jahren möchte Decathlon jedem die Freude am Sport ermöglichen und die Tür zur jeweiligen Wunschsportart öffnen. Die Grundlage hierfür sind innovative Sportartikel zu vernünftigen Preisen.

**FRANKFURTER LAUFSHOP**
**Große Friedberger Str. 37–39 (Nähe Konstablerwache)**
**60313 Frankfurt**
**Tel.: (0 69) 48 98 28 33**
**https://frankfurter-laufshop.de**
Der Frankfurter Laufshop ist bereits mehrfach zu den besten Laufshops Deutschlands gewählt worden. Auf etwa 140 Quadratmetern finden Kunden hier alles rund um den Laufsport. Die Laufenthusiasten beraten sehr qualifiziert, individuell und persönlich. Einzigartig ist das Laufanalysesystem: Mit Hilfe eines 3D-Scans und der anschließenden dynamischen Analyse (Druckmessplatte + Highspeed-Kamera) wird der optimale Laufschuh gefunden. Beliebt ist übrigens auch der Lauftreff, der montags ab 19.30 Uhr in fünf verschiedenen Tempogruppen stattfindet.

**GLOBETROTTER**
**Grusonstraße 2 / Ecke Hanauer Landstraße, 60314 Frankfurt**
**Tel.: (0 69) 66 60 88 80**
**www.globetrotter.de**
Auf über 4.000 Quadratmetern bleiben keine Outdoorwünsche offen. Neben umfassender Kleidung und Ausrüstung können sich Kunden auch in der Reisepraxis für ihre nächste Entdeckungstour beraten und ggf. impfen lassen. Ausgewählte Serviceleistungen wie etwa eine Werkstatt, Ausrüstungsverleih oder geprüfte und aufbereitete Secondhand-Artikel unterstreichen Kundennähe.

**SCHÖFFEL LOWA STORE**
**Schillerstr. 18–20, 60313 Frankfurt**
**Tel.: (0 69) 42 08 87 80**
**www.schoeffel-lowa.de**
Zuverlässigkeit, Qualität und Funktion. Immer die richtige Kleidung für jedes Wetter. Die Experten für Outdoor-, Reise- und Skibekleidung sowie Trekking- und Outdoorschuhe bringen die Natur in die Großstadt. Auch mit einem bunten Mix aus alpiner Mode und funktioneller, expeditionserprobter Berg- und Wanderbekleidung.

**SPORTSCHECK**
**Schäfergasse 10, 60313 Frankfurt**
**Tel.: (0 89) 67 84 67 33**
**www.sportscheck.com**
SportScheck bringt auf über 3.000 Quadratmetern Menschen zusammen, die einen aktiven und sportlichen Lebensstil führen möchten. Die sportbegeisterten Mitarbeiter beraten kompetent in Fragen rund um das breite Sportsortiment. Darüber hinaus stehen zahlreiche Services wie Laufbandanalyse, Ski- und Wanderschuhanpassung, Schlägerbesaitung, Beflockung etc. zur Verfügung.

## FAHRSPASS

**CUBE STORE BY MULTICYCLE**
**Wächtersbacher Straße 88-90**
**60386 Frankfurt**
**Tel.: (0 69) 247 43 84 80 (Verkauf)**
**(0 69) 2 47 43 84 81 (Werkstatt)**
**www.multicycle.de**
Neben Rädern für alle Einsatzgebiete, mit und ohne Motor, bietet der Cube Store Zubehörartikel, Bekleidung und einen umfassenden Service. Alle Räder können im Laden getestet werden. Direkt vor Ort gibt es eine Vielzahl an Parkplätzen. Mit der U-Bahn ist der Store über die Linien U4 und U7 (Gwinnerstraße) zu erreichen, mit dem Bus über die Linien 41 und 44 (Schlitzer Straße oder Lahmeyerstraße).

**FAHRRAD BÖTTGEN**
**Große Spillingsgasse 8-14**
**Tel.: (0 69) 9 45 10 80**
**www.fahrrad-boettgen.de**
Große Fahrradauswahl aller Art. Zusätzlich gibt es Zubehör, Ersatzteile, Bekleidung und eine kompetente Beratung. Die vor Ort ansässige Werkstatt verkauft gebrauchte Modelle.

**PER PEDALE**
**Adalbertstr. 5, 60486 Frankfurt**
**Tel.: (0 69) 70 76 91 11**
**www.perpedale.de**
Der Fahrradladen in Bockenheim beschäftigt sich seit über 35 Jahren mit dem Thema Fahrrad und bietet mit seinem breiten Sortiment und den Leistungen der angeschlossenen Werkstatt Lösungen für einen menschlichen Stadt- und Straßenverkehr.

**ZWEIRAD-CENTER STADLER**
**Borsigallee 23**
**Tel.: (0 69) 67 72 84 40,**
**www.zweirad-stadler.de**
Das Familienunternehmen bietet ein Riesensortiment an Rädern und Zubehör. Auf über 10.000 Quadratmetern findet der fahrradinteressierte Kunde alles rund ums Rad, sei es das Fahrrad, die passende Bekleidung, Helme oder Einzelteile. Eine kompetente Werkstatt ist direkt vor Ort. Auf der Indoor-Teststrecke können die Räder Probe gefahren werden.

## LUST?!

**INSIDEHER**
**Vilbeler Str. 34**
**60313 Frankfurt**
**www.insideher.de**
Erotisches für Frauen. Lingerie in verschiedenen Größen und Stilen. Erotische Accessoires, Bücher, jegliche Art von Toys und einiges mehr. Zudem gibt es eine telefonische Toyberatung. InsideHer ist Hessens erster Erotikshop für Paare.

**SÜNDIGE MODE**
**Töngesgasse 7, 60311 Frankfurt**
**www.suendige-mode.de**
Sündige Mode ist spezialisiert auf Korsetts – für die Braut und klassische Abendgarderobe, Burlesque, Gothic, Fetisch sowie Party- und Lifestyle-Bekleidung. Und natürlich als „unten drunter". Mode für Damen und Herren.

**TRANSNORMAL**
**Baseler Platz 8, 60329 Frankfurt**
**www.transnormal.de**
Die Damenboutique für den Herrn ist der Ort für transnormale Verwandlung für Seele und Geist. Pflege deine weibliche Seite!

## LOKALKOLORIT

**APFELWEINGALERIE**
**Hasengasse 5-7 (Kleinmarkthalle Eingang West), 60311 Frankfurt**
**www.aw-galerie.com**
Kunst und Genuss: Martin Schitto zeigt in seiner Galerie Arbeiten unterschiedlicher Künstler, die in einem Bezug zu Frankfurt, Apfelwein und der hessischen Lebensart stehen. Zudem hält er in seinem gläsernen Kühlschrank eine umfangreiche Auswahl regionaler Apfelweine und Mischgetränke bereit.

**HESSEN SHOP**
**Leipziger Straße 49, 60487 Frankfurt**
**Tel.: (0 69) 91 31 81 49**
**Diesterwegstraße 22, 60487 Frankfurt**
**Tel.: (0 69) 96 23 31 10**
**Hasengasse 5 (Ausgang Liebfrauenberg), 60311 Frankfurt**
**Tel.: (0 69) 21 93 79 50**
**www.hessen-shop.com**
Sybille Nolte und Norbert Rojan bieten in ihren drei Filialen hessische Geschenke und Lebensmittel, regionale Bücher und Frankfurter Lifestyle mit dem gewissen Etwas. Den Produkten merkt man eine große Herzensverbundenheit mit Hessen an.

**KAUFHAUSHESSEN**
**Berger Straße 288**
**60385 Frankfurt**
**Tel.: (0 69) 36 60 19 17**
**www.kaufhaushessen.de**
Das bunt gemischte Sortiment von Inhaberin Katja Meifort hat eines gemein: Es sind außergewöhnliche Produkte mit regionalem Charakter. Zusätzlich finden Veranstaltungen wie Lesungen und Verköstigungen statt.

**KULTUROTHEK**
**Markt 32**
**60311 Frankfurt**
**Tel.: (0 69) 28 10 10**
**https://kulturothek-frankfurt.de**
Die Kulturothek von Inhaberin Sabine Mannel bringt Interessierten die Mainmetropole auf vielfaltigste Weise näher: Neben Veranstaltungen und Events gibt es vor allem einen kleinen Laden in der neuen Altstadt, in dem sich nach Herzenslust stöbern lässt und schöne Frankfurt-Produkte zu entdecken sind.

Heimkino
OLED
LOEWE.

Cafés sind Orte der Begegnung, der Neugier, des Zuhausefühlens. Ich kann für mich sein und die Menschen betrachten, dem urbanen Treiben lauschen und damit in der Stadt ankommen. Oder ich kann mich dazusetzen und Menschen kennenlernen. Frankfurts Cafés bieten eine riesige Auswahl und wollen entdeckt werden.

**„GUTER KAFFEE IST WIE GUTE MUSIK – BEIDES BERÜHRT DIE SEELE."**
(ROGER CICERO)

BUNCA - Café und Kaffeerösterei mit zwei Standorten in Frankfurt

**BUNCA**
**Kirchnerstraße 4 und**
**Berger Straße 52**
**Tel. (0 69) 96 75 16 59**
**https://bunca.de**
Bunca versteht sich als Weiterentwicklung der klassischen Kaffeeröstereien und der „Third Wave"-Kaffeegenusskultur im Allgemeinen. Im Tagesgeschäft legen die Baristi großen Wert darauf, den Kunden die Espresso-basierten Milchmischgetränke auf einem hohen Niveau zu servieren. Hier spielt auch das Thema Latte Art eine große Rolle, denn es geht kein Milchgetränk über die Theke, das nicht mindestens mit einem Herz-Motiv vollendet wurde. Ganz nach dem Motto „Das Auge trinkt mit".

**CAFÉ CRUMBLE**
**Kiesstraße 41**
**Tel.: (0 69) 71 58 87 38**
**www.cafecrumble.de**
Leckere Frühstücke, einen abwechslungsreichen Mittagstisch und hausgemachte Kuchen – das Bockenheimer Café Crumble ist ein Ort, an dem sich die Gäste rundum wohlfühlen. Hinzu kommt köstlicher Kaffee & Tee sowie eine große Auswahl an Tageszeitungen. Bei gutem Wetter lockt der schöne Garten.

**CAFÉ GLAUBURG**
**Glauburgstraße 28,**
**Tel.: (0 69) 20 01 22 79**
**www.glauburg-cafe.de**
Im familiengeführten Eckcafé können es sich Gäste einfach gemütlich machen und sich wohlfühlen. Verschiedene Frühstücksvariationen, warme Kleinigkeiten, selbstgebackener Kuchen und das sympathische Team haben das Café zu einem beliebten Anziehungspunkt gemacht.

**CAFÉ IM LIEBIEGHAUS**
**Schaumainkai 71**
**Tel.: (0 69) 6 05 09 82 92**
**www.liebieghaus.de**
Wer hierher kommt, befindet sich etwas fernab des lauten Trubels und erlebt eine reizvolle Verbindung zwischen der Liebieghaus Skulpturensammlung, dem fast märchenhaften Garten und dem historischen Charakter des Cafés. Zum kulinarischen Angebot gehören Kaffeespezialitäten, erfrischende Kaltgetränke, hausgemachte Kuchen und Gebäck sowie leckere Salate und Sandwiches.

**CAFÉ KANTE**
**Kantstraße 13**
**Tel.: (0 69) 4 99 00 83**
**www.cafe-kante.de**
Das „Kante" ist eine Institution und versprüht mit seinem alten Fliesenboden, runden Bistrotischen, seiner charismatischen Verkaufstheke sowie den ausliegenden Tageszeitungen den Charme eines klassischen Kaffeehauses. Beim Frühstück oder einem leckeren Stück Kuchen zu plaudern oder in Ruhe zu lesen, ist hier ein Genuss.

**CAFÉ KARIN**
**Großer Hirschgraben 28**
**Tel.: (0 69) 29 52 17**
**www.cafekarin.de**
„Bornheim", „Ostend", „Nordend" u. v. m. – im beliebten Café Karin sind die verschiedenen Frühstücksvariationen nach Frankfurter Stadtteilen benannt. Frühaufsteher oder Langschläfer? Irrelevant, denn hier kannst Du bis 18 Uhr Dein Frühstück genießen. Kaffee- und Kuchenliebhaber kommen vis-à-vis des Goethe-Hauses selbstverständlich auch auf ihre Kosten.

**CAFÉ LAUMER**
**Bockenheimer Landstraße 67**
**Tel.: (0 69) 72 79 12**
**www.cafelaumer.de**
Das Traditionscafé im Westend ist seit Bestehen ein Treffpunkt für alle Generationen. Die frischen Frühstücksvarianten sorgen für beste Startbedingungen in den Tag, die stattliche Kuchen- und Tortenauswahl der hauseigenen Konditorei für kulinarische Verwöhnmomente.

**CAFÉ LIBRETTO**
**Hasengasse 4**
**Tel.: (0 69) 20 01 90 10**
**www.cafe-libretto.de**
Direkt neben der Stadtbücherei liegt das von der Familie Malagrino geführte Café Libretto. Mit Blick auf den historischen Tugendbrunnnen genießen Gäste hier neben Kaffeespezialitäten u.a. hausgemachte Kuchen, Torten, Waffeln und Kaiserschmarrn.

**COSMIC**
**Oeder Weg 38**
**www.cosmic.is**
Im Cosmic sieht man rot, und zwar ganz viel davon. In der nahezu komplett rot gehaltenen Mischung von Café und Bar lässt sich morgens entspannt der Kaffee genießen und abends kann man zur späteren Stunde bei einem kleinen Aperitivo den Tag ausklingen lassen. Das kulinarische Angebot ist breit gefächert und reicht von Cinnamon Mollies, Cookies, über Eggdrop-Sandwiches, Joghurts mit Haferflocken oder Granola bis hin zu Cosmic Breads (selbstgebackene, Foccaccia-ähnliche, Brote mit unterschiedlichen Belägen).

**DINING RAUM**
**Fahrgasse 15**
**www.diningraum.com**
Reibungslos fügt sich der komplett in Weiß strahlende Dining Raum in diese spannende Mischung der Geschäfte in der Fahrgasse ein. Auf der originellen Karte des Eck-Cafés stehen u. a. Shakshuka, Granola, Ricotta Pancakes, French Toast, veganes Bananenbrot, Sandwiches und vieles mehr. Alles zubereitet nach den australischen Originalrezepten der Inhaber.

**DOLCE MOMENTO**
**Bornheimer Landwehr 48**
**Tel.: (0 69) 71 43 33 39**
**www.dolcemomento.de**
Sfogliatella Napoletana, kleine Babà Napoli, verschiedene Kuchen und viele Genüsse mehr - Giuseppe & Raffaele haben sich mit der Eröffnung des Cafés einen Traum erfüllt und verwöhnen ihre Gäste seitdem mit neapolitanischen Spezialitäten. Neben Süßem wird auch Herzhaftes gebacken.

**DREI KAFFEEBAR**
**Fahrgasse 23**
**www.einszwei.shop**
Flanieren entlang der so geschichtsträchtigen Fahrgasse wird immer attraktiver, denn in den letzten Jahren haben sich hier zahlreiche spannende und sehenswerte Geschäfte niedergelassen, so dass es eine Menge zu entdecken gibt. Die Gastgeber der „Drei Kaffeebar" sind wahre Kaffeeenthusiasten. Im hellen, puristisch-modernen Laden gibt es leckere Kaffeespezialitäten mit teilweise ganz unerwarteten Geschmacksfacetten.

**FEIN**
**Petersstraße 4**
**(Wasserhäuschen in den Wallanlagen)**
In der Neuinterpretation des Wasserhäuschens fühlen sich Klein und Groß besonders wohl. Liebevoll gestaltet und dekoriert fügt sich das Café charmant in das Bild zwischen Straße und Grünanlage. Leckerster Kaffee, süße und herzhafte Köstlichkeiten und ausgewählte Alkoholika laden zum Verweilen ein. Kinder können sich über gemischte Tüten und den nahegelegenen Spielplatz freuen.

**LIFE DELI**
**im Jüdischen Museum**
**Bertha-Pappenheim-Platz 1**
**Tel: (0 69) 27 22 06 60**
**https://life-deli.de**
Das Restaurant-Café im Jüdischen Museum Frankfurt ist das einzige koscher-vegane Lokal in Frankfurt. Inspiriert von der israelischen Küche und den berühmten Delis in den USA bietet das Life Deli seinen Gästen den ganzen Tag warme Gerichte, leichte Salate und Brunch. Das Life Deli ist selbstverständlich ohne Eintrittskarte erreichbar .

**FRANKFURTER SALON**
**Braubachstraße 32**
**Tel.: (0 69) 2 47 57 77 56**
**www.frankfurtersalon.de**
Der geschmackvoll und heimelig eingerichtete Frankfurter Salon möchte die ursprüngliche, demokratische, inklusive Idee von Salon wieder beleben. Ein Raum für Gespräch, Auseinandersetzung, Gemeinsames, Freunde und Fremde. Das Angebot reicht vom Frühstück über Quiche, Suppen, Spezialitäten im Glas, zum Sattwerden und Genießen, feine Desserts bis zu selbst gebackenem Kuchen, alles regional angebaut, geerntet, verarbeitet in sozialen Projekten oder im Salon täglich frisch zubereitet. Der Kaffee kommt aus der kleinen Frankfurter Rösterei basaglia, die ausschließlich biologisch angebauten Kaffee verarbeitet. Der Frankfurter Salon ist ein sozialer Betrieb, der keine Gewinne erwirtschaften will und Menschen mit Handicaps oder in sozialer Not beschäftigt und ausbildet.

**FRIDA'S CAFÉ**
**Leipziger Str. 108**
**Tel.: (0 69) 27 27 30 23**
**www.fridas-cafe.de**
Das Gesicht der Namensgeberin findet sich auf dem Geschirr, auf Wandbildern und nicht zuletzt im Logo des Cafés - die mexikanische Ikone Frida Kahlo ist hier auf sympathische Art präsent.
Passend zum Motto „Eat. Drink. Socialize." ist Fridas Café ein gemütlicher Treffpunkt zum Lesen, Reden und Verweilen. Frische hausgemachte Spezialitäten verwöhnen den Gaumen ebenso sehr wie die Kaffeespezialitäten aus hauseigener Röstung.

**HARVEY'S**
**Bornheimer Landstraße 64**
**Tel.: (0 69) 48 00 48 78**
**www.harveys-ffm.de**
Das außergewöhnliche Ambiente, die Qualität der Speisen und die herzliche Bedienung ziehen das bunte Publikum an, welches am Friedberger Platz ein ausgiebiges Frühstück, einen entspannten Nachmittagskaffee oder andere Leckereien genießen kann. Im Harvey's muss das Frühstück übrigens nicht am Morgen eingenommen werden. Für Langschläfer gibt es die wichtigste Mahlzeit des Tages bis 16 Uhr.

**HOPPENWORTH & PLOCH**
**Friedberger Landstraße 86**
**Markt 22 (Neue Altstadt)**
**www.hoppenworth-ploch.de**
Die Kaffeerösterei Hoppenworth & Ploch steht für hochwertige Spezialitätenkaffees aus der eigenen Rösterei, gepaart mit tiefgreifendem Know-how zu allen kaffeerelevanten Themen und einer entspannten Atmosphäre, in der sich die Gäste wohl fühlen. Die Baristi servieren verschiedene, täglich wechselnde Filterkaffees, die von Hand aufgegossen werden, und verwenden dabei Brührezepte, die für die jeweilige Sorte optimiert sind. Eine Sorte gibt es auch immer aus dem Moccamaster, natürlich mit eigenem Brührezept. Neben den Filterkaffees liegt der Fokus auf den beiden verschiedenen Espressi, die täglich angeboten werden. Das Backteam versorgt die Gäste dazu mit leckeren Torten und Kuchen.

**IIMORI**
**Braubachstraße 24**
**Tel.: (0 69) 97 76 82 47, www.iimori.de**
Chefin Azko Iimori hat auf der Braubachstraße einen unverwechselbaren Ort mit japanisch-französischen Spezialitäten geschaffen. Im Erdgeschoss lockt die Iimori Patisserie mit feinen Köstlichkeiten aus der eigenen Backstube, die französisch-japanische Kuchen-, Torten, Brot- und Gebäckspezialitäten sind täglich frisch und handgemacht. Die Patisserie ist ein wunderbarer Platz für das liebevoll angerichtete, ganztägige Frühstück – Early Birds und Langschläfer sind hier sehr gut aufgehoben. Im ersten Stock geht es im Iimori Restaurant, ein japanisches Restaurant im Pariser Salonstil, herzhaft zu, mit Sushi und japanischen Köstlichkeiten.

**LUCILLE**
**Friedberger Landstraße. 100**
**Tel.: (0 69) 21 00 98 26**
**www.lucille-frankfurt.de**
Gemütliches Frühstück, köstlicher selbstgebackener Kuchen und wechselnde Mittagsgerichte – mit hochwertigen Lebensmitteln und frischen Kräutern kreiert Inhaber Mehran Alvani und sein Team täglich eine kleine Auswahl wechselnder Gerichte. Daneben stehen auf einer festen Karte verschiedene Lieblingsgerichte. Zudem unverwechselbar im Lucille: die alten Fliesen an Wänden und auf dem Boden.

**MEHLWASSERSALZ**
**Domstraße 10 (im Museum für Moderne Kunst)**
**Tel.: (0 69) 13 38 99 13**
**www.mehlwassersalz.club**
Mehl, Wasser und Salz: alle Backwaren bei Mehlwassersalz werden auf der Basis von Sauerteig hergestellt. Handarbeit und Transparenz sind wesentlich dabei. Neben den Brotköstlichkeiten können sich Gäste auch über eine Vielzahl an leckeren Süßspeisen wie Brioche, Tartelettes, Kuchen und vieles mehr freuen.

**METROPOL**
**Weckmarkt 13 – 15,**
**Tel.: (0 69) 28 82 87**
**www.metropolcafe.de**
Zentral gelegen und dennoch fernab der Hektik – das Metropol ist eine ruhige Oase im Schatten des Doms. Die unkomplizierte Atmosphäre und das Angebot haben das lichtdurchflutete Café längst zu einem Frühstückklassiker in Frankfurt gemacht. Kulinarisch begibt sich die Küche auf Wanderschaft quer durch die Welt. Gäste sollten jedoch nicht nur die Speisekarte studieren, sondern unbedingt auch einen Blick in die Kuchentheke werfen, denn hier warten frisch gebackene, raffinierte Kreationen.

**MOKKATEERIA**
**Heidestraße 149,**
**Tel.: (0 69) 90 75 90 91**
**www.mokkateeria.de**
Wiener Kaffeehausstil trifft auf orientalische Gemütlichkeit – in der Nachbarschaft der Berger Straße verweben sich Orient und Okzident miteinander. Gekonnt spielt die Mokkateeria auf allen sinnlichen Ebenen mit der Verschmelzung beider Kulturen. Alle Heißgetränke, Kuchen, Torten, Orient Sweets und Backwerke werden von Hand gemacht. Allein die Umsetzung des Mokkas ist bereits ein Genuss: Der Mokka wird hier nach traditioneller Art in heißem Sand zubereitet. Im Sandweg 10 finden Sie die Mokkateeria „Bread & Sweets". Angeboten werden täglich frische Brotvariationen, Brötchen, Kuchen, Torten, Süßes und Herzhaftes aus Orient & Okzident.

**MOZART CAFÉ**
**Töngesgasse 23**
**Tel.: (0 69) 29 19 54**
**www.cafemozart-frankfurt.de**
In der geschichtsträchtigen Töngesgasse können Besucher des Mozart Café eine Auszeit vom hektischen Alltag erleben. Tee- und Kaffeespezialitäten, reichhaltige Frühstücksarrangements sowie eine große Auswahl an frischem Kuchen sorgen für Entspannung.

**CAFÉ NO. 48**
**Rotlintstraße 48**
**https://cafe-no48.de**
Das im Nordend gelegene Café No. 48 ist ein Nachbarschaftscafé mit Kaffeespezialitäten, hausgemachten Kuchen, Sauerteigbrotkreationen & einer erlesenen Auswahl an Bohnen aus unterschiedlichen Röstereien für Ihr Zuhause.

**ROSELI CAFÉ & BAR**
**Weißadlergasse 9**
**Tel.: (0 69) 24 44 66 60**
**www.roseli.de**
Das Roseli Café ist ein entzückendes Café mit einer Melange aus modernem Wohlfühlambiente und romantischem Landhausstil. Der Kaffee kommt von einem regionalen Hausröster, die Frühstücksvarianten sind abwechslungsreich und lecker und beim Backen der hausgemachten Kuchenspezialitäten entfaltet die Chefin ihre Kreativität.

**SCHÄTZE BERGN**
**SCHÖNES & CAFÉ**
**Marktstraße 17**
**Tel.: (0 61 09) 73 92 205**
**www.bergn-frankfurt.de**
Eigentlich ist es die beste Bezeichnung, die sich ein Café wünschen kann. Fragt man bei den Menschen in Bergen herum, was in Ihrem Stadtteil als ihr „zweites Zuhause“ bezeichnen würden, dann fällt auf jeden Fall der Name Schätze Bergn. Das als Spin-Off des Interiour-Ladens entstandene Café mit Design-Shop entpuppte sich sehr schnell als HotSpot in Frankfurts nördlichstem Stadtteil. Mit vielen Plätzen draußen auf dem Platz in Sichtweite der Schelmenburg, einer mittelalterlichen Wasserburg, bietet das Café Kaffee, Tee, Kaltgetränke, Kuchentapas, Suppen und leckere Stullen im wechselnden Tagesangebot. Das Besondere: Alles, was in diesem Café steht, hängt, der Stuhl auf dem man sitzt, der Tisch - hier kann alles gekauft werden. Neben Designklassikern finden sich hier unterschiedlichste Schätze - zu moderaten Preisen in nordischem Design.

**SUNNY SIDE UP**
**Bockenheimer Landstraße 9 und Gluckstraße 21/Ecke Glauburgstraße,**
**Tel.: (0 69) 20 73 76 84**
**www.sunnysideup-ffm.de**
Moderne internationale Frühstücksspeisen, leckerer Specialty Coffee und Superfood Lattes, frisch gepresste Säfte und hausgemachte Cakes werden die ganze Woche im Sunny Side Up in unmittelbarer Nachbarschaft der Alten Oper und im Sunny Side Up im Nordend kredenzt. Rein vegetarisch mit vielen veganen Optionen.

**CAFÉ WACKER**
**Stammhaus Kornmarkt**
**Kornmarkt 9**
**Tel.: (0 69) 28 78 10**
**Schweizer Straße 18,**
**Tel.: (0 69) 66 05 82 30**
**Berger Straße 185**
**Tel.: (0 69) 46 00 77 52**
**Grüneburgweg 29**
**Tel.: (0 69) 97 78 99 00**
**https://wackers-kaffee.com**
Wacker ist wahrlich eine Institution in der Mainmetropole und über die Stadtgrenzen hinaus bekannt. 1914 gründete Luise Wacker ein Kaffeehaus mit eigener Rösterei. An der Philosophie, bei der der Kunde, die stets frische Röstung, ein fairer Handel und das Hochhalten von handwerklicher Qualität die wesentlichen Säulen sind, hat sich bis dato nichts geändert. Das Wacker's Kaffee Geschäft am Kornmarkt 9 ist das sogenannte Stammhaus, seit seinem Bezug wurde es kaum verändert.

Das Kaffeehaus am Uhrtürmchen ist innen gemütlich, im Außenbereich finden Gäste ausreichend Platz und können von dort das Treiben auf der Berger bei einem Heißgetränk und leckerem Kuchen entspannt genießen. Jüngst hat das Familienunternehmen auch auf der anderen Mainseite ein Café eröffnet. Der freundlich gestaltete Innenraum bietet viel Platz für gemütliche Stunden bei einer Tasse Kaffee, einem Frühstück oder diversen Naschereien.

**FRANKFURT IST BESONDERS**
Mitten in der Stadt, in einer der grünen Oasen, den Wallanlagen, in der Sonne bei ganz besonderer Atmosphäre im **FEIN Frankfurt** einen Kaffee genießen – mehr dazu auf Seite 42.

# **BEIM EBBELWOI** SIND ALLE GLEICH

Wer Frankfurt kennenlernen will, muss die urige Ebbelwoi-Gemütlichkeit erleben. Oder um den Frankfurter Satiriker und Freiheitsdichter Friedrich Stoltze heranzuziehen: „Wer nix uff's Stöffche hält, der daut aam laad! Nix so uff dare Welt mecht aam so Fraad" (Wer nichts vom Apfelwein hält, der kann einem leidtun! Nichts auf der Welt macht so viel Freude.") Und dabei geht es beim Frankfurter Nationalgetränk keineswegs allein um den kulinarischen Genuss, denn er ist auch Ausgangspunkt für ganz essenzielle Effekte von unschätzbarer Bedeutung – damals wie heute. Die integrative Wirkung von Apfelwein lässt sich tagein, tagaus erleben: Wo kommen schon so viele unterschiedlichen Menschen zusammen wie beim Ebbelwoi in einer traditionellen Apfelweinwirtschaft. Selbst wenn man zu zweit losgeht, muss man hier zum „Schoppe petze" an langen gemütlichen Tischen zusammensitzen. Und schon nach kurzer Zeit befindet man sich im angeregten Gespräch. Je bunter, desto besser, ganz nach dem Motto: Beim Ebbelwoi da biste Mensch, da kannst es sei.

**ADOLF WAGNER**
**Schweizer Straße 71**
**Tel.: (0 69) 61 25 65**
**www.apfelwein-wagner.com**
Einheimische und Touristen erfreuen sich in der traditionell eingerichteten Apfelweinwirtschaft an Ebbelwoi und köstlichen Frankfurter Speisen. Neben den klassischen Gerichten bietet der Familienbetrieb auch saisonale Gerichte.

**APFELWEIN DAX**
**Willemerstraße 11**
**Tel.: (0 69) 61 64 37**
**www.apfelwein-dax.de**
Im großen Gastraum der Traditionswirtschaft kann man sich auf Apfelwein und Frankfurter Klassiker freuen. Während der flotte Service sich um die Bestellung der Gäste kümmert, können sich diese in den zahlreichen historischen Schildern an den Wänden verlieren.

**APFELWEIN SOLZER**
**Berger Str. 260, Tel.: (0 69) 45 21 71**
**www.solzer-frankfurt.de**
Die Apfelweinwirtschaft wird inzwischen in der fünften Generation der Familie Solzer betrieben und hat nichts von ihrer „Alt Bornheimer Gemütlichkeit" verloren. Neben selbst gekeltertem Apfelwein gibt es frische und abwechslungsreiche Gerichte für Groß und Klein. Die Auswahl dabei ist typisch für Apfelweinwirtschaften, die Zubereitung erfolgt aus erstklassigen Zutaten und nach traditionellen Rezepten.

**APFELWEINWIRTSCHAFT FICHTEKRÄNZI**
**Wallstraße 5, Tel.: (0 69) 61 27 78**
**www.fichtekraenzi.de**
Das im Jahr 1894 gegründete Fichtekränzi bietet eine Auswahl an hessischen und deutschen Leckereien. Neben der Frankfurter Küche und deutschen Klassikern vervollständigen internationale Gerichte das Angebot. An schönen Tagen lässt es sich gemütlich unter der schattenspendenden Platane im Apfelweingarten vor dem Lokal sitzen.

**... OB APFELWEIN, OB ÄPPLER ODER SCHOBBE, ES IST UND BLEIBT EN GUDE DROBBE ...**

**ATSCHEL**
**Wallstraße 7, Tel.: (0 69) 61 92 01**
**www.atschel-frankfurt.de**
Lange Tische und Bänke, Holzboden und Jugendstil-Kugellampen an der Decke – die Atschel (hessisches Wort für Elster!) gehört zu den ältesten Apfelweinlokalen in Sachsenhausen. Die Küche bietet gleichbleibend hohe Qualität und präferiert bei allen Speisen lokal-regionale Produkte.

©visitrheinmain, David Vasicek

**DAHEIM IM LORSBACHER THAL**
**Große Rittergasse 49**
**Tel.: (0 61 09) 5 07 76 11**
**www.lorsbacher-thal.de**
Das Lorsbacher Thal ist einer der ältesten Schankwirtschaften Frankfurts, die Tradition reicht immerhin bis ins Jahr 1803 zurück. Gäste des charmanten Lokals sollen sich bei Pia und Frank Winkler „wie daheim" fühlen und in den Genuss ihrer leckeren hessischen Küche kommen, die durch frische Zubereitung, hohe Qualität und Liebe zum Detail besticht. Das Kleinod begeistert nicht nur mit seinen Speisen, sondern auch mit Apfelwein. Dieser lagert im sehenswerten Gewölbekeller. Dort gären, reifen und lagern die selbstgekelterten Hausschoppen und zahlreiche Raritäten aus der ganzen Welt. Mit an die 300 Positionen wartet eine der größten Apfelweinkarten weit und breit.

**EBBELWEI-EXPRESS**
**Tel.: (0 69) 21 32 24 25**
**www.ebbelwei-express.de**
Bunte Motive wie der Römer und lächelnde Bembel grüßen von außen, während drinnen unter blauem Himmel hessische Traditionsmusik aus den Lautsprechern rieselt. Mit ihrer traditionellen Atmosphäre, dieser Patina mit dem alten Holzboden und der unkomplizierten Stimmung, erinnert diese historische Straßenbahn fast an eine rollende Apfelweinwirtschaft. Eine Fahrt im Ebbelwei-Express ist eine der urigsten Möglichkeiten, Frankfurt zu entdecken. Auf seinem circa einstündigen Rundkurs führt er an zahlreichen Sehenswürdigkeiten entlang. Währenddessen bleibt genügend Zeit, bei Musik und Brezeln den Apfelwein oder Apfelsaft zu genießen. Den Fahrspaß gibt es an Samstagen, Sonn- und Feiertagen.

**EBBELWOI UNSER**
**Abtsgäßchen 8, Tel.: (0 69) 15 34 51 28**
**www.ebbelwoi-unser.de**
Gemütlich, herzlich und zwanglos – das Ebbelwoi Unser ist wie ein zweites Wohnzimmer. Qualität, Frische und Regionalität der Zutaten sind hier von zentraler Bedeutung, denn schließlich wird mit Herz und Liebe gekocht.

**LAHMER ESEL**
**Krautgartenweg 1**
**Tel.: (0 69) 57 39 74**
**www.lahmer-esel.de**
Das gemütliche Apfelweinlokal mit seinem einladenden Garten liegt an einem Seitenarm des Urselbaches. Bereits seit 1807 werden in dem denkmalgeschützten Fachwerkhaus Gäste bewirtet. Diese dürfen sich auf eine Speisekarte mit köstlichen regionalen und gutbürgerlichen Gerichten freuen.

**MOMBERGER**
**Alt Heddernheim 13**
**Tel.: (0 69) 57 66 66**
**www.momberger-frankfurt.de**
Die in einem authentischen Fachwerkhaus beheimatete traditionelle Apfelweinwirtschaft schenkt ausschließlich Äppler aus der eigenen Kelterei aus. Für das Keltern werden nur Äpfel aus Hessen verwendet. Die Küche des „Momberger" begeistert mit typisch Frankfurter und gut bürgerlicher Küche.

**MOSEBACH**
**Sandweg 29, Tel.: (0 69) 4 93 03 96**
**www.gaststätte-mosebach.de**
Frische und Qualität sind im Familienbetrieb das oberste Gebot. Neben Klassikern der regionalen Küche, vor allem das Frankfurter Schnitzel und die Grüne Soße sind begehrt, und einem leckeren Schoppen gibt es eine Weinauswahl, die der Hausherr bei den Erzeugern vor Ort ausgesucht hat.

**OBSTHOF SCHNEIDER**
**Am Steinberg 24, Tel.: (0 61 01) 4 15 22**
**https://obsthof-am-steinberg.de**
Bei schönem Wetter unter knospenden Apfelbäumen hausgemachte Apfelwein-Spezialitäten und eine Vesper oder Kuchen genießen – beim Obsthof Schneider können Groß und Klein die Seele baumeln lassen. Alternativ steht die beheizte Schoppenwirtschaft parat. Im Hofladen können Apfelweinspezialitäten, Säfte, Obstbrände und saisonale Früchte für zu Hause gekauft werden.

**ZUM EICHKATZERL**
**Dreieichstraße 29, Tel.: (0 69) 61 74 80**
**www.eichkatzerl.de**
Das Eichkatzerl gehört zu den ältesten Apfelweinlokalen in Sachsenhausen. Besonderes Flair verleiht der Traditionswirtschaft unter anderem das Zusammenspiel aus in Holz gehaltener Bestuhlung und gemalten Bildern von Hans Schneider. Die gutbürgerliche Küche verwöhnt mit regionalen Gerichten sowie der jeweils der Saison angepassten Monatskarte.

**ZUM GEMALTEN HAUS**
**Schweizer Straße 67, Tel.: (0 69) 61 45 59**
**www.zumgemaltenhaus.de**
Echt und original – bereits seit Ende des 19. Jahrhunderts befindet sich hier eine Apfelweinwirtschaft, in deren Keller der Schoppe in großen Holzfässer reift. Das „Gemalte", wie es der Frankfurter nennt, ist eine der traditionellsten Apfelweinwirtschaften und unverwechselbar dank seiner Fresken, die namensgebend sind.

**ZUM RAD**
**Leonhardsgasse 2, Tel.: (0 69) 49 71 28**
**www.zum-rad.de**
Seit weit über 200 Jahren pflegt man hier die Apfelweinkultur. In gemütlicher Atmosphäre kann man nicht nur Frankfurter Gastlichkeit genießen, sondern auch Ebbelwoi-Kultur. Und traditionelle sowie innovative Spezialitäten aus der Frankfurter Küche.

**ZUM LÖWEN**
**Alt-Sossenheim 74, Tel.: (0 69) 34 13 57**
**www.zumloewen-frankfurt.de**
Frische regionale Küche – bodenständig und mit Anspruch, so ist hier die Küchenphilosophie und der Leitspruch „frisch, ehrlich, hessisch". Selbstverständlich hat man sich im Löwen auch erfrischendem und fruchtigem Apfelwein verschrieben.

**ZUR BUCHSCHEER**
**Schwarzsteinkautweg 17**
**Tel.: (0 69) 63 51 21**
**www.buchscheer.de**
Seit 1876 steht das Wohlergehen der Gäste im Mittelpunkt. Für den selbstgekelterten Apfelwein wird ausgewähltes Streuobst aus der Region verwendet. Beste handwerkliche Tradition und Qualität bestimmen auch die Speisekarte.

## THERE IS NO TRANSLATION FOR **EBBELWOI**

Frankfurt am Main is recognised as the most international German city. Here, in a relatively small area, people from 180 nations, each with their own culinary backgrounds, come together and influence the city.

The ability to look beyond ones own familiar tastes and habits is possible on just about every street corner. You will almost feel as if you have landed in the legendary land of milk and honey as you sample your way through the different kitchens of the world. What shall it be today? Haute cuisine in a noble Gourmet palace, the vegan deli, or possibly soul food from a food truck? Maybe you would rather try the traditional regional cooking, available in one of the local apple wine restaurants, together with a "Schobbe" or "Ebbelwoi" which is slang for apple wine. Recognised in Frankfurt as a national drink and poured out of a "Bembel" (pitcher) into a "Gerippte" (traditional apple wine glass).

**KLAANE SACHSEHÄUSER**
**Neuer Wall 11**
**Tel.: (0 69) 61 59 83**
**https://klaane-sachsehaeuser.de**
Gastlichkeit, Frohsinn und Gemütlichkeit – der „Klaane Sachsehäuser" gehört zu den ältesten Apfelweinlokalen in Sachsenhausen. Im gemütlichen Hauptraum sitzen die Gäste an apfelweintypischen langen Tischen und Bänken, die zusammen mit dem Holzboden und Jugendstillampen eine unverkennbare Atmosphäre schaffen. Die Küche liefert gleichbleibend hohe Qualität. Ob Bio-Forellen aus dem Taunus oder Wild aus heimischen Wäldern, bei allen Speisen werden lokal-regionale Produkte bevorzugt.

## **KAISER KARL** ERFINDET DEN APFELWEIN

Was wäre ein Kapitel über den Apfelwein ohne eine Anekdote zu Karl dem Großen und dem Gedicht Adolph Stoltzes, Sohn des Frankfurter Nationaldichters Friedrich, welches frühere Generationen von Frankfurter Grundschülern auswendig lernten. Diese wussten, dass es der Frankenkönig höchstselbst gewesen ist, der nicht nur unsere schöne Stadt am Main gründete, sondern ebenfalls den Apfelwein erfand – wenn auch versehentlich.

**„Den Reichsappel in de Hand floh**
**Kaiser Karl zum Mainesstrand.**
**Un hat, da er sehr abgehetzt,**
**sich uff den Appel da gesetzt.**
**Nadierlich aanzig aus Verseh,**
**denn so e Sitz is grad net schee.**
**Uff aamal awwer spiert er was**
**un greift danach un is ganz nass**
**un luscht dann draa: Uy! Schmeckt**
**des fei un kreischt dann:**
**‚Des is Eppelwei! Gottlob, jetzt hat**
**der Dorscht e End, gleich morje**
**nemm ich e Patent!'"**

Ein echter Kern steckt dennoch in dieser Geschichte, denn tatsächlich verordnete Karl der Große in seiner Anweisung „Capitulare de villis" aus dem Jahr 800, dass Obst in sogenannten „Pomarien" angebaut werden solle und dass „jeder Ritter unter seinem Personal tüchtige Meister haben solle, namentlich Schmiede für Eisen, Silber und Gold und solche Leute, die berauschende Getränke bereiten können, sei es Bier, Birnen- oder Apfelwein". So kann man also behaupten, dass sich Karl der Große erstmalig um eine sachgemäße Herstellung des Apfelweins bemühte und die Herstellung von Apfelwein eindeutig empfahl.

# GESCHÜTTELT ODER GERÜHRT

**Genussmomente mit Blick über die Stadt oder doch lieber in diskret zurückhaltenden Schönheiten; in Frankfurts Barlandschaft warten zahlreiche attraktive Adressen.**

BAR MARMION IM LINDLEY LINDENBERG
**Lindleystraße 17**
**0176-4 40 62 91**
**www.marmion-bar.de**
In der ästhetischen Bar im 5. Stock des Lindley Lindenberg im Ostend werden Klassiker der Barkultur sowohl in ihrer ursprünglichen Version als auch mit neuen Interpretationen zubereitet und serviert. Außerdem wird eine fein kuratierte Auswahl an Weinen, Spirituosen und Cocktails in einem anspruchsvollen Ambiente angeboten.

BAR MARMION
www.marmion-bar.de

CHAMPIONS
www.champions-frankfurt.com

**CHAMPIONS**
**Hamburger Allee 2**
**Tel.: (0 69) 7 95 50**
**www.champions-frankfurt.com**
Champions ist die Adresse, wenn es um Cocktails, Essen und Sport geht. Hier können Besucher ausgefallene Drinks und US-amerikanische Speisen genießen und dabei die großen Spiele auf stattlichen Leinwänden anschauen.

**FLEMINGS SELECTION HOTEL FRANKFURT-CITY**
**Eschenheimer Tor 2**
**Tel.: (0 69) 4 27 23 20**
**www.flemings-hotels.com/frankfurt-city-selection-hotel**
Das denkmalgeschütze Flemings Selection Hotel Frankfurt-City befindet sich direkt am Eschenheimer Tor, wenige Gehminuten von der Innenstadt und vielen Sehenswürdigkeiten entfernt. Außergewöhnlich ist der Paternoster-Aufzug, der Einzige in Frankfurt, der von der Öffentlichkeit genutzt werden darf. In der 7. Etage befindet sich das entspannt-elegante Restaurant Occhio D'oro mit beliebter Rooftop Bar samt beeindruckendem Panoramablick auf den Eschenheimer Turm und die Skyline.

**EAST GRAPE**
**Louis-Appia-Passage 12**
**Tel.: (0 69) 17 52 62 32**
**https://eastgrape.de**
„Echt – Ehrlich – Entschleunigt" – in der Weinbar von Ralf Müller-Arnold entdecken Gäste ein durchdachtes und umfangreiches Angebot an Gewächsen aller Rebsorten und Preisklassen. Neben Klassikern lassen sich hier auch ungewöhnliche Rebsorten ausprobieren. Blickfang der Weinbar ist der große Stammtisch aus massiver Eiche, der zur weinseligen Kommunikation einlädt.

**JIMMY'S BAR**
**Friedrich-Ebert-Anlage 40**
**Tel.: (0 69) 7 54 00**
**www.jimmysbarfrankfurt.de**
Nicht weit entfernt, gegenüber des Messesturms, befindet sich im Souterrain des ehemaligen Grandhotel Hessischer Hof die legendäre Jimmy's Bar. Die Bar hat Kultstatus – Helmut Schmidt, Udo Lindenberg, die Rolling Stones, AC/DC u.v.m. haben sich im Laufe der letzten sechs Jahrzehnte im exklusiven und gediegenen Flair eingefunden.

Roomers Bar
www.roomers-hotels.com

# GESCHÜTTELT **ODER GERÜHRT**

**ROOMERS BAR**
**Gutleutstraße 85**
**Tel.: (0 69) 2 71 34 28 15**
**www.roomers-hotels.com**
Die preisgekrönte Roomers Bar ist Treffpunkt und Bühne. Lauschige Nischen, betörendes Licht und verheißungsvolle Getränke sorgen für burlesquen Charme, gute Gespräche und vollendete Momente.

**LOGENHAUS-BAR**
**Finkenhofstraße 17**
**Tel.: (0 69) 84 77 57 43**
**https://logenhaus-bar.com**
Die Bar des Nachtsalons verwöhnt mit einer ausgesucht großen Auswahl von mehr als 80 Gin-Sorten, Klassik-Cocktails und Eigenkreationen des Barchefs. Klassische Barkultur mit neuen Elementen verbinden – das ist die simple Philosophie, nach der Barchef Martin Mack seinen Stil hinter der Bar ausrichtet. Zu seinem Anspruch, dem Gast nur das Bestmögliche im Glas zu servieren, steht für Mack auch das Gesamterlebnis Bar im Mittelpunkt. Die sehr stimmungsvollen Räumlichkeiten, die liebevoll präsentierten Interieur-Accessoires, der elegante Service und die Musik versetzen die Gäste hier in die Zeiten einer mondänen Bohème-Gesellschaft.

**NFT SKYBAR**
**Brüsseler Straße 1-3**
**www.nft-skybar.com**
Hoch hinaus geht es in der NFT Skybar. Im 47. Stock des One-Towers kann man sich kaum sattsehen am 360-Grad-Rundumblick. Die NFT Skybar ist die höchste Rooftop-Location in Frankfurt. 185 Meter über dem Erdboden können Gäste auf der offenen Terrasse oder im Innenbereich auf gemütlichen Sitzen Cocktails und Snacks genießen.

©visitrheinmain, David Vasice

NFT Skybar
www.nft-skybar.com

OOSTEN
https://oosten-frankfurt.com

**OOSTEN**
**Mayfarthstraße 4**
**Tel.: (0 69) 94 94 25 68 14**
**https://oosten-frankfurt.com**
Im Oosten im Schatten der EZB sitzen Sie immer auf der Sonnenseite. Im Restaurant, an der Bar und in der Lounge oder auf den Terrassen sind spektakuläre Perspektiven auf die Skyline und die Flusslandschaft inklusive. Wenn die Sonne langsam untergeht und die Strahlen den Main glänzen lassen, kann man hier auf der Dachterrasse mit einem Getränk in der Hand einen gemütlichen Ausgang des Tages genießen.

**PLANK!**
**Elbestraße 15**
**Tel.: (0 69) 26 95 86 66**
**https://barplank.de**
Die lässige Café-Bar-Studio Plank! von DJ und Clubbetreiber Ata Macias lädt tagsüber zu Kaffee-Spezialitäten und Snacks ein. Am Abend werden Bier, Wein, Cocktails und besondere Drinks serviert. Benannt ist die Bar übrigens nach dem legendären Musikproduzenten und Toningenieur Conny Plank.

Embury Bar
https://embury.bar

**EMBURY BAR**
**Kirchnerstraße 6-8**
**Tel.: 0151-51 79 30 46**
**https://embury.bar**
Es geht darum, eine angenehme Zeit zu haben. Mitten im Herzen der Mainmetropole ist die Embury Bar der Platz für niveauvolles flüssiges Vergnügen. In angenehmem Ambiente bietet Dominik Falger seinen Gästen mit über 1.500 Flaschen eine stattliche Auswahl ausgewählter Spirituosen für jeden Geschmack. Damit Letzterer nicht verwässert wird, werden alle Getränke auf kristallklaren Eiswürfeln aus eigener Produktion serviert.

Trinkhalle
https://trinkhalle-ffm.de

# GESCHÜTTELT **ODER GERÜHRT**

**TRINKHALLE**
**Obermainanlage 24**
**Tel.: (0 69) 83 00 96 89**
**https://trinkhalle-ffm.de**
Dank leichtem Retro-Look erleben Gäste in der Trinkhalle den Charme vergangener Zeiten mit zeitgemäßem Flair. Die Kreationen des einfallsreichen Bar-Teams runden einen gelungenen Abend ab.

**RUBY LOUISE HOTEL**
**Neue Rothofstraße 3**
**Tel.: (0 69) 9 45 15 87 70**
**www.ruby-hotels.com**
In der rund um die Uhr geöffneten Bar des Ruby Louise Hotel wartet eine erstklassige Mischung aus verschiedenen Cocktails, Wein- und Biersorten. Das entspannte Ambiente lädt zu einem Abend mit cooler Live-Musik und erstklassigen Drinks ein. Auf der großen Dachterrasse in der 6. Etage können Gäste einen Sundowner genießen und die Stadt aus einer unverwechselbaren Perspektive erleben.

Ruby Louise Hotel
www.ruby-hotels.com

# WUNSCHERFÜLLER VOM DIENST

**Der gebürtige Frankfurter und gelernte Bankkaufmann Holger Alexander Müller ist Head Concierge im Steigenberger Icon Frankfurter Hof und Sektionsleiter im einzigen Berufsverband der Hotelportiers/Concierges der Luxushotellerie in Deutschland, dem Golden Schlüssel Deutschland e.V. in Hessen. Vor Corona waren 24 Concierges in Frankfurt, Wiesbaden und Gravenbruch aktiv. Heute sind es aufgrund der Schließungen etwa des Interconti, der Villa Kennedy oder des Hessischen Hofs nur noch zwölf.**

Holger Alexander Müller ist für die Gäste des Hauses erste Ansprechperson, sei es in Belangen in und ums Hotel, für allgemeine Auskünfte, aber auch persönliche Angelegenheiten: Eintrittskarten für die Oper, ein privater Tisch in einem Insider-Restaurant, der große Rosenstrauß für einen besonderen Anlass oder der Geheimtipp für den perfekten Ausflug in die Region. Nicht wenige sagen deshalb, der Concierge ist das Gesicht und die Seele eines Hotels.

**Ein gutes Gedächtnis für Namen und Gesichter ist unabdingbar. Ebenso wie eine Menge Kenntnisse über die Stadt und die Region und ein ausgesprochen vielschichtiges Netzwerk. Anders würden sich die Wünsche der Gäste nur schwer erfüllen lassen, oder?**

Ja, man sollte auf jeden Fall seine Stadt gut kennen. Das ist ein absolutes Muss für jeden Concierge. Wobei mein Vorteil ist, ich bin in Frankfurt am Main geboren und der Spross einer Frankfurter Familie. Urgroßeltern, Großeltern, Eltern – alles waschechte Frankfurter und damit habe ich den für den Beruf nötigen Bodensatz sozusagen im Blut. Alles andere ist vor allem Erfahrung. Je länger jemand als Concierge arbeitet, umso leichter wird es. Weil sich das Netzwerk mit jedem Tag immer mehr erweitert. Man weiß dann genau, welcher Kollege, welcher Ansprechpartner helfen kann, den Wunsch des Gastes zu erfüllen. Bei mir zum Beispiel sitzt inzwischen zumeist das erste Telefonat. Aber – wie gesagt – das braucht Zeit. Schließlich sind Frankfurt und die Metropolregion unglaublich vielseitig.

**Um welche Wünsche geht es? Was möchten Ihre Gäste, wenn Sie im Frankfurter Hof logieren?**

Die meisten Wünsche, die an uns herangetragen werden, sind gar nicht so außergewöhnlich: Eintrittskarten für die Oper, ein privater Tisch in einem Insider-Restaurant, der große Rosenstrauß für einen besonderen Anlass. Darüber hinaus wo man in der Stadt gut einkaufen gehen kann, wo die Goethestraße ist oder die Zeil, wo die neue Altstadt zu finden ist oder die bekanntesten Sehenswürdigkeiten. Ein bisschen fokussierter wird es dann schon, wenn es um einen Tipp für ein gutes Restaurant geht – Geschmäcker sind schließlich verschieden und internationale erst recht.

**Gibt es Unterschiede in der Wunschliste aufgrund der Nationalität?**
Oh ja: Chinesische Gäste fragen selten nach kulturellen Angeboten. Gäste aus dem arabischen Raum wollen fast ausschließlich einkaufen. Amerikaner wiederum sind häufig auf den Spuren ihrer eigenen Geschichte. Weil die Eltern nach dem Zweiten Weltkrieg hier stationiert waren oder vielfach, weil die Anfänge jüdischen Lebens in Frankfurt am Main bis ins 12. Jahrhundert zurückreichen und die Gäste nach ihren frühen Wurzeln suchen.

**Welche Geheimtipps haben sie parat?**
Die sogenannten Geheimtipps hängen immer am Geschmack dessen, der den Tipp haben möchte. Auf meiner persönlichen Liste stehen beispielsweise der Jazzkeller, Europas ältester privat Jazzclub in der Kleinen Bockenheimer, aber auch der Lohrberg, weil man dort wunderbar aufgehoben ist, wenn man die Natur mit Blick auf die Großstadt erleben will. Ganz sicher der Chinesische Garten im Bethmann Park, für mich der schönste Park überhaupt in Frankfurt, die leider oft unterschätzte Oper, die seit zehn Jahren immer wieder als das Opernhaus des Jahres ausgezeichnet wird, und natürlich die Kleinmarkthalle, wo das Flair Frankfurts als Multikulti-Stadt auf gerade mal 1.500 Quadratmetern zu finden ist. Und ein bisschen weiter draußen der Goetheturm. Wenn man den Blick von dort oben aus auf Frankfurt mit einem anschließenden Besuch des Goethe-Hauses verbindet, das hat schon etwas.

**Stichwort verbinden. Was ist mehr gefragt – der ganz spezielle Tipp oder das Tagesprogramm?**
Wir können beides und zaubern gerne auch ein Tagesprogramm. Viele Anfragen gerade Richtung Sommer, die per E-Mail reinkommen, wollen genau das. Viele Brasilianer oder auch Amerikaner machen dann Rundreisen und sind hier in Frankfurt drei, vier Tage und dann bieten wir oft ganze Tagesprogramme an. Das geht dann bis in den Rheingau oder auch in den Taunus. Zu sehen gibt es in Frankfurt und der Region schließlich genug.

Ballett vom Feinsten
Dresden Frankfurt Dance Company

Foto © Eike Walkenhorst

# KLEINE GROSSSTADT **UND KULTURELLES SCHWERGEWICHT**

Wer auch immer zum ersten Mal nach Frankfurt kommt, richtet seine Erwartungen an den Wolkenkratzern aus, deren Silhouette die Stadt am Main unverwechselbar macht. Und wird sich wundern, auf eine wirklich nur sehr kleine Großstadt mit gerade einmal rund 770.000 Einwohner und Einwohnerinnen zu treffen. Die sich aber mit großem Selbstbewusstsein und vollem Recht als kulturelles Schwergewicht präsentiert.

Gemessen an Frankfurts Größe ist das Kulturangebot überwältigend. Rund 20 Bühnen, 30 freie Theatergruppen und über 60 Museen sowie Ausstellungshäuser werben um Publikum nicht nur in der Stadt, sondern auch in der Region. Frankfurt war vom Mittelalter bis in das 19. Jahrhundert eine bürgerliche Stadtrepublik, keine Residenzstadt eines Monarchen. Nicht regierende Fürsten, sondern die Frankfurter Bürger selbst bauten ihre Kulturstätten. Diese Tatsache förderte einen bürgerlichen Gemeinsinn, der sich in zahlreichen Stiftungen und einem lebendigen Mäzenatentum niederschlug.

Mehr als hundertmal pro Woche hebt sich der Vorhang auf rund 20 Bühnen und für 50 freie Gruppen. Ob klassische Konzerte, Opernarien oder Rockmusik, Popkonzerte, Tanz, Musicals, Theater, Shows, Varieté, Kabarett – die Palette der Angebote ist brechend voll. Zugleich ist das Museumsufer Frankfurt einer der bedeutendsten Standorte für Museen in Deutschland und Europa und steht für die kulturelle Vielfalt der Stadt. Darunter sind international bekannte Häuser wie etwa die Schirn Kunsthalle und das Städel, das Deutsche Filmmuseum und das Museum für Moderne Kunst. Spannend und innovativ überraschen das Historische Museum, die Caricatura und das runderneuerte Jüdische Museum. Von den tonangebenden Galerien ganz zu schweigen ...

Eine vielseitige Literaturlandschaft prägt die Stadt als Sitz bedeutender Verlage, des Börsenvereins des Deutschen Buchhandels und der Frankfurter Buchmesse. Bei der Wahl ihres Lieblingsautoren sind sich die Frankfurter ausnahmsweise mal einig: Nichts geht über Goethe, der im Großen Hirschgraben aufgewachsen ist. Sein Elternhaus zählt zu den bedeutendsten und beliebtesten Dichter-Gedenkstätten Deutschlands. Mit seinem Originalmobiliar und den Bildern in 16 Räumen auf vier Etagen dokumentiert es die häusliche Welt der Familie Goethe.

In der Sommerpause der Bundesliga überlässt die Frankfurter Eintracht ihr Stadion Tausenden Musikfans, die hier Open-Air-Konzerte genießen. Zu den Lieblingsfesten der Frankfurter zählen die „Nacht der Museen“ und das „Museumsuferfest“, eines der größten europäischen Kulturfestivals, aber auch das sommerliche Schlossfest im Stadtteil Höchst.

Die Frankfurter wissen: Es gibt mehr als eine Kultur. Und ihre Stadt stellt das mit ihrer Multikulturalität, Weltoffenheit und Toleranz unter Beweis.

## MUSEEN

**WO DER HUMOR ZU HAUSE IST**
**Caricatura Museum Frankfurt**
**Museum für Komische Kunst**
**Weckmarkt 17**
**Tel.: (0 69) 21 23 01 61**
**www.caricatura-museum.de**
Der Humor hat in Frankfurt einen Wohnsitz, in der Caricatura, dem Museum für komische Kunst im Leinwandhaus (1399) am Weckmarkt. In einer ständigen Ausstellung im ersten Obergeschoss zeigt sie das Werk der „Neuen Frankfurter Schule“ von F. W. Bernstein, Robert Gernhardt, Chlodwig Poth, Hans Traxler und F. K. Waechter. Seit dem Start von „pardon“ und „Titanic“ arbeiten die bedeutendsten Satiriker und Zeichner der Bundesrepublik in Frankfurt. Die Wechselausstellungen präsentieren aktuelle satirische Kunst.

Foto: Moritz Bernoully

**DIE WELT DER BAUKUNST**
**Deutsches Architekturmuseum (DAM), Schaumainkai 43**
**Tel.: (0 69) 21 23 88 44**
**www.dam-online.de**
Das Deutsche Architekturmuseum war bei seiner Gründung das erste seiner Art auf dem europäischen Kontinent. Inhaltlich präsentiert es Wechselausstellungen zu nationalen und internationalen Themen der Architektur und des Städtebaus des 20./21. Jahrhunderts. Daneben vermittelt die Dauerausstellung „Von der Urhütte zum Wolkenkratzer“ anhand großer Modelle die Bau- und Siedlungsgeschichte des Menschen. Einen Schatz besitzt das DAM in seiner Architektursammlung aus 200.000 Blättern, ca. 800 Modellen sowie Möbeln, die alle Tendenzen und Perioden des 20. Jahrhunderts widerspiegeln. Derzeit ist das Museum aufgrund von Sanierung geschlossen! Als Interimsquartier für Ausstellungen, Veranstaltungen und Vermittlungsprogramm hat das DAM im leerstehenden Bürokomplex am Danziger Platz neben dem Frankfurter Ostbahnhof große, loftartige Flächen bezogen, die von der nördlich gelegenen Henschelstraße 18 aus zugänglich sind.

**AUS LIEBE ZUM FILM**
**DFF – Deutsches Filminstitut & Filmmuseum e. V., Schaumainkai 41**
**Tel.: (0 69) 961 22 02 20**
**www.dff.film**
Wer weiß schon, dass die Entwicklung der studentisch geförderten Kinos in der Bundesrepublik zu Beginn der siebziger Jahre von Frankfurt ausging? Regisseure wie Rainer Werner Fassbinder, Sönke Wortmann oder Rolf Silber drehten hier einige ihrer schönsten Filme. Das Deutsche Filmmuseum Frankfurt wurde 1984 als erstes Museum seiner Art in Deutschland gegründet und widmet sich dem Medium Film in all seinen Facetten. Das Deutsche Filminstitut, eines der ältesten und renommiertesten Filmarchive Deutschlands, hat ebenfalls seinen Hauptstandort in Frankfurt.

**REISE IN GOETHES KINDHEIT UND JUGEND**
**Frankfurter Goethe-Haus**
**Großer Hirschgraben 23-25**
**Tel.: (0 69) 13 88 00**
**www.goethehaus-frankfurt.de**
Am Großen Hirschgraben wuchs Johann Wolfgang Goethe zusammen mit seiner Schwester Cornelia bei den Eltern Johann Caspar und Catharina Elisabeth auf. Hier schuf der Dichterfürst u.a. „Götz von Berlichingen“, die Urfassung des „Faust“ und „Die Leiden des jungen Werther“. Das zentral gelegenene Goethe-Haus steckt voller Überraschungen und vermittelt ein lebendiges Bild von Goethes Kindheit und Jugend. An das Goethe-Haus schließt das Goethe-Museum, eine Gemäldegalerie der Goethe-Zeit, an.

**KUNSTTRENDS UND ZUKUNFTSTHEMEN**
**Frankfurter Kunstverein, Markt 44**
**Tel.: (0 69) 2 19 31 40, www.fkv.de**
Im Herzen der Neuen Altstadt befindet sich mit dem Frankfurter Kunstverein eines der renommiertesten internationalen Ausstellungshäuser für zeitgenössische Kunst. Von Anbeginn (Gründung 1829) hat er es sich zur Aufgabe gemacht, die Produktion und Vermittlung zeitgenössischer Kunst mit aktuellen Positionen und innovativen Modellen voranzutreiben. Der Frankfurter Kunstverein ist der Ort für Kunsttrends und Zukunftsthemen und bietet eine Plattform für Ausstellungen, ortsspezifische Projekte, Performances, Künstlergespräche und Experten-Panels.

**VERGANGENHEIT, GEGENWART UND ZUKUNFT DER STADT**
**Historisches Museum Frankfurt**
**Saalhof 1, Tel.: (0 69) 21 23 55 99**
**www.historisches-museum-frankfurt.de**
Wer Frankfurt näher kommen will, sollte sich auf ein Date mit dem Historischen Museum am Römerberg einlassen. Der Neubau ist fünf Jahre alt, die Ausstellungen sind überraschend und spannend konzipiert. In einer mannshohen Schneekugel präsentiert sich die Skyline, von „Frankfurt Einst?" geht es zu „Frankfurt Jetzt!" mit interaktiven Elementen. Zum Haus gehören auch das Junge Museum Frankfurt mit einem besonderen Programm und pädagogischen Angeboten für Kinder, Museumsräume im Haus zur Goldenen Waage – einem der herausragenden Fachwerkgebäude in der neuen Frankfurter Altstadt – sowie das Kronberger Haus im Stadtteil Höchst mit seiner bemerkenswerten Sammlung Höchster Porzellans.

**MEHR ALS POESIE**
**Deutsches Romantik-Museum,**
**Großer Hirschgraben 21**
**Tel.: (0 69) 13 88 00**
**deutsches-romantik-museum.de**
Das Deutsche Romantik-Museum ist weltweit das erste Museum, das sich der Epoche der deutschsprachigen Romantik als Ganzes widmet. An 35 modernen Stationen der Dauerausstellung erleben die Gäste die Romantik nicht nur als kulturelle Epoche, sondern auch als Geisteshaltung.
Im Dialog mit dem benachbarten Goethe-Haus und der Gemäldegalerie der Goethe-Zeit sind einzigartige Manuskripte, Graphik, Gemälde und Gebrauchsgegenstände zu sehen. Goethe wird dabei in ein neues Licht gesetzt. Die Sammlung umfasst umfangreiche Bestände von Novalis über die Geschwister Brentano bis zu Joseph von Eichendorff.

**VIELFALT JÜDISCHER GESCHICHTE UND KULTUR**
**Jüdisches Museum Frankfurt**
**Bertha-Pappenheim-Platz 1**
**Tel.: (0 69) 21 23 50 00**
**Museum Judengasse Frankfurt**
**Battonnstraße 47**
**Tel.: (0 69) 21 27 07 90**
**www.juedischesmuseum.de**
In dem jüngst umgebauten Museumskomplex des Jüdischen Museums tauchen Besucher ein in die Vielfalt jüdischer Kulturen. Die neue Dauerausstellung im Rothschild-Palais ist thematisch gegliedert und erzählt mit interaktiven Stationen und historischen Objekten, wie Jüdinnen und Juden die Stadtentwicklung und den Wandel Frankfurts in eine urbane Metropole prägten von der Aufklärung und Emanzipation bis zur Gegenwart. Eine Besonderheit ist das Familie Frank Zentrum, das die weltweit ersten Einblicke in Alltagsgegenstände, Briefe, Gemälde und Fotos der Familie von Anne Frank gibt. Das Museum Judengasse ist eine Dependance des Jüdischen Museum Frankfurt. Inmitten der archäologischen rekonstruierten Ausgrabungen erfahren Besucher, wie die Bewohner der Judengasse in der Frühen Neuzeit zusammenlebten, ihren Alltag gestaltet haben, aber auch den Austausch zu christlichen Einwohnern Frankfurts unterhielten.

**ZWISCHEN FUNKTION UND ÄSTHETISCHEM MEHRWERT**
**Museum Angewandte Kunst**
**Schaumainkai 17**
**Tel.: (0 69) 21 23 40 37**
**www.museumangewandtekunst.de**
Als lebendiger Ort des Entdeckens richtet das Museum Angewandte Kunst den Fokus auf die Wahrnehmung gesellschaftlicher Strömungen und Entwicklungen, mit einem Schwerpunkt auf Design, Mode und Performativem. Vor dem Hintergrund seiner bedeutenden Sammlungen – europäisches Kunsthandwerk vom 12. bis 21. Jahrhundert, Design, Buchkunst und Grafik sowie islamische und ostasiatische Kunst – will es Verborgenes sichtbar machen und Beziehungen schaffen zwischen den Geschehnissen und Geschichten rund um die Dinge. Die wechselnden Ausstellungen erzählen von kulturellen Werten und sich wandelnden Lebensverhältnissen. Darüber hinaus verweisen sie stets auch auf die Frage, was angewandte Kunst heute ist und sein kann, und zeigen das ihr eigene Spannungsfeld zwischen Funktion und ästhetischem Mehrwert auf.

Foto: Norbert Miguletz

**MEDIENGESCHICHTE ERLEBEN**
**Museum für Kommunikation**
**Schaumainkai 53**
**Tel.: (0 69) 6 06 00**
**www.mfk-frankfurt.de**
Im preisgekrönten Museumsbau erhalten Besucher einen umfassenden Einblick in die Geschichte der Kommunikation. Die Sammlungsschwerpunkte liegen bei der Nachrichtentechnik (Telegrafie, Telefonie), der Mediengeschichte (Rundfunk, Fernsehen), dem Internet und Neuen Medien sowie Kunst und Kulturgeschichte. In der Dauerausstellung „Mediengeschichte|(n) neu erzählt!" können Besucher die Entwicklung der Kommunikation erleben. Anhand von bahnbrechenden Erfindungen, kuriosen Erlebnissen und ungewöhnlichen Schicksalen wird der Bogen von der Keilschrifttafel bis zur Datenbrille gespannt, wobei nicht nur technische Entwicklungen, sondern auch die konkrete Nutzung bestimmter Medien und Kommunikationsformen dargestellt werden. Im ersten Obergeschoss ist die beliebte Mitmach-Werkstatt untergebracht, in der Kinder verschiedene Techniken der Nachrichtenübermittlung spielerisch kennenlernen können. In den oberen Stockwerken des Museums werden regelmäßig interessante Wechselausstellungen gezeigt.

**ENTDECKUNG DES UNSICHTBAREN**
**Dialogmuseum**
**An der Hauptwache B-Ebene,**
**Passage 10 Rolltreppe, Roßmarkt,**
**Tel.: (0 69) 9 99 99 95 30**
**https://dialogmuseum.de**
Das Herz des Dialogmuseums ist der „Dialog im Dunkeln – eine Ausstellung zur Entdeckung des Unsichtbaren". Dabei werden kleine Besuchergruppen von blinden oder sehbehinderten Experten durch einen lichtlosen Parcours mit wechselnden Themenräumen geführt. Ein unvergleichlicher Rollentausch entsteht, der die Sinne und das Empathievermögen schult und Inklusion unmittelbar erlebbar macht.

**SCHAUFENSTER ZUR STADT**
**Museum Giersch der Goethe-Universität**
**Schaumainkai 83**
**Tel.: (0 69) 13 82 10 10**
**www.mggu.de**

Die Geschichte dieses außergewöhnlichen Museums beginnt im Jahr 2000, als Senator E.h. Prof. Carlo Giersch und seine Frau Senatorin E.h. Karin Giersch die Grundsteine für das „Haus Giersch – Museum Regionaler Kunst" legten. Anlässlich des 100-jährigen Bestehens der Frankfurter Goethe-Universität im Jahr 2014 übergab die Stiftung Giersch das in einer neoklassizistischen Villa beheimatete Museum in die Trägerschaft der Universität. Seit 2015 trägt es den Namen „Museum Giersch der Goethe-Universität" und widmet sich weiterhin der Kunst und Kultur der Rhein-Main-Region, erweitert aber das Ausstellungsspektrum um Themen aus Forschung und Lehre der Universität.

**TRIFF RAUSCHENBERG UND RICHTER IM MMK!**
**Museum MMK für Moderne Kunst, Domstraße 10**
**Tel.: (0 69) 21 23 04 47**
**www.mmk.art**

Das Museum MMK für Moderne Kunst gehört zu den weltweit bedeutendsten Museen für Gegenwartskunst. Mehr als 5.000 Kunstwerke von den sechziger Jahren bis heute gehören zu seiner Sammlung, die einen Bogen von Robert Rauschenberg über Andy Warhol bis Gerhard Richter spannt. Seit seiner Eröffnung 1991 ist das Museum eng mit dem Engagement von Bürger/-innen sowie Frankfurter Unternehmen verknüpft, die entscheidend dazu beitragen, dass die Sammlung ständig erweitert werden kann. Mit dem gegenüberliegenden Zollamt MMK und dem Standort im Tower MMK (befindet sich im TaunusTurm unweit des Bahnhofsviertels) verfügt das MMK über zwei weitere spannende Ausstellungsorte.

Foto: Timo Ohler

**DIE SCHIRN SETZT AKZENTE IN MODERNER KUNST**
**Schirn Kunsthalle**
**Römerberg, Tel.: (0 69) 99 88 20**
**www.schirn.de**

Ihr Name erinnert an die offenen Verkaufsstände der Frankfurter Metzgerzunft, die hier im Herzen der Altstadt noch bis zur Mitte des 19. Jahrhunderts ihr Fleisch verkaufte. Die Schirn Kunsthalle gehört zu den angesehensten Häusern für moderne und zeitgenössische Kunst in Europa. Obwohl sie keine eigenen Sammlungen besitzt, macht sie immer wieder mit spektakulären Ausstellungen von sich reden. Ihr internationales Ansehen gründet sich auf Eigenproduktionen und Kooperationen mit den großen Häusern der Welt.

Foto: Emily Piwowar / NÖI Crew

**DER LEUCHTTURM AM MUSEUMSUFER**
**Städel Museum, Schaumainkai 63**
**Tel.: (0 69) 6 05 09 82 00**
**www.staedelmuseum.de**
Wie ein Leuchtturm dominiert der imposante Bau des Städel das Museumsufer. Die Museumsstiftung wurde 1815 von dem Bankier und Kaufmann Johann Friedrich Städel gegründet. Die Sammlung umfasst 700 Jahre europäische Kunstgeschichte, rund 3.100 Gemälde, 660 Skulpturen, über 5.000 Fotografien und über 100.000 Zeichnungen und Grafiken. In den hellen, hohen Räumen können sich Besucher von Werken von Künstlern wie Lucas Cranach, Rembrandt, Jan Vermeer, Claude Monet, Pablo Picasso, Max Beckmann, Alberto Giacometti, Isa Genzken u. v. m. beeindrucken lassen.

**GESTATTEN, FRIEDRICH STOLTZE!**
**Stoltze-Museum, Markt 7**
**Tel.: (0 69) 26 41 40 06**
**www.frankfurter-sparkasse.de/de/home/ihre-sparkasse/termine-und-events/Stoltze.html**
An Frankfurts Heimatdichter und Polit-Satiriker Friedrich Stoltze (1816–1891) erinnert ein Museum in der neuen Frankfurter Altstadt, nur 150 Meter von dem Ort entfernt, wo er geboren wurde. In Anlehnung an das Hauptwerk des Journalisten, die satirische Wochenzeitschrift „Frankfurter Latern", präsentiert sich die Ausstellung zu Leben und Werk in typischem Zeitungs-layout. Neben der thematischen Dauerausstellung mit multimedialer Aufbereitung sind auch Möbel und Gegenstände aus Stoltzes Nachlass zu sehen.

**DIE FIGUREN DES DR. HEINRICH HOFFMANN**
**Struwwelpeter Museum**
**Hinter dem Lämmchen 2–4**
**Tel.: (0 69) 94 94 76 74 00**
**www.struwwelpeter-museum.de**
Das Haus, in dem einst Goethes Tante Elba gelebt hatte und von dessen Fenstern aus er in „Dichtung und Wahrheit" das Treiben auf dem Hühnermarkt beschrieb, ist heute dem Frankfurter Arzt und Psychiater Heinrich Hoffmann (1809–1894) gewidmet. Fast 175 Jahre, nachdem er nur wenige hundert Meter weit entfernt für seinen Sohn den „Struwwelpeter" erfand, zog das Struwwelpeter-Museum in die neue Altstadt um. Hier ist die größte Sammlung von Exponaten zum Bilderbuchklassiker in zwei nach historischen Vorlagen rekonstruierten Fachwerkhäusern zu besichtigen.

**PIONIERE ELEKTRONISCHER MUSIK- UND CLUBKULTUR**
**Museum Of Modern Electronic Music**
**Zwischenebene, An der Hauptwache 15**
**Tel.: (0 69) 2 09 75 89 90**
**https://momem.org**

Was Anfang der 1990er Jahre in Studios im Schatten der Skyline und Nachtclubs wie dem Dorian Gray begann, ist inzwischen weltweit anerkannte Kunstform und elementarer Bestandteil internationaler Clubkultur: Elektronische Tanzmusik, zu deren Pionieren Acts wie Sven Väth oder Talla 2XLC zählen, hat von Frankfurt aus einen weltweiten Siegeszug angetreten. Das Museum Of Modern Electronic Music (MOMEM) an der Hauptwache ist das weltweit erste seiner Art. Das MOMEM versteht sich als Plattform, Labor, Schauraum, Studio, Treffpunkt, Bühne und als erste permanente Institution, die sich der Dokumentation, Aufarbeitung und Vermittlung dieser Kulturgeschichte der elektronischen Musik- und Clubkultur verschrieben hat.

Oper Frankfurt
Gaetano Donizetti: DON PASQUALE, Dramma buffo in drei Akten inszeniert von Caterina Panti Liberovici

**SINGEN, SPIELEN, HALTUNG ZEIGEN**
**Oper Frankfurt, Untermainanlage 11**
**www.oper-frankfurt.de**
**Schauspiel Frankfurt**
**Neue Mainzer Straße 17**
**www.buehnen-frankfurt.de**
**Tel. für beide Häuser:**
**(0 69) 21 23 70 00**

Die Oper Frankfurt zählt zu den bedeutendsten Bühnen Europas. Auf ihren Brettern starteten Weltkarrieren. Georg Solti, Christoph von Dohnányi, Michael Gielen, Sylvain Cambreling und und Paolo Carignani prägten das mehrmalige „Opernhaus des Jahres". Rund dreißig Schauspieler und Schauspielerinnen stehen im Zentrum des Spielplans des Schauspiels. Namhafte Regisseure inszenieren regelmäßig an insgesamt vier Spielstätten: Schauspielhaus, Kammerspiele, Box und Bockenheimer Depot. Pro Saison kommen etwa 25 Neuinszenierungen auf die Bühne.

# THEATER

**ZEITBEZOGEN UND GESELLSCHAFTSKRITISCH**
**Die Katakombe – Kulturhaus am Zoo**
**Pfingstweidstraße 2**
**Tel.: (0 61 72) 98 37 65**
**www.katakombe.de**
In intimer Atmosphäre erleben Besucher Aufführungen, die geprägt sind von der Suche nach neuen Interpretationen und Spielformen. Von den alten Griechen bis zu den Zeitgenossen reicht die Auswahl der Autoren, Elemente des Musik- – und Tanztheaters sind Bestandteil jeder Inszenierung in der „Katakombe". Die Katakombe, im Oktober 1960 von einem Schauspielerkollektiv gegründet, ist seit 1982 in einem ehemaligen Kino beheimatet. Konzept der Bühne war von Anbeginn der zeitbezogene, gesellschaftskritische Spielplan und die Suche nach neuen Interpretationen und Spielformen. Bestandteil des Spielplans sind auch Aufführungen für Kinder.

**AMÜSANTE UNTERHALTUNG**
**Die Komödie, Neue Mainzer Str. 14-18**
**Tel.: (0 69) 28 45 80**
**www.diekomoedie.de**
Komödien, Schwänke, Musicals – Kurzweilige und amüsante Unterhaltung erwartet die Besucher in der „Komödie". Das klassische Boulevard-Theater lädt zum Lachen und zur Unbeschwertheit, zum Wegtauchen aus dem Alltag ein. Schauspielgrößen des deutschen Theaters begeistern in liebevollen und detailgetreuen Inszenierungen.

**GESCHICHTEN VOLLER ALBEREI UND TIEFSINN**
**Die Dramatische Bühne**
**Exzess-Halle, Leipziger Str. 91**
**www.diedramatischebuehne.de**
Schwerpunkt sind Bearbeitungen klassischer Stoffe wie „Hamlet", „Cyrano de Bergerac", „Romeo und Julia" etc., die auf eigene Art mit Komödiantik, Tempo, Musik, Gesang und Artistik dargeboten werden. Geschichten voller Alberei und Tiefsinn zugleich, reich an Kostüm, Kulisse und Theaterzauber, Pracht und Armseligkeit des Komödiantentums und des Schmierentheaters, ganz auf Text und Schauspieler und nicht auf zeitgebundene Interpretationswillkür gestützt, liebenswert altmodisch, abgedroschen und herrlich zugleich. Seit 1999 veranstaltet die Dramatische Bühne zudem jeden Sommer ein Freilichtfestival im Frankfurter Grüneburgpark mit dem klassischen Repertoire des Ensembles.

**MODERNES VOLKSTHEATER**
**Fliegende Volksbühne Frankfurt Rhein-Main e.V.**
**Großer Hirschgraben 15**
**Tel.: (0 69) 24 14 24 35**
**https://volksbuehne.net**
Die Fliegende Volksbühne macht sich Frankfurt zum Thema, präsentiert Frankfurter Mundarttheater in Verbindung mit neuen Theaterformen, aktuellen Frankfurter Themen und Autoren. Nach einem Um- und Neubau des Areals Goethe-Höfe wurde der Cantate-Saal im Januar 2020 zum festen Spielort der Fliegenden Volksbühne. Die Direktion und künstlerische Leitung des Theaterbetriebes liegt in den Händen von Michael Quast, der auch zu den Mitbegründern des Barock am Main-Festivals gehört.

**UNVERWECHSELBARE BÜHNE**
**Stalburg Theater**
**Glauburgstraße 80**
**Tel.: (0 69) 25 62 77 44**
**www.stalburg.de**
Das Stalburg Theater zeigt und präsentiert Kabarett, Jazz, Theater, Chansons und klassische Musik. Schon immer war es den Protagonisten wichtig, dass im Stalburg Theater Neues geschieht, Originäres, Ungewöhnliches. Daher gibt es mindestens zwei Mal im Jahr eine neue Inszenierung.

**ÜPPIGE BILDER**
**Theater Willy Praml in der Naxoshalle**
**Waldschmidtstraße 19**
**Tel.: (0 69) 43 05 47 33**
**www.theater-willypraml.de**
Üppige Bilder, choreographiertes Spiel und eigenwillige Themen prägen die Projekte des Ensembles, das eine feste Spielstätte in der Naxoshalle im Ostend hat. Das Theater Willy Praml wählt seine Stücke nach gesellschaftlicher und persönlicher Relevanz und fragt dabei nach dem „Schnittpunkt kollektiven Fieberns und Fröstelns und der eigenen Befindlichkeit".

**EIN STÜCK HEIMAT UND KULTURELLES SCHAUFENSTER**
**Internationales Theater Frankfurt**
**Hanauer Landstr. 5-7**
**Tel.: (0 69) 4 99 09 80**
**www.internationales-theater.de**
Die Künstler und Ensembles aus rund 25 Kulturen bieten im Internationalen Theater Frankfurt authentische Kunst aus ihrer Heimat. Etwa 160 Veranstaltungen bringen sie bei ca. 100 Gastspielen pro Jahr auf die Bühne. Ihren Landsleuten geben sie damit ein Stück Heimat, dem übrigen Publikum ein kulturelles Schaufenster. Deutsch- und fremdsprachiges Sprechtheater wird ergänzt durch Konzert und Tanz – die Auswahl reicht von Flamenco bis Tango, von Klassik bis Jazz, von Chanson und Fado bis hin zu traditionellem Klezmer und neuer jüdischer Musik. Filme, Lesungen und Ausstellungen runden das Programm ab. Das Internationale Theater ist ein Kulturzentrum, das aus der multikulturellen Metropole Frankfurt nicht wegzudenken ist.

**WO MOZART AUF HOTZENPLOTZ TRIFFT**
**Papageno Musiktheater am Palmengarten**
**Palmengartenstr. 11a**
**Tel.: (0 69) 51 50 38**
**www.papageno-theater.de**
Nach fünfzehn Jahren quer durch Europa fand Hans Dieter Maienschein einen festen Platz für sein Musiktheater im Palmengarten. Hier trat er zum ersten Mal 1998 als Mozarts Vogelfänger Papageno in der von ihm selbst inszenierten „Kleinen Zauberflöte" auf – der Name des Theaters war gefunden. Das junge Publikum begeistert sich für musikalische Interpretationen von Jim Knopf, Pippi Langstrumpf und Räuber Hotzenplotz, Erwachsene freuen sich über Musical-, Operetten- und Opernaufführungen.

**KULTURELLER MITTELPUNKT**
**Alte Oper, Opernplatz,**
**Tel.: (0 69) 1 34 00**
**www.alteoper.de**
Weltstars der Klassik waren und sind in der Alten Oper regelmäßig zu Gast und sorgen für musikalische Sternstunden. Hinter der historischen Fassade erwartet den Konzertbesucher ein hochkarätiges Programm mit Klassik, Jazz und mit weltweit erfolgreichen Musicals und Showproduktionen. Zum Programm zählen zudem Auftritte von renommierten Künstler/-innen aus Pop, Jazz, Chanson oder Weltmusik. Darüber hinaus aber profiliert sich die Alte Oper als Zentrum programmatischer Arbeit: Alljährlich wird die Spielzeit mit einem groß dimensionierten Musikfest eröffnet, das ein einzelnes musikalisches Werk in den Mittelpunkt aller Programme stellt. Dabei stehen Musikprogramme im Vordergrund – aber auch Kunstformen wie Tanz, Performance, Film, Literatur oder Schauspiel sind im Festival vertreten. Zum Selbstverständnis des Hauses zählt es auch, jungen Gästen mit einem maßgeschneiderten Programm Konzerterlebnisse zu ermöglichen.

**MUSIKVERMITTLER**
**Dr. Hoch's Konservatorium – Musikakademie Frankfurt am Main**
**Sonnemannstr. 16**
**Tel.: (0 69) 21 24 48 22**
**www.dr-hochs.de**
Dr. Hoch's Konservatorium ist ein staatlich anerkanntes Ausbildungsinstitut mit langer Tradition. 1878 als Stiftung des Frankfurter Bürgers Dr. Joseph Hoch gegründet, vereint es unter seinem Dach heute die musikalische Ausbildung von der musikalischen Frühförderung bis hin zum akademischen Abschluss „Bachelor of Music". Zu den zahlreichen bedeutenden Persönlichkeiten, deren Name mit dem Dr. Hoch's Konservatorium verbunden sind, zählen u. a. Paul Hindemith, Engelbert Humperdinck, Otto Klemperer und Clara Schumann. Das Konservatorium sieht sich auch als Vermittler der Musik. Mit seinen zahlreichen Veranstaltungen und Konzerten versucht es diesem kulturellen Auftrag Rechnung zu tragen.

**VON BÜRGERN FÜR BÜRGER**
**Frankfurter Bürgerstiftung im Holzhausenschlösschen**
**Justinianstraße 5**
**Tel.: (0 69) 55 77 91**
**www.frankfurter-buergerstiftung.de**
In der Stadt, in der das Engagement ihrer Bürger/-innen schon immer eine große Rolle gespielt hat, wurde 1989 die Frankfurter Bürgerstiftung im Holzhausenschlösschen gegründet. Der einstige befestigte Gutshof war schon im 16. Jahrhundert ein Treffpunkt von Künstlern und Gelehrten. Die Stiftung fördert Wissenschaft und Kultur, erforscht die Geschichte Frankfurter Bürger, Familien, Initiativen und Institutionen. Die Lesungen, Kammerkonzerte und Vorträge im Wasserschloss haben eine große Fangemeinde.

**DYNAMISCHE SPIELKULTUR**
**hr-Sendesaal, Bertramstraße 8**
**Tel.: (0 69) 1 55 20 00**
**www.hr-ticketcenter.de**
Klassik- und Jazzkonzerte, Kinderveranstaltungen, Kabarett, Previews, Lesungen und literarische Gespräche, Festivals, Fastnachtssitzungen oder Fernsehübertragungen – der Sendesaal des Hessischen Rundfunks bietet Raum für Veranstaltungen unterschiedlicher Genres. Hier arbeitet das ausgezeichnete hr-Sinfonieorchester und gibt zahlreiche Konzerte, die hr-Bigband, eine der weltweit besten Formationen ihrer Art, begeistert mit ihrem Repertoire national wie international.

## THEATER

**UNERWARTETE ANTWORTEN**
**Die KÄS – Kabarett Theater Frankfurt**
**Waldschmidtstr. 19**
**Tel.: (0 69) 55 07 36**
**www.diekaes.de**
KÄS steht für Kabarett-Änderungs-Schneiderei. Mit ihrem kleinen, privaten Kulturbetrieb bieten die Gründer Ayse Aktay und Sinasi Dikmen seit 1997 Kleinkunst, Kabarett, Comedy und Musik. In der KÄS finden Sie unerwartete Antworten zu brisanten Fragen unserer Zeit und unzeitgemäße Anregungen. Etablierte Künstlergrößen, die hier seit Jahren auftreten, sind auf der Bühne ebenso zu sehen wie der aufstrebende künstlerische Nachwuchs.

**ZUM LACHEN IN DEN KELLER**
**Die Schmiere, Seckbächer Gasse 4**
**im Karmeliterkloster**
**Tel.: (0 69) 28 10 66**
**www.die-schmiere.de**
Hier muss man zum Lachen in den Keller gehen – die Schmiere bietet hausgemachtes Kabarett und Satire seit 1950 im urigen Keller des Karmeliterklosters. Satirisch, komödiantisch, unterhaltsam und politisch arbeitet die mittlerweile zweite Schmiere-Generation mit dem alltäglichen Wahnsinn. Eigenproduktionen wechseln mit dem ein oder anderen Gastspiel.

**IM WESTEN VIEL NEUES**
**Neues Theater Höchst**
**Emmerich-Josef-Straße 46a**
**Tel.: (0 69) 33 9 99 90**
**www.neues-theater.de**
Nicht nur im Zentrum, auch in den Stadtteilen brummt die Kultur: Das Neue Theater ist eine 1987 gegründete Kleinkunstbühne im westlichen Stadtteil Höchst. Dort laden seine Vorstellungen in einen ehemaligen Kinosaal in der Emmerich-Josef-Straße. Das Programmkino des Filmforums Höchst zog in den ersten Stock um. Der Fokus des Neuen Theaters liegt auf Kabarett, Comedy, Musical und Aufführungen für Kinder sowie zwei längeren Varieté-Programmen. Zudem richtet es das sommerliche Theaterfestival „Barock am Main“ im Park des Bolongaro-Palastes aus.

## ZEITGENÖSSISCHE FREIE SZENE

**KÜNSTLERHAUS MOUSONTURM**
**Waldschmidtstraße 4**
**Tel.: (0 69) 4 05 89 50**
**www.mousonturm.de**
Das Künstlerhaus Mousonturm zählt international zu den wichtigsten und erfolgreichsten freien Produktionszentren. Es bietet auf über 4000 Quadratmetern im denkmalgeschützten Turm der ehemaligen Mouson-Seifenfabrik hervorragende Produktions- und Aufführungsmöglichkeiten. Zeitgenössischer Tanz und Choreografie, Performance und innovative Formate internationaler Theaterarbeit von Regisseuren, Autoren und Schauspielern, die nicht aus dem deutschsprachigen Raum stammen und deshalb andere, ästhetische Ausdrucksformen oder radikalere politische Wirkungsweisen nahebringen können, bilden den Schwerpunkt des Mousonturm-Programms.

## VARIETÉ

**ARTISTIK UND LUKULLISCHE GENÜSSE**
**Tigerpalast, Heiligkreuzgasse 1**
**Tel.: (0 69) 920 02 20**
**www.tigerpalast.de**
Der Tigerpalast ist eine Frankfurter Institution. Punkt. Seine Gründer Johnny Klinke, Margareta Dillinger und der 2002 viel zu früh verstorbene Matthias Beltz haben 1988 das Varieté-Theater zurück nach Frankfurt gebracht. Ihr Konzept hat eine Renaissance des Großstadt-Varietés eingeleitet. Hier nimmt der Tigerpalast eine klare Spitzenposition ein, auch international. Nicht nur wegen der Qualität der renommierten Artistenn und der Entertainer, die in einem früheren Versammlungssaal der Heilsarmee in der Heiligkreuzgasse auftreten. Auch die Mischung von erstklassiger Varieté-Kunst und Spitzengastronomie stimmt.

## BALLETT

**DRESDEN FRANKFURT DANCE COMPANY Bockenheimer Depot**
**Tel.: (0 69) 9 07 39 91 00**
**www.dfdc.de**
Nach dem Rückzug William Forsythes aus der Arbeit mit seiner weltberühmten Ballett Company trat die Formation seit der Spielzeit 2015/16 unter der Leitung seines Schulers Jacopo Godani und dem neuen Namen Dresden Frankfurt Dance Company auf. Seit der Spielzeit 2023/24 hat der Tänzer und Choreograf Ioannis Mandafounis diese Position inne. Der Kooperationsvertrag mit den beiden Städten an Elbe und Main wurde verlängert. Frankfurt zeigtdie spektakulären Choreografien im Bockenheimer Depot.

## LICHTSPIELHÄUSER

**HÖCHSTER KINOGENUSS**
**Astor Film Lounge MyZeil, Zeil 106**
**Tel.: (0 69) 2 19 35 64 56**
**https://frankfurt.premiumkino.de**
Entspannter Kinogenuss auf höchstem Niveau – in der Astor Film Lounge werden alle Sinne angesprochen. Denn neben anspruchsvollen Filmen bietet das Premium-Kino bekömmliche Drinks, hervorragenden Service (u.a. Garderobe, Speise- und Getränkeservice am Platz) und ein tolles Ambiente. Insgesamt stehen fünf Kinosäle zur Verfügung. In den beiden Bibliothekskinos der Astor Film Lounge ist das Medium Film auf vielfältige Weise erfahrbar. Zu sehen gibt es hier Filmklassiker und Originalfassungen, dazu sind die Regale mit ausgewählter Genre-Literatur bestückt. Der große Kinosaal bietet komfortable Ledersessel und das 3-D-Soundsystem Dolby Atmo – mehr Kino für die Ohren geht nicht.

**MODERNER FILMPALAST**
**CineStar Metropolis**
**Eschenheimer Anlage 40**
**Tel.: (04 51) 7 03 02 00**
**www.cinestar.de**
Das CineStar Metropolis mit seiner denkmalgeschützten Fassade – hier befand sich einst das Volksbildungsheim – zeigt aktuelle Filme und diverse Sondervorstellungen. Insgesamt verfügt der moderne Filmpalast über 12 Kinosäle mit insgesamt 3.498 Sitzplätzen. Die Snacktresen versorgen Besucher mit allem, was das Herz des Kinogängers erfreut.

**ANSPRUCHSVOLLES MIT BALKON**
**Eldorado, Schäfergasse 29**
**Tel.: (0 69) 8 70 08 80 88**
**www.cineplex.de**
Das Eldorado bietet angenehme Atmosphäre und einen Kinosaal mit 200 bequemen Sitzplätzen im Parkett und Balkon und mit bester Kinotechnik, in dem die Gäste die anspruchsvollen Filme genießen können. Schon 1912 wurden die „Scala-Lichtspiele", das heutige Eldorado, in der Schäfergasse eröffnet. Nach 47 Jahren unter der Regie der Jägers übergab Gabriele Jäger das älteste noch existierende Frankfurter Kino an den Betreiber-Kollegen und Freund Christopher Bausch – und das Eldorado wurde zum dritten Arthouse Kino Frankfurt. Trotz zahlreicher Modernisierungen atmet der Kino-Saal noch heute den Charme der großen alten Filmtheater.

**WOHLFÜHLORT FÜR ALLE**
**Harmonie, Dreieichstraße 54**
**Tel.: (0 69) 66 37 18 36**
**Cinéma, Roßmarkt 7**
**Tel.: (0 69) 21 99 78 55**
**www.arthouse-kinos.de**
Anspruchsvolles Kino, feinsinnige Komödien, spannende Krimis oder Filme in Originalfassung – mit einem Konzept abseits des Mainstreams erwartet den Besucher der Arthouse Kinos-Frankfurt ein liebevoll selektiertes als auch anspruchsvolles Filmprogramm. Die konsequente technische Aufrüstung garantiert dabei in allen Sälen ein ungetrübtes Filmerlebnis. Das gepflegte Ambiente und eine hochwertige Bestuhlung laden zu Filmabenden in komfortabler Atmosphäre ein. Sonntagabend ab 18 Uhr und den ganzen Montag können Besucher in Harmonie und Cinéma Filme auch in der jeweiligen Originalfassung mit deutschen Untertiteln sehen.

**FILM ALS SINNLICHE ERFAHRUNG**
**Kino des DFF - Deutsches Filminstitut & Filmmuseum Schaumainkai 41**
**Tel.: (0 69) 9 61 22 02 20**
**www.dff.film**
Im Kinosaal des DFF erleben die Besucher Filmkultur als sinnliche Erfahrung. Das Deutsche Filmmuseum achtet dabei immer auch auf den künstlerischen Wert der gezeigten Filme, sucht nach der besonderen Ästhetik, begleitet gesellschaftliche und politische Debatten. Zu sehen sind sowohl filmhistorisch relevante Werke als auch herausragende Arbeiten der Gegenwart, in der Regel in der Originalfassung. Dem wechselnden Programm stehen, vom Deutschen Filminstitut veranstaltete, renommierte Festivals zur Seite. Immer freitags und sonntagnachmittags zeigt das Kino anspruchsvolle wie unterhaltsame Filme für Kinder.

**CHARMANTES PROGRAMMKINO**
**Mal Seh'n Kino**
**Adlerflychtstr. 6**
**Tel.: (0 69) 5 97 08 45**
**www.malsehnkino.de**
Lange Zeit das einzige Programmkino in Frankfurt, zeigt das gemütliche Mal Seh'n Kino heute Filme aus aller Welt, meist in der Originalfassung mit deutschen Untertiteln. Es zeigt Kunst- und Dokumentarfilme und befriedigt nicht zuletzt den Bedarf im Stadtteil nach einem Kino. Ein weiterer Schwerpunkt ist die Gestaltung von besonderen Filmreihen. Für seine engagierte Programmgestaltung wurde das „Mal Seh'n" mit diversen Preisen ausgezeichnet. Im ans Kino angeschlossene „Café Filmriss" lässt sich vor oder nach dem Film gemütlich plaudern.

Foto Martin Herz

**PERLE DES ANSPRUCHSVOLLEN FILMS**
**Orfeos Erben**
**Hamburger Allee 45,**
**Tel.: (0 69) 70 76 91 00**
**www.orfeos.net**
Nachdem das „alte" Orfeo, eines der beliebtesten Frankfurter Programmkinos, im Februar 1997 schließen musste, hat eine Gruppe Filmbegeisterter diese Kino-Institution wiederbelebt. „Orfeos Erben" sind ein Ort für den anspruchsvollen Film. Das reguläre Programm besteht aus gehobenem Arthouse-Kino, spannenden Dokumentar- und Kurzfilmen sowie unterhaltsamen Filmexperimenten. Besucher können jedoch nicht nur die Filme in bequemen First-Class-Sesseln der Lufthansa genießen, das angegliederte Restaurant verspricht ebenfalls Verwöhnmomente.

## OPEN-AIR-KINOS:
## KINO UNTER DEN STERNEN

**SCHÖNSTE AUSSICHT DER STADT**
**Freiluftkino auf der Dachterrasse des Haus am Dom**
**Domplatz 3**
**Tel.: (0 69) 80 08 71 84 00**
**www.hausamdom-frankfurt.de**
Das Haus am Dom zeigt auf seiner Dachterrasse im Sommer aktuelle Spielfilme. Speisen sowie Getränke und nicht zuletzt ein imposanter Blick auf die Neue Altstadt, die Hochhäuser und den Taunus runden ein besonderes Filmerlebnis ab.

**FREILUFT IN AUSSERGEWÖHNLICHER KULISSE**
**Freiluftkino Frankfurt**
**www.freiluftkinofrankfurt.de**
Perfekt für laue Sommerabende. Kinoerlebnisse unter freiem Himmel in außergewöhnlicher Kulisse bietet das Freiluftkino Frankfurt.

## **AUTO**KINO

**SHOWTIME IM AUTO**
**Drive In Autokino**
**Frankfurt Gravenbruch**
**Graf-zu-Ysenburg-und-Büdingen-Platz 1, Tel.: (0 81 51) 38 69 80**
**www.autokinogravenbruch.de**

Im ältesten Autokino Europas können sich Besucher auf eine 540 Quadratmeter große Kinobildwand freuen. Für kulinarische Sinnesfreuden ist gesorgt: Die hauseigene Snackbar bietet eine Auswahl an frischen Burgern, Hotdogs und Bratwürsten über Süßwaren und Eis sowie frisches Popcorn bis hin zu allen gängigen Getränken. Der Filmton wird direkt über das eigene Autoradio empfangen, im Zweifel lassen sich vor Ort mobile Radios kostenlos leihen.

## A CULTURALLY **BIG LITTLE CITY**

Anyone who comes to Frankfurt for the first time may be surprised by such a small "big" city with a population of only 770.000. What the city offers culturally, though, is overwhelming. You will find approximately 20 theatres, 30 independent theatre companies and over 60 museums and exhibit halls spread throughout the city and surrounding area.

Starting in the middle ages and continuing into the 19th century, Frankfurt was a civil urban republic, as opposed to a city ruled by a residing monarchy. The people of Frankfurt, not ruling princes, built the city's cultural sites. This promoted a public spirit which is reflected in the many charitable foundations and a lively patronage.

The curtain rises over 100 times per week in approximately 20 theatres presenting 50 different categories; classical, opera, rock or pop concerts, dance, musicals, plays, vaudeville or cabaret – the choice is immense. At the same time, the "Museumsufer", the south bank of the Main river where most of the museums are located, stands for the city's cultural diversity. The citizens of Frankfurt know, there is more than one culture. And their city proves it with its multi-cultural nature, cosmopolitan flair and tolerance.

# BILDUNG
# SCHAFFT WISSEN

**„Sich mitzuteilen ist Natur; Mitgeteiltes aufzunehmen, wie es gegeben wird, ist Bildung" hat Johann Wolfgang von Goethe seine Vaterstadt und deren Bewohner in einem Satz trefflich beschrieben.**

Dass der Frankfurter schlechthin nicht auf den Mund gefallen ist, wird jedem spätestens bei einem Besuch der Kleinmarkthalle bewusst. Wie es um Frankfurt und die Bildung steht, mag sich allein schon darin manifestieren, dass der Dichterfürst ja nicht umsonst einer der größten Universitäten des Landes seinen Namen gegeben hat. Anders ausgedrückt: Wenn es darum geht, sich Wissen anzueignen, hat die Mainmetropole enormes Potenzial. Von der frühkindlichen Bildung in über 800 Kindertageseinrichtungen und bei Tagesfamilien über die mehr als 200 städtischen und privaten Schulen bis hin zu den Angeboten der Universitäten und Hochschulen und Bildungseinrichtungen, der Volkshochschule, der Frankfurter Museen und zahlreicher privater Einrichtungen bietet Frankfurt am Main ein breites Bildungsangebot für Kinder, Jugendliche und Erwachsene.

Dabei kommt gerade in Frankfurt am Main der interkulturellen Öffnung des Bildungswesens besondere Bedeutung zu. Die Stadt ist schließlich Heimat für über 180 Nationen. Neuzugewanderte und Kinder von Eltern mit Migrationshintergrund finden in Frankfurt eine breite Auswahl an Integrations-, Sprach- und Lernangeboten, die die unterschiedlichsten Bedarfe abdecken.

Kulturelle Bildungsorte für Groß und Klein bieten in Frankfurt außerdem zahlreiche Institutionen wie Museen und Bühnen. Auch in der Musik reicht das Ausbildungsangebot von der Früherziehung bis zur Hochschulausbildung.

Längst ist dabei auch das Thema Nachhaltigkeit zum Schwerpunkt geworden. Klima und Energie, Mobilität und Lärm, Abfallverwertung, Natur- und Landschaftsschutz sind wichtige Themen in der Bildung für nachhaltige Entwicklung (BNE) der Stadt. So erleben Frankfurter Kita-Gruppen und Schulklassen im Rahmen des städtischen Umweltbildungsprogramms „Entdecken, Forschen, Lernen" den Frankfurter GrünGürtel, Schülerinnen und Schüler gestalten ihren Schulhof naturnah und erkunden Fahrradwege und Energie-Teams reduzieren den Energieverbrauch ihrer Schule. Dafür wurde die Stadt von der UNESCO im Weltaktionsprogramm „Bildung für nachhaltige Entwicklung" mehrfach ausgezeichnet.
Und: Frankfurt setzt mit dem Kultur- und Freizeitticket ein Zeichen für mehr kulturelle Teilhabe in der Stadt von klein auf. Das Ticket ist seit Juni 2020 für Frankfurter Schüler, Kita-Kinder sowie Kinder und Jugendliche unter 18 Jahren aus Haushalten mit einem Monatseinkommen unter 4.500 Euro netto kostenlos zu bestellen. Für alle anderen Familien ist, unabhängig vom Wohnort, ein Ticketpreis von jährlich 29 Euro vorgesehen. Für alle unter 18 Jahre stehen die Türen der 16 städtischen Museen kostenfrei offen.

Kurzum: In Sachen Bildung und Wissenschaft kann Frankfurt getrost die große Trommel rühren: Und das keineswegs nur, weil allein die Goethe-Universität auf 19 Nobelpreisträger und 19 Leibniz-Preisträger verweisen kann. Unter ihnen Paul Ehrlich und Otto Hahn. Und auch aus anderen Bereichen gab es anerkannte Vordenker, die in Frankfurt wirkten. Beispiel: Theodor W. Adorno, Arthur Schopenhauer, Professor Bernhard Grzimek, der 1959 den Oscar für seine Dokumentation „Die Serengeti darf nicht sterben" erhielt und 1975 die Umweltschutzorganisation BUND mitgründete. Oder auch Heinrich Hoffmann, der 1809 in Frankfurt geboren wurde und 1845 den Struwwelpeter schrieb. Und auch heute finden sich unter den in Frankfurt ansässigen Forschern international bekannte Namen und Nobelpreisträger wie Jürgen Habermas, Hartmut Michel und Wolf Singer. Auch für die Zukunft stellt Frankfurt einen wichtigen Standort dar. Die Metropole beherbergt gemessen am Datendurchsatz den größten Internet-Knotenpunkt der nördlichen Hemisphäre, bis Anfang des Jahrzehnts war er sogar der größte der Welt. Damit ist Frankfurt eine der wichtigsten Schaltzentralen für das World Wide Web. Und auch die Domainregistrierungsstelle für die Top-Level-Domain „de" befindet sich in Frankfurt.

Johann Wolfgang Goethe-Universität

## **FÜRS LEBEN** LERNEN

Im Schuljahr 2023/24 gehen in Frankfurt rund 108.000 Schülerinnen und Schüler zur Schule. Davon etwa 73.850 Mädchen und Jungen auf allgemeinbildende öffentliche Schulen. Hinzu kommen nach Angaben des Staatlichen Schulamts Frankfurt etwa 8.000 Kinder und Jugendliche auf privaten allgemeinbildenden Schulen sowie mehr als 26.000 Schüler auf beruflichen Bildungsstätten.

## PLATZ FÜR **DIE JÜNGSTEN**

Zurzeit stehen in Frankfurt über 54.000 Betreuungsplätze zur Verfügung, ein Großteil davon in den über 870 Kindertageseinrichtungen. Das Portal www.kindernetfrankfurt.de bietet einen Überblick und ermöglicht die präzise Suche und die Online-Vormerkung bei allen städtisch geförderten Betreuungsangeboten. Außerdem qualifiziert und fördert das Stadtschulamt rund 350 Tagesfamilien, die sich besonders um die „Kleinsten" kümmern. Darüber hinaus bieten Krippen, Kindergärten, Horte, Schülerläden und Erweiterte Schulische Betreuungen vielfältige Betreuungs- und Bildungsangebote.

## HOCHSCHULEN

### JOHANN WOLFGANG GOETHE-UNIVERSITÄT FRANKFURT AM MAIN

Die Johann Wolfgang Goethe-Universität zählt mit 43.000 Studierenden zu den sechs größten Universitäten des Landes. An ihr lehren und forschen über 576 Professorinnen und Professoren, unterstützt von mehr als 3.000 wissenschaftlichen Mitarbeitern und mehr als 2.000 Verwaltungsmitarbeitern. An den 16 Fachbereichen werden 156 Studiengänge angeboten. Die Universität wurde unter dem Namen Königliche Universität zu Frankfurt am Main am 18. Oktober 1914 als erste deutsche Stiftungsuniversität der Neuzeit eröffnet.
**www.uni-frankfurt.de**

### HOCHSCHULE FÜR MUSIK UND DARSTELLENDE KUNST FRANKFURT

Die zentrale Aufgabe der Hochschule für Musik und Darstellende Kunst Frankfurt am Main (HfMDK) ist die Ausbildung der knapp 900 Studierenden zu professionellen und sozial verantwortlich handelnden Künstlern, Pädagogen und Wissenschaftlern. Dies schließt die Vermittlung der Künste und die wissenschaftliche Forschung ein. Die intensive persönliche künstlerische und wissenschaftliche Betreuung der Studierenden von 63 Professoren und 350 Lehrbeauftragten, die Verbindung von Theorie und Praxis sowie vielfältige Projekte und Kooperationen kennzeichnen die besondere Qualität der Ausbildung in den drei Fachbereichen an der HfMDK.
**www.hfmdk-frankfurt.info**

### FRANKFURT UNIVERSITY OF APPLIED SCIENCES

Die Frankfurt University of Applied Sciences ist eine international und interdisziplinär ausgerichtete Hochschule für angewandte Wissenschaften im Herzen der Europastadt und Wirtschaftsmetropole Frankfurt. Mit rund 72 praxisnahen und interdisziplinär ausgerichteten Studienangeboten bieten 310 Lehrende, 650 Mitarbeiter in 63 Instituten, wissenschaftlichen Einrichtungen und Forschungsbereichen rund 15.000 Studierenden aus über 100 Nationen Chancen durch Bildung. Ein vielfältiges Weiterbildungsprogramm ermöglicht auch Externen berufsbegleitendes, lebenslanges Lernen. Sie bietet einen offenen Bildungszugang mit großer persönlicher Nähe von Studierenden und Lehrenden. Neben einer soliden akademischen Ausbildung legt sie großen Wert auf Persönlichkeitsentwicklung z. B. durch das interdisziplinäre Studium Generale. Die Absolventen/-innen verfügen durch die enge Verknüpfung von Forschung und Lehre mit der Praxis nachweislich über hervorragende Arbeitsmarktchancen. Im Dialog mit Unternehmen, Verbänden, Stiftungen und Institutionen, Stiftern und Spendern hat sich die Hochschule in den 50 Jahren ihres Bestehens mit ihren Leistungen in Lehre, Forschung und Weiterbildung zum innovativen Entwicklungs- und Forschungspartner mit der Praxis und für die Praxis entwickelt.
**www.frankfurt-uas.de**
**www.frankfurt-university.de**

Frankfurt School of Finance & Management

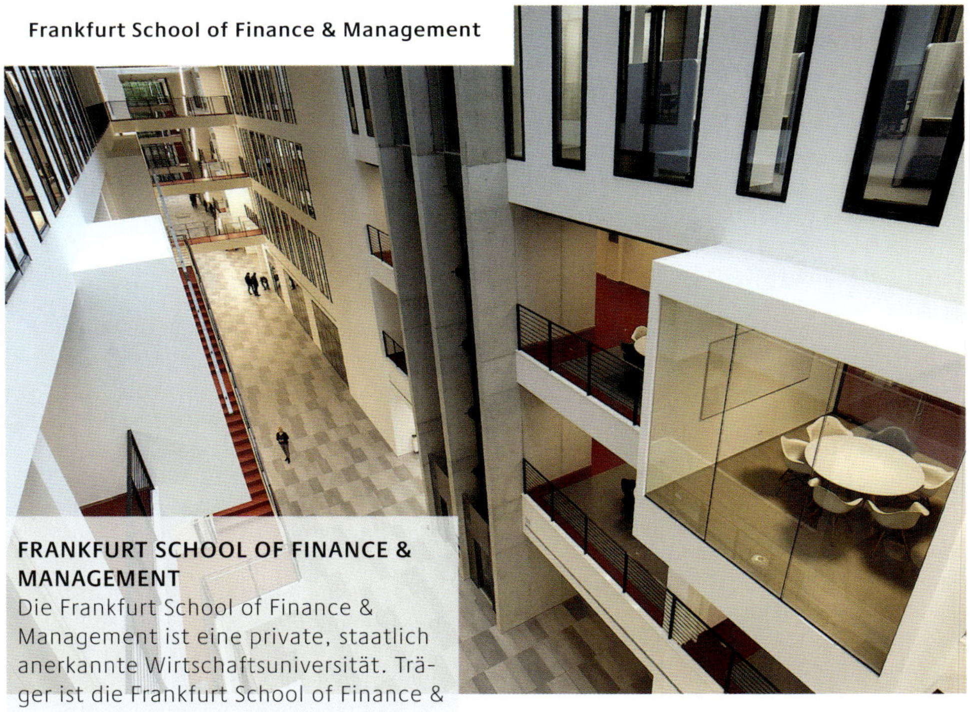

### FRANKFURT SCHOOL OF FINANCE & MANAGEMENT

Die Frankfurt School of Finance & Management ist eine private, staatlich anerkannte Wirtschaftsuniversität. Träger ist die Frankfurt School of Finance & Management gemeinnützige GmbH. Sie hat im Bundesgebiet mehrere Außenstellen.

**www.frankfurt-school.de**

### FRANKFURTER SCHULE FÜR BEKLEIDUNG UND MODE

Die Frankfurter Schule für Bekleidung und Mode versteht sich als das Kompetenzzentrum für die Berufsfelder Textiltechnik und Bekleidung und Körperpflege im Rhein-Main-Gebiet. Sie verfolgt nach eigenem Bekunden das Ziel, neben den spezifischen Fach- und Methodenkompetenzen auch wichtige Schlüsselqualifikationen zu vermitteln.

**www.modeschule.de**

### TECHNISCHE UNIVERSITÄT DARMSTADT

Die TU Darmstadt zählt zu den führenden Technischen Universitäten in Deutschland. Sie verbindet vielfältige Wissenschaftskulturen zu einem charakteristischen Profil. Seit ihrer Gründung im Jahre 1877 zeichnet sich die TU Darmstadt durch besonderen Pioniergeist aus.

**www.tu-darmstadt.de**

### HOCHSCHULE DARMSTADT

Gegründet am 1. August 1971, hat die Hochschule Darmstadt eine längere Geschichte, als dieses Datum vermuten lässt. Schon im Wintersemester 1876 nahm die Vorgängereinrichtung der Fachbereiche Architektur und Bauingenieurwesen, die „Landesbaugewerkschule Darmstadt", unter der Trägerschaft des Großherzogtums Hessen ihre Arbeit auf. Die Hochschule Darmstadt (h_da) ist eine der größten Hochschulen für Angewandte Wissenschaften (HAW) in Deutschland. Über 60 Bachelor-, Diplom- und Masterstudiengänge mit vielfach selbst wählbaren Schwerpunkten bieten beste Berufsaussichten für ihre 16.650 Studierenden. Sie lernen in Ingenieurswissenschaften, Naturwissenschaft und Mathematik, Informationswissenschaften und Informatik, Wirtschaft und Gesellschaft sowie Architektur, Medien und Design.

**www.H-da.de**

### JOHANNES GUTENBERG-UNIVERSITÄT MAINZ

Die Johannes Gutenberg-Universität Mainz ist eine Universität in der rheinland-pfälzischen Landeshauptstadt Mainz. Mit rund 32.000 Studierenden an etwa 100 Instituten und Kliniken gehört sie zu den zwanzig größten Universitäten in Deutschland.

**www.uni-mainz.de**

### HOCHSCHULE FÜR GESTALTUNG OFFENBACH AM MAIN

Die Hochschule für Gestaltung (HfG) Offenbach ist die Kunsthochschule des Landes Hessen. Ihre Tradition reicht zurück bis ins Jahr 1832, in welchem sie als Handwerkerschule gegründet wurde. Kunst, Medien und Design werden in einer modularen Studienstruktur mit Diplomabschluss gelehrt. Der zehnsemestrige Studiengang ist in zwei Fachbereichen möglich: Fachbereich Kunst (mit den vier Fachrichtungen Kommunikationsdesign, Medien, Kunst und Bühnenbild sowie Kostümbild) und Fachbereich Design – ergänzt durch ein umfassendes Theorie-Angebot in beiden Fachbereichen. Außerdem wird für Absolventen/-innen aus den Bereichen Kunst, Design, Medien oder den darauf bezogenen Wissenschaften die Promotion zum Dr. phil. angeboten.

**www.hfg-offenbach.de**

### HOCHSCHULE RHEINMAIN WIESBADEN

Die Hochschule RheinMain bietet an vier Standorten in Wiesbaden und Rüsselsheim optimale Studienbedingungen. In den fünf Fachbereichen Architektur und Bauingenieurwesen, Design Informatik Medien, Sozialwesen, Wiesbaden Business School und Ingenieurwissenschaften lernen rund 14.000 Studierende. Unter den über 70 Studienangeboten gibt es an der Hochschule RheinMain neben Bachelor- und Masterstudiengängen auch berufsintegrierte, duale und Blended-Learning-Studiengänge.

**www.hs-rm.de**

**PHILOSOPHISCH-THEOLOGISCHE HOCHSCHULE SANKT GEORGEN**
Die Philosophisch-Theologische Hochschule Sankt Georgen ist eine staatlich anerkannte, private katholische Hochschule in jesuitischer Trägerschaft. Ihr sind das überdiözesane Priesterseminar Sankt Georgen und eine Jesuiten-Kommunität angeschlossen.
**www.sankt-georgen.de**

## PRIVATSCHULEN
(EINE AUSWAHL)

**ACCADIS**
Für jedes Alter möchte accadis in Bad Homburg das passende Bildungsangebot bieten: Kindergartenkind, Schüler, Student oder Teilnehmer an der Weiterbildung für Berufstätige. Der internationale Gymnasialzweig der accadis International School ist eine Ersatzschule mit derzeit etwa 100 Schulplätzen und reicht bis zur Jahrgangsstufe 10. Danach geht es weiter als Ergänzungsschule bis zum International Baccalaureate.
**www.accadis.com**

**ANNA-SCHMIDT-SCHULE**
Die Anna-Schmidt-Schule ist, 1886 gegründet, eine staatlich anerkannte Ersatzschule in privater Trägerschaft. Sie orientiert sich an den Vorgaben des Landes Hessen sowie an der hessischen Stundentafel und verfügt über ein schulinternes (kompetenzorientiertes) Curriculum. Das besondere Profil der Schule resultiert aus der pädagogischen Prägung als Montessori-Einrichtung. Sie ist UNESCO-Projektschule seit 1979.
**www.anna-schmidt-schule.de**

**EUROPÄISCHE SCHULE RHEINMAIN**
Die Europäische Schule RheinMain in Bad Vilbel ist von der EU akkreditiert und vom Land Hessen als Ersatzschule anerkannt. Nach der Vorschule führen insgesamt 12 Schuljahre zum Europäischen Bakkalaureat. In der Ganztagsschule wird der Sprachunterricht von Muttersprachlern gelehrt.
**www.es-rm.eu**

**CARL-VON-WEINBERG-SCHULE**
Die Carl-von-Weinberg-Schule im Frankfurter Stadtteil Goldstein ist eine Integrierte Gesamtschule und die einzige in Frankfurt mit einer gymnasialen Oberstufe. Außerdem ist sie Eliteschule des Sports und Eliteschule des Fußballs. Aber auch Kunst und Musik werden großgeschrieben. Ob Band- oder Kreativprojekt – gefördert werden nicht nur sportliche, sondern auch musische Talente und längst auch junge Naturwissenschaftlerinnen und Naturwissenschaftler.
**cvw-schule.de**

**FRANKFURT INTERNATIONAL SCHOOL**
Die Frankfurt International School wurde 1961 von einer Elterninitiative gegründet, hat derzeit über 1.800 Schüler aus 60 Staaten und versteht sich primär als ein Bildungsangebot für Kinder internationaler Familien, die im Rhein-Main-Gebiet leben. In Oberursel werden alle Klassenstufen vom Kindergarten bis zur 12. Klasse mit dem Abschluss „International Baccalaureate" angeboten. Einst von sechs britischen und amerikanischen Familien gegründet, ist die FIS heute die zweitgrößte internationale Schule in Europa.
**www.fis.edu**

**FREIE CHRISTLICHE SCHULE FRANKFURT**
Die Freie Christliche Schule Frankfurt in Fechenheim ist eine staatlich anerkannte freie Schule mit Grundschulzweig, Realschule und Gymnasium, in der auf die Vermittlung christlicher Werte besonderer Wert gelegt wird. Eine Zugehörigkeit zu einer bestimmten Konfession ist jedoch keine Zugangsvoraussetzung.
**https://fcsf.de**

**FREIE WALDORFSCHULE**
Die Freie Waldorfschule Frankfurt verfügt über ein großes Schulgebäude, ein Werkstatthaus, einen Hort und zwei Schulgärten. Die Schule ist geprägt von einer Pädagogik, bei der das kognitive Lernen und Üben durch künstlerische und handwerkliche Fächer ergänzt wird. Das Ziel ist eine ganzheitliche Bildung, die neben der Wissensvermittlung auch die Entstehung der individuellen Persönlichkeit befördert und das Sozialverhalten prägt. Es werden alle staatlichen Schulabschlüsse angeboten.
**https://waldorfschule-frankfurt.de**

**I. E. LICHTIGFELD-SCHULE**
Die Lichtigfeld-Schule ist die Schule der Jüdischen Gemeinde Frankfurt und bietet ein Spektrum von Eingangsstufe bis gymnasiale Oberstufe. Der Leitsatz der staatlich anerkannten Privatschule mit Ganztagsangebot lautet „Bildung mit Herz und Verstand". In kleinen Klassen mit maximal 22 Kindern werden Schülerinnen und Schüler intensiv gefördert und unterstützt. Die Ausrichtung ist international mit dem Fokus auf Sprachen, Politik und Wirtschaft.
In der gymnasialen Oberstufe führt der Weg zum vollgültigen und staatlich anerkannten Abitur. Zugehörigkeit zu einer bestimmten Konfession ist keine Zugangsvoraussetzung. Schülerinnen und Schüler nichtjüdischer Herkunft lernen nach demselben Curriculum wie jüdische Kinder, nehmen vollständig am schulischen, sozialen und religiösen Leben der Schule teil und gehören ganz selbstverständlich zur Gemeinschaft.
**https://lichtigfeld-schule.de**

**INTERKULTURELLE SCHULE RHEIN-MAIN**
Die seit 1954 bestehende IKS – Interkulturelle Schule Rhein-Main ist eine Integrierte Gesamtschule, die Vielfalt als Chance für Entwicklung und Bereicherung des individuellen Lebens ansieht. Die Integrierte Gesamtschule am Frankfurter Berg bietet gemeinsamen Unterricht für alle Kinder eines Jahrgangs bis zum Abschluss in der 10. Klasse mit der Mittleren Reife.
**https://iks-schule.de**

**INTERNATIONAL SCHOOL FRANKFURT RHEIN-MAIN**
Die International School Frankfurt Rhein-Main (ISF) wurde 1995 von der Stadt Frankfurt, dem Land Hessen und verschiedenen international tätigen Unternehmen als staatlich anerkannte Ergänzungsschule gegründet. Die ISF ist eine private Ganztagsschule, in der Schülerinnen und Schüler ab dem dritten Lebensjahr im Kindergarten (eigentlich ein veritables Vorschulprogramm) bis zur 12. Klasse eine erstklassige Erziehung erhalten.
**www.isf.sabis.net**

**Montessori-Schulen**
In der Nähe Frankfurts haben sich gleich zwei Schulen der Reformpädagogik Maria Montessoris verschrieben: Die Montessorischule Hofheim, eine IGS mit gymnasialer Oberstufe, und die Montessorischule Mühlheim, die als Gesamtschule bis zur 10. Klasse konzipiert ist.
**www.montessori-hofheim.de**
**www.montessori-muehlheim.de**

**PHORMS-SCHULE**
Das Gymnasium der Phorms Schule Frankfurt Taunus in Steinbach soll nach Möglichkeit jeder Schüler mit dem Abitur verlassen, um für eine anspruchsvolle Berufsausbildung oder ein Studium überall auf der Welt bestens vorbereitet zu sein. Die Kinder werden von muttersprachlichen Pädagogen auf Deutsch und Englisch betreut und unterrichtet.
**https://frankfurt.phorms.de**

**RACKOW-SCHULE**
Die Rackow-Schule ist seit mehr als 150 Jahren eine feste Institution. Das Gymnasium und die Realschule – Frankfurts einzige private Realschule – sind als Ganztagsschulen konzipiert. Nach dem Realschulabschluss in der 10. Jahrgangsstufe können die Schülerinnen und Schüler an der Fachoberschule (Fachrichtung Wirtschaft oder Sozialwesen) die allgemeine Fachhochschulreife und an dem Beruflichen Gymnasium (Fachrichtung Wirtschaft oder Gesundheit/Soziales) die allgemeine Hochschulreife erwerben. 60 engagierte Lehrerinnen und Lehrer sorgen dafür, dass es an der Schule kaum Unterrichtsausfall gibt. Etliche Lehrkräfte kommen aus der Praxis. Die Schüler profitieren davon, denn die Erfahrungen, die die Lehrer in der freien Wirtschaft sammelten, fließen in den Unterricht ein und geben den Stunden so eine persönliche Note. Die Schule verfügt über neue Multimedia-Systeme. Bei Bedarf wird der Online-Unterricht nach Stundenplan direkt vom Klassenzimmer nach Hause gestreamt. Außerdem verfügt die Schule über die schuleigene Rackow-Cloud, die den Austausch und die Kommunikation zwischen der Schülerschaft und der jeweiligen Lehrkraft gewährleistet.
**www.frankfurt.rackow-schulen.de**

## MAL **WAS ANDERES**

**FRANKFURTER STADTFÜHRUNGEN**
Wer Geschichte, Kultur, Alltagsleben und die unbekannten Seiten Frankfurts während einer kurzweiligen Stadtführung kennenlernen möchte, hat dazu von Milieustudien im berüchtigten Rotlichtviertel bis zu Zeitreisen in die neue Altstadt eine Menge Möglichkeiten.
**https://kulturothek-frankfurt.de**
**www.frankfurt-tourismus.de**
**www.stadtfuehrungfrankfurt.de**
**www.gaestefuehrungen-frankfurt.de**

**STERNWARTE FRANKFURT**
Die Sternwarte Frankfurt ist eine Sektion des Physikalischen Vereins, der zwei Sternwarten-Standorte betreibt: die „Historische Sternwarte" im Gebäude der „Alten Physik" in der Robert-Mayer-Straße in Frankfurt-Bockenheim sowie die „Hans-Ludwig-Neumann-Sternwarte" auf dem Kleinen Feldberg im Taunus.
**www.physikalischer-verein.de**

**BILDUNGSRAUM GRÜNGÜRTEL**
Das städtische Umweltbildungsprogramm „Entdecken, Forschen, Lernen im GrünGürtel" bietet Kindergruppen und Schulklassen aller Altersstufen eine umfangreiche Palette an außerschulischen Erlebnissen in der Natur. Die Angebote finden an den Lernstationen und an vielen weiteren Lernorten im GrünGürtel statt. Das Umweltbildungsprogramm und der Bildungsraum GrünGürtel sind als Beitrag zur Bildung für nachhaltige Entwicklung (BNE) von der Deutschen UNESCO-Kommission und dem Bundesministerium für Bildung und Forschung bereits mehrfach ausgezeichnet worden.
**https://frankfurt.de/themen/umwelt-und-gruen/orte/gruenguertel**

Ausschnitt aus dem GrünGürtel-Tier-Wimmelbild © Stadt Frankfurt am Main, Foto: Philip Waechter

**LERNBAUERNHOF RHEIN-MAIN**
Woher kommt die Milch im Supermarkt? Aus welchem Getreide macht man Brot? Wie lebt ein Landwirt heute? Diese und andere Fragen können auf dem Lernbauernhof Rhein-Main aktiv und mit allen Sinnen behandelt werden. Neben dem Anbau von Getreide, Kartoffeln und Rüben wird eine vielseitige Tierhaltung mit Kühen, Schweinen, Schafen und Hühnern betrieben. Ein durchgehend geöffneter Lern- und Erlebnispfad lädt zur kostenfreien Erkundung ein. Auf dem Gelände des Lernbauernhofs wird an 14 Stationen die Arbeit auf einem Bauernhof veranschaulicht.
**www.lernbauernhof-rhein-main.de**

### EXPERIMINTA – ScienceCenter FrankfurtRheinMain

Das Science-Center versteht sich als außerschulische Bildungseinrichtung im MINT-Bereich (Mathematik, Informatik, Naturwissenschaften und Technik). Die Experimentierstationen der EXPERIMINTA sollen die Schwellenangst vor Wissenschaft und Technik abbauen und neue Zugänge zum mathematisch-naturwissenschaftlichen Denken eröffnen. Das Ausstellungskonzept des Mitmachmuseums umfasst rund 100 Exponate zum Mitmachen und Experimentieren, die 9 Themenkreisen zugeordnet sind, beispielsweise „Schnell und Langsam“ (Bewegung), „Stark und Schwach“ (Kraft) oder „Sparsam und Verschwenderisch“ (Energie und Umwelt).
**www.experiminta.de**

### BILDUNGSSTÄTTE ANNE FRANK

Die ehemals Jugendbegegnungsstätte Anne Frank ist ein Bildungszentrum in Frankfurt und in Kassel. Ziel der Einrichtung ist es, Jugendliche und Erwachsene über die Biografie Anne Franks im Nationalsozialismus für die Gegenwart zu sensibilisieren. Neben einem Lernlabor unterhält die Bildungsstätte zwei Beratungsstellen für Betroffene von Diskriminierung und Gewalt.
**www.bs-anne-frank.de**

### HAUS AM DOM

Das Haus am Dom ist ein Bildungs-, Kultur- und Tagungszentrum des Bistums Limburg in Frankfurt am Main. Es versteht sich als Plattform zwischen Kirche und Gesellschaft und als Drehscheibe des städtischen und gesellschaftlichen Diskurses.
**https://hausamdom-frankfurt.de**

### MAINÄPPELHAUS

Der MainÄppelHaus Lohrberg Streuobstzentrum e.V. betreibt eine umweltpädagogische Informations- und Begegnungsstätte mit Naturerlebnisgarten am Lohrberg im Stadtteil Seckbach. Sie bietet Informationen und einen Ort der Begegnung und des Austausches rund um die Themen Streuobst und Gartenbau.
**www.mainaeppelhauslohrberg.de**

### DIE GRÜNE SCHULE

Unter dem Namen Grüne Schule lädt die pädagogische Abteilung des Palmengartens Kinder ab sechs Jahren und große Besucher dazu ein, im Rahmen unterschiedlicher Führungen, Workshops, Ferienprogramme etc., die Wunder der Pflanzenwelt sowie ökologische Zusammenhänge kennenzulernen und interaktiv die Genüsse der Pflanzenwelt zu erfahren. Schulklassenprogramme können ebenso gebucht werden wie Kindergeburtstage.
**www.palmengarten.de**

### AFRIKA KULTURPROJEKTE E.V.

Der Verein „Afrika Kulturprojekte e.V.“ geht aus der „Senegalesische Vereinigung im Land Hessen e.V“ hervor. Zentrale Aufgabe ist es, soziale Kontakte zwischen der deutschen Bevölkerung und den in Deutschland lebenden Menschen afrikanischer Herkunft zu fördern.
**www.afrika-kulturprojekte.de**

### 2SONMÁS

„2SonMás“ ist ein eingetragener, gemeinnütziger Verein von Frankfurter Eltern. „2SonMás“ ist spanisch (gesprochen: dos son más) und bedeutet „zwei sind mehr“. Genau dieses Prinzip steht für das Ziel des Vereins: die Förderung einer zweisprachigen, deutsch-spanischen Bildung und Erziehung von Kindern in Frankfurt.
**2sonmas.de**

### THEATERPÄDAGOGISCHES ZENTRUM RHEIN MAIN

Das Schultheater-Studio bietet ein Theaterangebot für Kinder und Jugendliche, Fortbildungen für Erwachsene, feste Gruppen in verschiedenen Altersstufen, Theater in den Ferien, Workshops in Schulen (Theaterformen, Prävention und vieles mehr)
**https://schultheater.de**

### VÄTERAUFBRUCH E.V.

Der Verein Väteraufbruch für Kinder setzt sich für das Aufbrechen alter Rollenzuweisungen ein. Es ist dem Verein ein Anliegen, dass Väter und Mütter nach einer Trennung/Scheidung beide einen guten, liebevollen Kontakt zu ihren Kindern aufrechterhalten können. Der Verein bietet psychosoziale Beratung, Rechtsberatung und Coaching an.
**https://frankfurt.vaeteraufbruch.de**

# BILDUNG **IST FÜR ALLE DA**

**VOLKSHOCHSCHULE FRANKFURT AM MAIN (VHS)**
Das Programm der größten öffentlichen Weiterbildungseinrichtung in Hessen mit einer über 125-jährigen Traditionsgeschichte umfasst rund 5.800 Veranstaltungen im Jahr: (Online)-Kurse, Seminare, Workshops, Vorträge, Führungen, Bildungsurlaube und Ausstellungen. Sie finden an der VHS Angebote zu Themen aus Gesellschaft, Kultur, Gesundheit, Sprachen, Beruf, Grundbildung und vieles mehr.
**vhs.frankfurt.de**

**MUSIKSCHULE FRANKFURT AM MAIN E.V.**
Die Musikschule Frankfurt am Main e.V. ist mit rund 4.000 Belegungen eine der größten Musikschulen Deutschlands. Dem Kollegium gehören ca. 130 qualifizierte Musikpädagoginnen und -pädagogen an. Das Angebot wendet sich an alle, die Musik machen möchten, an Kinder, Jugendliche und Erwachsene, an Anfänger, Fortgeschrittene oder Wiedereinsteiger.
**www.frankfurt-musikschule.de**

**CREAM MUSIC SCHOOL**
Seit 2003 bietet die Musikschule Cream Music School modernen Musikunterricht mitten in Frankfurt an. In den zentral direkt am Frankfurter Alleenring gelegenen, sehr gut ausgestatteten Unterrichtsräumen in der Habsburgerallee 9 in Frankfurt-Bornheim wird Unterricht für die verschiedensten Instrumente aus klassischen und modernen Musikrichtungen in den Fächern Gesang, Gitarre, E-Gitarre, E-Bass, Klavier, Keyboard, Schlagzeug, Percussion und Saxofon erteilt.
**www.cream-music-school.de**

**GRÜNGÜRTEL-WALDSCHULE**
Die GrünGürtel-Waldschule ist eine von mehreren Lernstationen im Frankfurter GrünGürtel für Schulklassen und Kindergruppen. Die Waldschule liegt in der Gemarkung des Stadtteils Sachsenhausen an der Oberschweinstiegschneise, etwa 300 Meter westlich des Jacobiweihers.
**http://umweltlernen-frankfurt.de**

**STADTWALDHAUS/FASANERIE**
Auf der Fläche der ehemaligen Fasanerie steht heute das Informationszentrum StadtWaldHaus/Fasanerie, in dem sich die Besucher über Wald, Forst, Natur, Klima und einheimische Tier- und Pflanzenarten informieren können. Das Gelände beherbergt neben einer Tierauffangstation für verunfallte Wildtiere auch verschiedene im Stadtwald vorkommende Wildtierarten. Im Rahmen der Umweltbildung und Waldpädagogik besteht ein breites Angebot an Führungen und Veranstaltungen für Kinder aller Altersgruppen und Erwachsene.
**http://stadtwaldhaus-frankfurt.de**

**STADTBÜCHEREI**
Die Stadtbücherei Frankfurt ist mit 18 öffentlichen Bibliotheken, einer Fahrbibliothek mit über 30 Haltestellen und 118 (Stand 1. Januar 2023) Schulbibliotheken im Stadtgebiet präsent. Sie gehört zu den publikumsstärksten öffentlichen Einrichtungen der Stadt und verzeichnet pro Jahr rund 1,5 Millionen Besuche. In der Zentralbibliothek mit Musikbibliothek, der Zentralen Kinder- und Jugendbibliothek, den 4 Bibliothekszentren, den 12 Bibliotheken im Stadtteil und den 113 Schulbibliotheken im Verbund der Schulbibliothekarischen Arbeitsstelle bietet die Stadtbücherei eine große Auswahl an Medien: Belletristik, Sachbücher, Kinder- und Jugendliteratur, Medien in verschiedenen Sprachen, Filme, Hörbücher, E-Medien, Musik, Noten, Zeitungen und Zeitschriften, Landkarten, Spiele, Games.
**www.stadtbuecherei.frankfurt.de**

**FRAUEN-SOFTWAREHAUS**
Zentral gelegen zwischen Hauptbahnhof und Messe bietet das Frauen-Softwarehaus geräumige und helle Schulungsräume. Vor Ort, digital oder hybrid werden Frauen gecoacht und am PC geschult. Erklärtes Ziel des 1988 gegründeten Vereins ist die Verbesserung der Arbeitsmarktchancen von Frauen. Ursprünglich das Programmieren im Sinn, fokussierte der Verein schon in der Anfangsphase auf das Schulen von Frauen in beruflichen Umbruch- und Entwicklungsphasen. Ob Wiedereinstieg, Umschulung oder Ausbildung das Ziel ist, Orientierung und Zugang zur Weiterbildung erhalten Ratsuchende über die kostenfreie Beratung.
**www.frauensoftwarehaus.de**

**KONFUZIUS-INSTITUT FRANKFURT**
Das Konfuzius-Institut Frankfurt hat sich seit 2007 einen Namen als chinesisches Sprach- und Kulturinstitut gemacht. Es bietet Sprachkurse und Weiterbildung für Schüler, Studierende und Berufstätige an und bereitet auf die standardisierte Chinesisch-Sprachprüfung HSK vor.
**www.konfuzius-institut-frankfurt.de**

### HESSENKOLLEG FRANKFURT

Das Hessenkolleg Frankfurt ist eines der ersten Institute des Zweiten Bildungsweges, das es Erwachsenen in Hessen seit 1960 ermöglicht, nach ihrer Berufsausbildung in einem drei- bis dreieinhalbjährigen Bildungsgang die Hochschulreife zu erlangen.
**www.hessenkolleg-frankfurt.de**

### COMCAVE.COLLEGE FRANKFURT

Seit der Gründung 2001 engagiert sich das Comcave.College in der Erwachsenenbildung.
**www.comcave.de**

### EUROPÄISCHE AKADEMIE DER ARBEIT

Die Europäische Akademie der Arbeit in der Universität Frankfurt ist eine Stiftung Privaten Rechts des Deutschen Gewerkschaftsbundes, des Landes Hessen und der Stadt Frankfurt am Main und eine Institution der Lehre und Forschung.
**www.eada.uni-frankfurt.de**

### KUNSTGESCHICHTLICHES INSTITUT FRANKFURT AM MAIN

Das Kunstgeschichtliche Institut mit seinen derzeit sechs Professuren garantiert ein außergewöhnlich breites Lehrangebot, das die gesamte westliche Kunst- und Architekturgeschichte von Spätantike und Frühmittelalter bis zur Gegenwart umfasst.
**www.kunst.uni-frankfurt.de**

### HINDEMITH INSTITUT FRANKFURT

Das 1974 gegründete Hindemith Institut ist ein musikwissenschaftliches Institut und Zentrum der Hindemith-Forschung. Es betreut den Nachlass von Paul Hindemith und macht ihn der Öffentlichkeit zugänglich.
**www.hindemith.info**

### FRANKFURT INSTITUTE FOR ADVANCED STUDIES

Das Frankfurt Institute for Advanced Studies ist eine interdisziplinäre Forschungseinrichtung und versteht sich als Exzellenzinitiative, die international ausgewiesene Wissenschaftler an der Erforschung der Theorie komplexer naturwissenschaftlicher Zukunftsthemen zusammenbringt.
**https://fias.institute**

### EVANGELISCHE FAMILIENBILDUNG

Die Evangelische Familienbildung bietet Geburtsvorbereitungskurse, Babymassage, Spielkreise, Vater-Kind-Gruppen und Eltern-Kind-Cafés an.
**www.familienbildung-ffm-of.de**

### INTERNATIONALES FAMILIENZENTRUM E. V.

Das Internationale Familienzentrum e. V. ist ein gemeinnütziger Verein, der seit über 40 Jahren und aktuell mit über 500 Mitarbeiterinnen und Mitarbeitern in Frankfurt interkulturell und integrativ tätig ist.
**ifz-ev.de**

## VERSTÄNDIGUNG

### DID DEUTSCH-INSTITUT FRANKFURT

did steht für deutsch in deutschland und ist seit der Gründung des Unternehmens im Jahre 1970 das Leitmotiv. Das Institut konzentriert sich ausschließlich auf die Vermittlung der deutschen Sprache.
**www.did.de**

### INSTITUTO CERVANTES

Das Instituto Cervantes bietet seit 2008 in Frankfurt ein breites Spektrum an kulturellen Veranstaltungen und Sprachkursen mit Blick auf die Interkulturalität und Vielfalt der hispanischen Welt.
**frankfurt.cervantes.es**

### DEUTSCH-FRANZÖSISCHES INSTITUT

Das Institut Franco-Allemand de Sciences Historiques et Sociales ist ein französisches Forschungszentrum für Geschichte und Sozialwissenschaften mit Sitz in Frankfurt am Main. Die Inhalte des Instituts gehen weit über die Sprachvermittlung hinaus.
**www.institutfrancais.de**

## **UN**GEWÖHNLICHES

### OLIVIERO BARSCHULE

In der Oliviero Barschule lässt sich sogar ein Cocktailkurs für eine Person buchen. Für Gruppen bietet die Barschule verschiedene Cocktailkurse, Tastings und Events an.
**www.oliviero-barschule.com**

### STEAK-WORKSHOPS

Wer lernen möchte, wie ein Steak richtig lecker zubereitet wird, ist bei Thomas Reichert richtig. Unter dem Motto „Ich will ein Rind von Dir" bietet der Meister der Metzgerinnung Workshops an.
**www.haxenreichert.de**

### SCHULE FÜR CLOWNS, KOMIK UND COMEDY

Die private staatlich anerkannte Berufsfachschule nur eine Bahnstation oder wenige Autominuten von Frankfurt in Hofheim-Lorsbach entfernt bietet Ausbildungs- und Weiterbildungslehrgänge zum staatlich anerkannten Clownschauspieler an. Ziel der Ausbildung ist die persönliche und kreative Entfaltung und Weiterentwicklung, um damit die Clownmethode in den Alltag zu integrieren, beruflich einzusetzen oder als professioneller Clown auf der Bühne aufzutreten.
**www.clownschule.de**

### EINTRACHT FRANKFURT FUSSBALLSCHULE

Die Eintracht Frankfurt Fußballschule wurde im Jahr 2001 von Bundesliga-Rekordspieler Karl-Heinz „Charly" Körbel gegründet. Das Gerüst bilden neben Feriencamps vor allem die Spieltagcamps im Vorfeld der Eintracht- Heimspiele sowie die „On-Tour"-Veranstaltungen, bei denen die Fußballschule auf dem Terrain diverser Vereine gastiert. Getreu der ausgegebenen Devise „trainieren wie die Profis", bekommen die Kinder während dieser Camps Unterricht in den Modulen Koordination, Technik, Torschuss, Spielform und Torwartspiel.
**https://fussballschule.eintracht.de**

# **SPIELEN** MITTEN IN DER STADT

**Wer in Frankfurt Kinder hat, der kennt den Verein Abenteuerspielplatz Riederwald. Dieser feiert 2024 seinen 50. Geburtstag. Er betreibt in der Stadt nicht nur drei Abenteuerspielplätze, sondern ist mit zahlreichen Spielmobilen unterwegs und veranstaltet unter anderem die größten Ferienspiele des Rhein-Main-Gebiets.**

Der 6-Jährige Liam schnappt sich den Hammer und einen Nagel, sein Freund Paul hält das Brett. Und schon hat die Hütte auf dem Abenteuerspielplatz Riederwald ein neues Stückchen Wand. Anschließend buddeln die kleinen Baumeister noch ein bisschen im Matsch, dann ruhen sie sich am Lagerfeuer aus und knabbern an ihrem Stockbrot. Solche und andere Abenteuer können Kinder mitten in Frankfurt erleben.

Der Verein Abenteuerspielplatz Riederwald betreibt allein drei dieser geschützten Räume im Riederwald, im Nordend und in Ginnheim, in denen es darum geht, dass Kinder aller Altersgruppen den Platz immer wieder umgestalten und dabei Erfahrungen sammeln sowie handwerkliche und kreative Fähigkeiten entwickeln können. Fast beiläufig lernen sie dazu Selbstbewusstsein und soziales Verhalten. „Dass ein Sechsjähriger unter Aufsicht mit Hammer und Nagel hantiert, gehört zum Programm", stellt Michael Paris fest, der die Plätze einst initiierte und seit 50 Jahren dem Verein vorsteht. Heute gestalte dieser einen großen Teil des Spielangebots für Kinder in der Stadt. Begonnen hat der Verein mitten im Riederwald, wo der damals gerade mal 18-jährige Paris mit einigen Mitstreitern den ersten Abenteuerspielplatz aufbaute. Knapp 20 Jahre später kam der Günthersburgplatz im Nordend hinzu. Der Colorado-Park in der Raimundstraße eröffnete 1997. Alle drei Plätze haben ihren eigenen Charakter. Im Riederwald lässt es sich unter hohen Bäumen gut geschützt spielen. Ein Baumhaus-Labyrinth, die lange Seilbahn und ein aus Sandsäcken gebautes Schwimmbecken im Sommer sind nur einige der Attraktionen.

Den Kletterturm auf dem Abenteuerspielplatz Günthersburg sieht man schon von weitem. An ihm können die Kinder unter professioneller Aufsicht richtig klettern lernen. Und im Colorado-Park geht es zu wie im Wilden Westen. In dem Stadtteil gelegen, in dem einst die Angehörigen der US-Armee lebten, nahm er sich von Beginn an die Geschichte amerikanischer Siedler zum Vorbild. Hier stehen keine einfachen Hütten, sondern ein Saloon, ein Jailhouse und ein Ballroom. Das Gelände ist bepflanzt mit in Amerika heimischen Bäumen und Sträuchern, darunter auch mehreren Mammutbäumen.

Wer es nicht zu den Abenteuerspielplätzen schafft, für den kommen die Spielmobile vor die eigene Haustür. 25 besitzt der Verein mittlerweile und ist damit der größte Betreiber in Deutschland. Sie machen meist eine Woche lang Station in den Vierteln Frankfurts und auch mal darüber hinaus. Mit ihnen organisiert der Verein große Spielfeste, mal an der Hauptwache, mal auf dem Riedberg und vor Weihnachten eine Plätzchenback-Tour. Er vermietet sie auch an andere Vereine.

„Wir haben es uns zur Aufgabe gemacht, die gesamte Stadt bespielbar zu machen", betont Michael Paris. Das gilt auch für die Innenstadt. Mit den Hüpfkissen, Rollenrutschen, Schminkzeug aus den Spielmobilen, Holz zum Bauen und großen Geräten wie dem Kletterturm, Bungee-Trampolinen und Co. sorgt der Verein dafür, dass sich die Frankfurter Kinder im Sommer mitten in der Stadt austoben können. Drei Wochen lang gibt es Ferienspiele am Mainufer, wo auch die vereinseigenen Boote die Kinder über den Main schippern. Anschließend zieht das Spielparadies vor die Alte Oper, wo die Kleinen dann sogar im Opernbrunnen paddeln können. „Rund 45.000 Kinder und Jugendliche kommen jährlich zu den Main- und Opernspielen", sagt Paris. „Ein so umfassendes Spielangebot gibt es in vielen anderen Großstädten nicht."

# FRANKFURT MIT KINDERN

**Frankfurt ist liebenswert. Das Leben hier ist vielfältig, aufregend, bunt und quirlig – und bietet gerade für Kinder und Familien nahezu unendliche Möglichkeiten, sich eine schöne Zeit zu machen.**

Sie sind schwanger – diese freudige Nachricht stellt das bisherige Leben auf den Kopf und spätestens jetzt verändert sich die Perspektive werdender Eltern – zumindest, wenn es das erste Kind ist. Die Stadt und ihre Möglichkeiten werden nun aus einem ganz anderen Blickwinkel wahrgenommen. Ein neuer Kosmos tut sich auf, und der will erobert werden. Frankfurt ist grau, hektisch, langweilig und familienunfreundlich? Von wegen!

Die Mainmetropole bietet für kleine und größere Kinder ein buntes Füllhorn an unterschiedlichsten Möglichkeiten. Bewegen, sehen, entdecken, erleben und wohlfühlen – das Leben in Frankfurt ist für Kinder spannend und vielfältig. Dass Kinder in dieser Stadt, in der im vergangenen Jahr erneut deutlich mehr als 10.000 Kinder pro Jahr das Licht der Welt erblickt haben, nicht einfach nur mitlaufen, sondern einen ganz besonderen Stellenwert haben, zeigt sich nicht zuletzt an der Existenz des Frankfurter Kinderbüros. Seit mittlerweile über 30 Jahren ist das Kinderbüro als kommunale Kinderinteressensvertretung der Stadt Dreh- und Angelpunkt der Kinderrechte. Im Zusammenspiel mit den Kinderbeauftragten achten sie darauf, dass Entscheidungen der Stadt und der jeweiligen Ortsbeiräte die Lebensinteressen der jüngsten Frankfurter berücksichtigen.

## SHOPPING KINDERMODE

**DIE KLEINE FABRIK**
**Bornheimer Landstr. 60**
**Tel.: (0 69) 49 41 00**
**www.diekleinefabrik.com**
Ob Kleidung, Schuhe, Accessoires, Musik, Bücher, Taschen, Babytragesysteme oder Spielzeug – der rund 30 Quadratmeter große Laden präsentiert eine bunte Mischung ausgefallener, hochwertiger und handverlesener Produkte.

**JACADI**
**Kaiserhofstr. 13**
**Tel.: (0 69) 50 95 55 41**
**www.jacadi.de**
Modische Baby- sowie Kinderbekleidung, Nachtwäsche und Schuhe. Die französische Marke führt auch Babyzubehör sowie Pflege- und Duftprodukte.

**LALIKA**
**Rathenauplatz 1, Tel.: (0 69) 26 91 68 71**
**www.lalikafashion.de**
LaLiKa führt Mode ausgewählter Designer für Damen und Kinder ab 2 Jahren. Zudem gibt es Eigenkollektionen mit feinem orientalischem Touch. Der Nachwuchs kann sich über trendige Marken mit Komfort und Qualität freuen.

**PETIT BATEAU**
**Große Bockenheimer Str. 17**
**Tel.: (0 69) 13 38 57 93**
**www.petit-bateau.de**
In der Großen Bockenheimer Str., besser bekannt als Freßgass' , bietet die 1920 gegründete Kultmarke Unterwäsche, Shirts, Jacken, Kleider und vieles mehr mit Komfort und gutem Design.

**PETIT ILE AUX TRÉSORS**
**Leipziger Str. 35**
**Tel.: (0 69) 24 44 86 44**
Leicht versteckt in einem idyllischen Hinterhof lässt es sich ruhig stöbern. Im Angebot befinden sich hochwertige und individuelle Kindermoden, u. a. Bellybutton und Desigual.

**SERGENT MAJOR**
**u.a. Europa-Allee 6 (Skyline Plaza),**
**Tel.: (0 69) 21 08 34 91**
**www.sergent-major.com**
Trendige Mode für Kinder von 0 bis 14 Jahren mit französischem Charme und dem gewissen Etwas. Komfort, Funktionalität, Modernität sowie ein hervorragendes Preis-Leistungs-Verhältnis stehen für Sergent Major ganz oben.

**SONNYLEMON**
**Heidestr. 147, Tel.: (0 69) 95 63 81 10**
**www.sonnylemon.de**
Auf etwa 120 Quadratmetern findet man hier hochwertige Kinderkleidung bekannter Labels ab Frühchengröße bis zum Alter von etwa acht Jahren. Eine handverlesene Mischung von Neuware und ausgewählten Secondhand-Klamotten. Neben Mode gibt es Spielzeug, Lampen, diverse Vintagemöbel sowie Designklassiker.

**WOLLKE7**
**Glauburgstr. 77 (integriert im Reformhaus Andersch)**
**Tel.: (0176) 24 03 15 44**
Kreativ und stylisch, aber auch klassisch und stilvoll, und das Ganze in Öko-Qualität. Der Laden führt auch liebevoll getragene Ware aus 2. Hand – auch diese in Öko-Qualität.

## ALLES UNTER EINEM DACH

**AMANEL**
**Sigmund-Freud-Str. 56 – 58**
**Tel.: (0 69) 36 60 40 08**
**www.amanel.de**
Der Laden für Kinder- und Babybedarf bietet eine große Auswahl an ökologischer Bekleidung, Tragetüchern und Tragehilfen, Kinderwagen, hochwertigem Spielzeug, sicheren Autositzen und weiteren Produkten sowie viel Schönes und Hilfreiches rund um die Pflege des Nachwuchses. Für die Suche nach dem richtigen Sitz wird sich Zeit genommen. Probesitzen und Texteinbau ins Auto gehören zu jedem Beratungstermin dazu.

**ANTON-EMMA**
**Mainkurstr. 11, Tel.: (0 69) 20 16 17 72**
**www.anton-emma.de**
Nachhaltig, ökologisch und fair – Anton-Emma bietet fröhlich-bunte und hochwertige Kinderdinge aus 100 Prozent Bio-Baumwolle. Das Familienunternehmen entwirft Mode in klaren Farben und Schnitten für Kinder von 0 bis 12 Jahren. Neben dem eigenen Label „Anton Emma" gibt es im Laden weitere Produkte rund um Babys und Kinder. Alle handverlesen und passend ausgewählt zur eigenen Philosophie.

**AUGUST PFÜLLER**
**Goethestr. 12**
**Tel.: (0 69)13 37 80 70**
**www.august-pfueller.de**
Auf vier Etagen bietet das Familienunternehmen eine breite Auswahl handverlesener Produkte. Das Sortiment hält für jedes Alter – von der Geburt bis zum Teenager – das Passende bereit. Neben Kindermode präsentiert August Pfüller hochwertige Babyausstattung, Kinderwagen, Kindermöbel, ausgewählte Geschenke und mehr.

**BABYONE**
**Hanauer Landstr. 11 – 13**
**Tel.: (0 69) 904 34 28 00**
**www.babyone.de**
Das Familienunternehmen bietet alles für das Baby. Das sehr breite Sortiment umfasst u. a. Kinderwagen & Buggys, Zubehör für den Kinderwagen, Autositze und Kindersitze sowie Babyschalen, Möbel für das Kinderzimmer, Produkte für die Sicherheit des Kindes, Pflege und Ernährung sowie Babybekleidung und Umstandsmode.

**BABY WALZ**
**Schillerstraße 20, Tel.: (0 69) 1 33 74 40**
**www.baby-walz.de**
Baby Walz ist die Anlaufstelle für Schwangere, Babys & Kleinkinder. Von der Babyausstattung bis zum Tretauto – hier finden Sie alles, damit sich Kind und Eltern von Anfang an wohlfühlen.
Mit über 70 Jahren Erfahrung, sorgfältig ausgewählten Produkten und vielen Tipps und Tricks stehen die kompetenten Mitarbeiter ihren Kunden mit Rat und Tat zur Seite.

**FRAU NELLSON UND IHRE SCHÖNIGKEITEN**
**Brückenstr. 41, Tel.: 0176-57 82 86 96**
**Vogelsbergstr. 37, Tel.: 0179-4 03 42 94**
**www.frau-nellson.de**
In beiden Läden bietet das Sortiment Schönigkeiten für Groß und Klein. Hierzu gehören ausgewählte Kleidung, wertige Kinderschuhe, Holzspielzeug, nachhaltige Möbel und Interieur, Kuschel- und Spieltiere sowie schöne Kinderbücher und vieles mehr.

**KONFETTIWOLKE**
**Weberstr. 82, Tel.: (0 69) 90 75 33 88**
**www.konfettiwolke.de**
Konfettiwolke ist ein Kinder-Concept-Store mit liebevoll ausgewählten Produkten und besonderen Designs für Kinder und Familien: Kinderbekleidung, Schuhe, Bücher, Spielsachen, Accessoires und Papeterie für Kinder im Alter von 0 bis 10 Jahren.

**LE COCCOLE**
**Am Weingarten 17**
**Tel.: (0 69) 77 06 98 38**
**https://le-coccole.de/**
Der Kinderladen legt höchsten Wert auf Qualität und bietet passende und qualitativ hochwertige Kinderkleidung, stabile und sichere Kindermöbel, sinnvolle und gute Geschenke, nachhaltiges und kindgerechtes Spielzeug sowie vieles mehr.

**NIMA**
**Koselstr. 57, Tel.: (0 69) 13 02 58 25,**
**www.nima-lieblingsstuecke.de**
NIMA Lieblingsstücke für Groß & Klein bietet eine schöne Auswahl angesagter Marken – handselektiert, skandinavisch inspiriert und liebevoll dekoriert. Hier bekommt man ein cooles Shirt für Kids, Spielzeug, Geschenke, Schmuck, Deko, Papeterie, Wohnaccessoires und vieles mehr.

**SONNYLEMON**
**Heidestraße 147**
**Tel.: (0 69) 9 56 38 110**
**www.sonnylemon.de**
Der inhabergeführte Concept Store für Kinder bietet eine beachtliche Auswahl an Kleidung ab Frühchengröße bis zum Alter von etwa acht Jahren, Schuhen, nachhaltigem Spielzeug und allem, was Spaß macht und oder nützlich ist. Bei rund 13.000 unterschiedlichsten Artikel bleibt kein Eltern- und Kinderwunsch offen – es gibt allerhand zu entdecken.

## **2ND** HAND

**MATILDA**
**Laubestr. 1, Tel.: (0 69) 69 53 47 00**
**www.meinematilda.de**
Im liebevoll eingerichteten Secondhand-Kinderwarenladen in Sachsenhausen kann man auf Entdeckungstour gehen. Die Klamotten (bis Größe 164), Schuhe, Spielsachen und Bücher sind tadellos in Schuss.

**MONSTERS**
**Wiesenstr. 46, Tel.: (0 69) 15 34 52 69**
**www.monsters-bornheim.de**
In unmittelbarer Nähe des Günthersburgparks finden Eltern bei Stefanie Bauer auf rund 50 Quadratmetern nicht nur, was Kinder brauchen, sondern auch, was ihnen Spaß macht: gut erhaltene Kinderkleidung, Spielzeug, Bücher und Zubehör.

**YASMINI**
**Marburger Str. 6**
**Tel.: (0 69) 77 03 98 94**
**www.yasmini.de**
Yasmini legt großen Wert auf Qualität und faire Preise. Zur Auswahl gehören Kinder- und Babyzubehör, Kinderbekleidung, Reit- sowie Ballettbekleidung, gut erhaltene Schuhe, Spielsachen, Bücher, Umstandsmode und besondere Geschenke.

## **KINDER**SCHUHE

**BUNT FFM**
**Rendeler Str. 54**
**Tel.: (0 69) 46 99 41 28**
Lepo in Bornheim hat eine neue Inhaberin und heiß nun Bunt FFM. Das ausgewählte Sortiment des Concept Stores unweit des Fünffingerplätzchens bietet weiterhin Schuhe, Bekleidung, Accessoires und vieles mehr.

**NORDENDGLÜCK**
**Oeder Weg 75**
**Tel.: (0 69) 90 50 07 85**
**www.nordendglueck.de**
Bei Nordendglück finden Suchende eine stattliche Auswahl Kinderschuhe vom Lauflernschuh bis zu Chucks, von Sandalen bis zu wasserdichten Stiefeln, vom klassischen Sneaker bis zu Ballerinas für Groß und Klein. Fachlich-kompetente Beratung inklusive.

## **TASCHEN** UND RANZEN

**LASSNERS**
**Friedberger Landstr. 295 - 297**
**Tel.: (0 69) 95 92 84 81**
**www.lassners.de**
Das große Sortiment umfasst unter anderem Wickeltaschen, Kindergartentaschen, Schulranzen, Schulrucksäcke sowie Schultaschen. Das geschulte Fachpersonal hilft beispielsweise beim Anprobieren des Schulranzens oder der Auswahl der Schultasche, um das individuell richtige Modell herauszufinden. Darüber hinaus gibt es eine große Auswahl an Zubehör für Schule und Uni. Spielwaren und Accessoires für Schule und Pause runden die Angebotspalette ab.

## **KINDER**BÜCHER

**AUTORENBUCHHANDLUNG MARX & CO**
**Grüneburgweg 76**
**Tel.: (0 69) 72 29 72**
**www.autorenbuchhandlung-marx.de**
In die einladenden Räume im Grüneburgweg kommen nicht nur Universitätsangehörige, sondern auch die großen und kleinen Bewohner des Westends, um ihren Buchbedarf zu decken. Die Buchhandlung bietet regelmäßige Veranstaltungen; die Jüngsten freuen sich beispielsweise über Bilderbuchferien für Kindergarten- und Grundschulkinder und Adventslesungen.

**BUCHHALTUNG WELTENLESER**
**Oeder Weg 40, Tel.: (0 69) 91 50 72 10**
**www.buchhandlung-weltenleser.com**
Die Buchhandlung Weltenleser bietet Bücher für kleine und große Entdecker. Die individuelle Buchhandlung auf dem Oeder Weg ist nach Kontinenten, Regionen und Ländern konzipiert. Zum Sortiment gehören anspruchsvolle Kinder- und Jugendbücher, darunter viele Klassiker sowie Sagen und Märchen. 2020 ist die Buchhandlung mit dem Deutschen Buchhandlungspreis in der Kategorie „Besonders herausragende Buchhandlungen" und 2022 mit dem Deutschen Buchhandlungspreis in der Kategorie „Hervorragende Buchhandlungen" ausgezeichnet worden.

**ESELSOHR**
**Am Weingarten 11**
**Tel.: (0 69) 70 68 11**
**www.eselsohr-buchhandlung.de**
Das Eselsohr ist eine Kinder- und Jugendbuchhandlung sowie ein Geschäft für Spielwaren und Spiele. Neben ausgewählten Bilderbüchern, Kinder- und Jugendbüchern, Sachbüchern sowie Hörbüchern gibt es hochwertiges Spielzeug. Das geschulte Personal berät gerne.

**HAPPY**
**Glauburgstr. 20**
**Tel.: (069) 55 37 87**
**www.happy-frankfurt.com**
Aus der ehemaligen Traditions-Buchhandlung Tatzelwurm ist die Buchhandlung Happy geworden. In den Räumen am Glauburgspielplatz finden sich neben der sorgsam ausgewählten Kinder-, Jugend- und Erwachsenenliteratur auch besondere Schätze für Groß und Klein: nachhaltige Spiel- & Bastelwaren, ein Babyartikel-Sortiment, besondere Geschenke, naturreine Raumsprays sowie Schmuck, anlassbezogene Karten, Geschenkpapier und viele weitere schöne Dinge.

**HUGENDUBEL**
**Steinweg 12, www.hugendubel.de**
In der großzügig gestalteten Kinder- und Jugendbuchabteilung im Untergeschoss der Filiale an der Hauptwache können die Kleinsten nach Herzenslust in neuen Büchern stöbern und sich einlesen.

**SPIEL- UND BUCHTRUHE**
**Eschersheimer Landstr. 182**
**Tel.: (0 69) 28 60 64 64**
**www.spiel-buchtruhe.de**
Die Spiel- und Buchtruhe am Dornbusch bietet eine große Auswahl an Spielen, Büchern, Spielzeugen sowie Schreibwaren, kreativen Bastelsets, Experimentierkästen und Geschenkartikeln für Erwachsene und Kinder. Das Sortiment ist sorgfältig ausgewählt.

## **SPIEL**WAREN

**HELD DER STEINE**
**Laubestr. 26, Tel.: (0 69) 95 86 39 72,**
**www.held-der-steine.de**
Thomas Panke präsentiert in seinem Laden alles, was das Klemmbaustein-Herz begehrt. Neben aktuellen Sets unterschiedlicher Hersteller findet man hier auch eine schöne Auswahl an bereits bespielten Modellen – alle in gutem Zustand. Zudem gibt es einen großen Vorrat an Ersatzteilen.

**JUST4FUN**
**Europa-Allee 6 (Skyline Plaza)**
**Tel.: (0 69) 15 04 24 90**
Das Sortiment des Vedes-Spielwarenfachgeschäftes bietet u. a. Lego, Playmobil, HABA, Ravensburger, Kosmos, Coppenrath/Spiegelburg, Margarete Steiff, Sterntaler, Sigikid, Carrera, Revell (nur R/C), Schleich, Bullyland, Spielstabil, Brio, Siku, Mattel, Hasbro, Amigo, Schmidt Spiele. Mit dem Wunschboxservice wird es für die Geburtstagsgäste besonders einfach, das richtige Geschenk zu finden.

**LEGO STORE**
**Zeil 106 (MyZeil)**
**Tel.: (0 69) 20 97 76 99**
**www.lego.com**
Exklusive Sets, inspirierende Modelle, innovative Highlights, großzügige Spiel- und Bauflächen und die Möglichkeit, eigene Minifiguren zu bauen, lassen Groß und Klein in die bunte Welt von LEGO abtauchen.

**MEDER**
**Berger Str. 198, Tel.: (0 69) 45 98 32, www.meder-frankfurt.de**
Für kleine Gäste bietet das in 5. Generation familiengeführte Traditionsgeschäft nahezu alles, was das Spielzeugherz begehrt: von Lego, Playmobil, Steiff und Brio bis hin zu Pustefix. Ein besonderes Highlight sind auch die Wühlkisten. Gebrauchte, gut erhaltene und gereinigte Klemmbausteine (Lego) der letzten 40 Jahre. Freunde der Miniaturwelten (Modelleisenbahnen, -autos und Flugzeuge oder Schiffe sowie Autorennbahnen) sind bei Meder ebenfalls an der richtigen Adresse.

**NÄHE MAIN**
**Schulstr. 1, Tel.: (0 69) 40 56 30 51 www.naehemain.de**
Nähe Main fertigt Anziehendes für Mutter und Kind. Nicht nur ausgewählte Stoffe, Schnitte und Produkte rund um das Thema do it yourself finden sich im Programm, sondern auch schöne Dinge von feinen Manufakturen aus der Nähe. Spielzeug, Accessoires und Produkte aus dem Papeterie- und Kreativbereich runden das Angebot ab. Für alle, die die Leidenschaft für Nadel und Faden teilen: Es gibt auch Workshops und Kurse!

**SPIELZEUX**
**Oppenheimer Landstr. 40**
**Tel.: (0 69) 47 86 83 54, www.spielzeux.de**
Spielzeux steht für originelle und innovative Geschenkideen. Das kleine Familienunternehmen legt Wert auf Spielwaren und Basteleien, die das kreative und selbstständige Denken sowohl fordern als auch unterstützen. Das Sortiment ist mit viel Liebe und Sorgfalt zusammengestellt.

**TIA EMMA**
**Alte Gasse 4,**
**Tel.: (0 69) 800 39 40**
**www.tia-emma.de**
Hier kommt man aus dem Entdecken nicht mehr raus. Im liebevoll eingerichteten Tante Emma Laden (Tia ist spanisch für Tante) von Wiebke Kress-Ochmann und Rosaria Messina finden Besucher in angenehmer Atmosphäre schönen Schnickschnack, diverses Spielzeug, außergewöhnliche Kleinigkeiten, ausgefallene Wohnaccessoires, Designobjekte und eine Menge mehr. Für gute Laune sorgen auch die köstlichen Kuchen, leckerer Kaffee und Getränke, die man entweder vor oder im Laden genießen kann.

# GEBURTSTAG **AUSSER HAUS**

## **RÄUME** MIETEN

Manchmal will man einfach nicht in den eigenen vier Wänden feiern. Dann ist es toll, wenn es Alternativen gibt. Generell bietet es sich an, bei Vereinen, Nachbarschafts- oder Familienzentren und Betreuungseinrichtungen von Kirchengemeinden in der Nähe anzufragen. Ebenfalls eine tolle Feiermöglichkeit ist das Zentrum Familie im Haus der Volksarbeit, Eschenheimer Anlage 21, Tel.: 069 1501138, www.hdv-ffm.de. Übrigens: Auch die Spielmobile des Vereins Abenteuerspielplatz Riederwald kann man mieten. Anfragen direkt an die Abteilung Spielmobile (Tel.: (0 69) 40 80 47 42 oder E-Mail an: info@abenteuerspielplatz.de).

## MUSEEN

**(Vorherige Anmeldung immer erforderlich!)**

**ARCHÄOLOGISCHES MUSEUM**
**Karmelitergasse 1**
**Tel.: (0 69) 21 23 58 96**
**www.archaeologisches-museum-frankfurt.de**
Historische Themen sind alles andere als langweilig! Für den Geburtstagsworkshop stehen die verschiedensten Schwerpunktthemen zur Auswahl, etwa die Steinzeit oder die römische und griechische Zeit, oder man wird Zeitgenosse von „Karl dem Großen".
**Für Kinder ab 8 Jahre**

**DEUTSCHES ARCHITEKTUR MUSEUM**
**Schaumainkai 43**
**Tel.: (0 69) 21 23 88 44,**
**www.dam-online.de**
Das Geburtstagskind kann mit maximal 9 Freunden feiern. Das Programm dauert (inklusive Kuchenpause) etwa zweieinhalb Stunden. Während dieser Zeit können die kleinen Architekten nach Herzenslust und je nach gewähltem Thema mit den unterschiedlichsten Materialien ihre Traumschlösser und Wolkenkuckucksheime planen und bauen. **Für Kinder ab 6 Jahre**

**DEUTSCHES FILMMUSEUM**
**Schaumainkai 41,**
**Tel.: (0 69) 961 22 02 23**
**www.deutsches-filmmuseum.de**
Eine kurze Führung durch die Ausstellung und ein Workshop bieten ein spannendes Programm für die Geburtstagsgesellschaft. In der Filmwerkstatt kann gar ein eigener Trickfilm mit zuvor selbstgebauten Figuren produziert werden. **Für Kinder ab 8 Jahre**

**EINTRACHT FRANKFURT MUSEUM**
**Mörfelder Landstr. 362**
**Tel.: (0 69) 95 50 32 75**
**www.eintracht-frankfurt-museum.de**
Den Geburtstag im Eintracht Frankfurt Museum zu feiern, ist für jeden kleinen Fußballfan das Größte.
Nach einer Kinderführung durch die größten Erfolge der Eintracht und einer Runde am Tischkicker stärkt sich die Geburtstagsgesellschaft mit Getränken für das Highlight. Im Stadion schauen die Kinder hinter die Kulissen und dürfen zur Feier des Tages ausnahmsweise an die Orte, die eigentlich den großen Profis vorbehalten sind. Und wie es sich an Geburtstagen gehört, bekommt das Geburtstagskind zum Abschied noch ein Geschenk, die Gäste ebenfalls.
**Für Kinder von 7 bis 14 Jahre**

**EXPERIMINTA**
**Hamburger Allee 22-24**
**Tel.: (0 69) 71 37 96 90**
**www.experiminta.de**
Je nach Alter und Interessen der Kinder gibt es für die kleinen Forscher und Entdecker speziell konzipierte geführte Geburtstagstouren und Mitmach-Aktionen.
**Für Kinder von 6 bis 13 Jahren**

**JÜDISCHES MUSEUM / MUSEUM JUDENGASSE**
**Bertha-Pappenheim-Platz 1**
**Tel.: (0 69) 21 23 50 00**
**Battonnstraße 47,**
**Tel.: (0 69) 212-70790**
**www.juedischesmuseum.de**
Masel tov! Bei der Geburtstagsfeier im Jüdischen Museum warten viele spannende Aktionen vom Challa-Backen bis zur Geisterjagd. Such dir einfach deinen Lieblingsworkshop aus.
**Für Kinder von 6 bis 12 Jahre**

**JUNGES MUSEUM FRANKFURT**
**Saalhof 1, Tel.: (0 69) 21 23 51 54**
**www.junges-museum-frankfurt.de**
In dem zentral in der Nähe des Römers gelegenen Museum können Kinder mit ihren Geburtstagsgästen feiern und ihre handwerklichen und kreativen Talente zu einem gewählten Thema ausprobieren. Dazu können die Werkstätten oder historischen Spielräume für zwei oder drei Stunden gebucht werden.
**Für Kinder ab 6 Jahre**

**LIEBIEGHAUS SKULPTURENSAMMLUNG**
**Schaumainkai 71**
**Tel.: (0 69) 6 05 09 82 00**
**www.liebieghaus.de**
Gibt es wilde Tiere im Museum, was geschah vor 3.000 Jahren mit der schönen Priesterin und weshalb möchte Apoll immer der Stärkste sein? Das sind nur ein paar der Fragen, mit denen man sich während der Geburtstagsparty beschäftigen kann. Außerdem werden die Kinder in den Ateliers auch selbst künstlerisch tätig und können verschiedene Techniken ausprobieren.
**Für Kinder ab 6 Jahre**

**MINISCHIRN**
**Römerberg**
**Tel.: (0 69) 299 88 21 12**
**www.schirn.de/minischirn**
Die Minischirn ist ein kreativer Erlebnis- und Erfahrungsraum für Kinder von drei bis acht Jahren, in dem sich die Kinder ganz bewusst ohne die Eltern auf Entdeckungstour begeben können und dabei nebenbei und spielerisch die Grundlagen ästhetischer Bildung kennenlernen.
**Für Kinder ab 3 Jahre**

**MUSEUM FÜR ANGEWANDTE KUNST**
**Schaumainkai 17**
**Tel.: (0 69) 21 23 85 22**
**www.museumangewandtekunst.de**
Bei den Workshops werden die Kinder selbst kreativ: Ob Trickfilm, Keramik oder Modedesign, die Bandbreite ist groß. Im Anschluss an die Workshops kann die Party im Geburtstagsraum noch weitergefeiert werden.
**Für Kinder ab 5 Jahre**

**MUSEUM FÜR KOMMUNIKATION**
**Schaumainkai 53,**
**Tel.: (0 69) 6 06 00**
**www.mfk-frankfurt.de**
Die verschiedenen Angebote zum Mitmachen heißen u. a. „Mission impossible" oder „Museumsdetektive" und beschäftigen sich mit den vielfältigen Wegen der Kommunikation. Je nach Thema erfährt man aber auch, wie man Geheimtinte herstellt oder die Partyschar entwickelt ein eigenes Videogame.
**Für Kinder ab 4 bis 14 Jahre**

**MUSEUM FÜR MODERNE KUNST**
**Domstraße 10, Tel.: (0 69) 21 24 06 91**
**www.mmk-frankfurt.de**
Wie wäre es statt der Geburtstagstorte auf dem Teller mal mit einer Feier im Tortenstück? So der Spitzname des MMK. Ob sprechende Kunstwerke, Theater oder Malexperimente – im Mittelpunkt der verschiedenen Geburtstagsangebote steht das gemeinschaftliche Kunsterlebnis.
**Für Kinder ab 6 Jahre**

Foto: Michael Frank

**NATURMUSEUM SENCKENBERG**
**Senckenberganlage 25**
**Tel.: (0 69) 75 42 13 57**
**www.senckenberg.de**
Beim Kindergeburtstag im Senckenbergmuseum hat man die Qual der Wahl: Man kann etwa eine Führung buchen, deren Thema sich das Geburtstagskind ganz allein aussuchen darf. Oder man entscheidet sich für den Dinosauriergeburtstag, der auch mit einem Rundgang startet und dann in die Dinosaurier-Werkstatt führt.
**Für Kinder von 5 bis 11 Jahren**

**STÄDEL MUSEUM**
**Schaumainkai 63**
**Tel.: (0 69) 6 05 09 82 00**
**www.staedelmuseum.de**
Keine Frage: Kinder sind wahre Entdecker und kreative Köpfe. Daher ist ein Kindergeburtstag im Städel genau das Richtige! Im Anschluss an eine Führung können die Kinder selbst in den Ateliers kreativ werden. **Für Kinder ab 6 Jahre**

**STRUWWELPETER-MUSEUM**
**Hinter dem Lämmchen 2-4**
**Tel.: (0 69) 94 94 76 74 00**
**www.struwwelpeter-museum.de**
Der Geburtstag beginnt mit einer altersgemäßen Rallye durch das Haus. Im Anschluss ist Zeit für Kuchenessen und Geschenke auspacken. Im zweiten Teil können die Kinder nochmals aktiv werden. Am Basteltisch werden lustige Masken hergestellt, Buttons gestaltet oder Taschen entworfen.
**Für Kinder zwischen 5 und 10 Jahren**

## AKTIV

**TAUCHSHOP FRANKFURT**
**Wächtersbacher Str. 83**
**Tel.: (0 69) 61 26 70**
**www.aquanaut.de**
Eine Geburtstagsparty unter Wasser! Mit ausgebildetem Tauchlehrer, Profi-Tauchausrüstung und allem, was zum echten Taucherlebnis dazugehört. Voraussetzung: Die Kinder müssen schwimmen können. Und dann geht's ab ins Schwimmbad.
**Für Kinder ab 8 Jahre**

**BOULDERWELT FRANKFURT**
**August-Schanz-Str. 50**
**Tel.: (0 69) 95 41 65 60**
**www.boulderwelt-frankfurt.de**
In der Kinderwelt, dem separaten Kinderbereich, gibt es nicht nur bunt gestaltete Kletterwände, einen Dschungel und einen Märchenturm, sondern die Kinder haben neben dem Klettern auch die Möglichkeit, einfach so herumzutollen. Im Anschluss steht noch ein gedeckter Geburtstagstisch zur Verfügung. Das Ausleihen der Kletterschuhe ist bei den Geburtstags-Arrangements inklusive.
**Für Kinder ab 6 Jahre**

## EINBLICK

**EBBELWEI-EXPRESS**
**Stadtwerke-Verkehrsgesellschaft, Kurt-Schumacher-Str. 10, Tel.: (0 69) 21 32 24 25**
**www.ebbelwei-express.de**
Einmal mit dem lustig bemalten Ebbelwei-Express quer durch Frankfurt zu tuckern, ist ein ganz besonderer Spaß – nicht nur für die Kinder und nicht nur am Geburtstag. Während man an zahlreichen Frankfurter Sehenswürdigkeiten vorbeikommt, schnabuliert man Salzbrezeln und Apfelsaft. Die Mindestmietdauer beträgt zwei Stunden.
**Für Kinder ab 0 Jahre**

**BOWLINGWORLD ESCHERSHEIM**
**Berkersheimer Weg 104**
**Tel.: (0 69) 52 22 07**
**www.bowlingworld.de**
Entspannte Eltern und ausgelassene Kids, eine kindgerechte Bowlingbahn, jede Menge Spaß und leckere Snacks. Bleibt nur die Frage: Wer wird der Bowling-König oder -Königin? Natürlich das Geburtstagskind. Oder?!
**Für Kinder bis 13 Jahre**

**KINDERZIRKUS ZARAKALI**
**Platenstr. 79 z**
**Tel.: (0 69) 56 80 79 11**
**www.zarakali.de**
Manege frei! Warum nicht mal den Geburtstag im Zirkus feiern? Im Zelt oder auf dem Gelände, für jede Anzahl von Kindern gibt es das passende Angebot. Während der Workshops darf das Geburtstagskind mit seinen Freunden Einrad, Stelzen, Trapez und das Jonglieren ausprobieren. Applaus!
**Für Kinder ab 6 Jahre**

**SCHWARZLICHTHELDEN**
**Berger Str. 138**
**Tel.: (0 69) 76 06 87 10**
**www.schwarzlichthelden.de**
Bunt leuchtende Graffiti, 18 kreative Bahnen und einzigartig dreidimensionale Welten - die Schwarzlichthelden ermöglichen ein ganz besonderes Minigolf-Erlebnis. Die Geburtsgesellschaft spielt zusammen in kleinen Gruppen. Damit es keine langen Gesichter gibt, bitte unbedingt frühzeitig reservieren.
**Für Kinder bis einschließlich 14 Jahren**

**MAIN-SUP**
**SUP-Station Frankfurt Mainwasenweg 34 (schwarzer Hänger auf dem Parkplatz) Tel.: 0160-90 56 16 57**
**www.main-sup.de**
Erlebe mit deinen Gästen Frankfurt mal aus einer ganz anderen Perspektive vom Wasser aus und feiere deinen Geburtstag auf einem SUP-Board auf dem Main. Je nach Alter der Gäste und Gruppengröße kommen bei den ca. zweistündigen Events „normale“ SUP-Boards und auch BIG-SUP-Boards, auf denen bis zu zehn Personen gleichzeitig paddeln können, zum Einsatz.
**Für Kinder ab 6 Jahren**

**SUPERFLY FRANKFURT**
**August-Schanz-Straße 33–35**
**https://superfly.de/frankfurt**
Der Geburtstag zum Abheben. In einem der größten Trampolinparks Deutschlands können Kinder ihre Kraft, Geschicklichkeit, Balance und Ausdauer an aufregenden Attraktionen und Hindernissen wie z. B. Swing Fall, Balance Court, Main Court, Wall Tramp, Flying Dunk oder dem Ninja Parcours testen und zeigen, was in ihnen steckt. Drei Geburtstagspakete stehen zur Auswahl.

**LASERZONE**
**Borsigallee 18, www.laserzone.de**
**Tel.: (069) 40 15 10 050**
Werde an Deinem Geburtstag zum „Retter des Lichts“. In der bunten Lasertag-Erlebniswelt spielt der Nachwuchs ein fantasievolles „Fangen und Verstecken“ und teilt ein gemeinsames Erlebnis, an das sich alle noch lange erinnern werden. Die Kombination aus begegnungsreichem Lasertag und geselligen Pausen garantiert einen abwechslungsreichen Kindergeburtstag.
**Für Kinder ab 7 Jahre**

**FRANKFURTER FLUGHAFEN**
**E-Mail: rundfahrten@fraport.de oder Tel.: (0 69) 69 07 02 91**
Die Faszination startender und landender Flugzeuge ganz aus der Nähe miterleben: Für technisch interessierte Kinder ist diese Busrundfahrt zwischen Jumbos auf dem Vorfeld eine absolute Sensation! Staunende Kinderaugen und plattgedrückte Nasen an den Scheiben des Rundfahrten-Busses sind garantiert.
**Für Kinder bis 12 Jahre**

**GRÜNE SCHULE PALMENGARTEN**
**Siesmayerstr. 61**
**Tel.: (0 69) 21 23 33 91**
**www.palmengarten.de**
Kindergeburtstage kann man in der Grünen Schule des Palmengartens feiern. Die Kinder können bei ihrer Party auf Reisen zu anderen Kontinenten gehen oder an verschiedenen Workshops teilnehmen.
**Für Kinder ab 6 Jahre**

**REITER- UND LERNBAUERNHOF PONYZWERGE SINDLINGEN E. V.**
**Nähe Okriftler Str. 75**
**www.ponyzwerge-sindlingen.de**
Der Reiter- und Lernbauernhof Ponyzwerge Sindlingen e. V. betreibt einen Kinderlernbauernhof und eine pädagogische Reitschule für Kinder ab drei Jahren. Hier erhalten Tiere den Lebensraum, den sie brauchen, und Menschen haben die Chance, miteinander und mit den Tieren in Kontakt zu treten und sich in der Natur zu bewegen. Der gemeinnützige Verein bietet verschiedene Mottogeburtstage für Kinder an.
**Für Kinder ab 4 Jahre**

**MAINÄPPELHAUS LOHRBERG**
**Klingenweg 90**
**Tel.: (0 69) 28 60 61 03**
**www.mainaeppelhauslohrberg.de**
Das MainÄppelHaus ist Frankfurts Informations- und Begegnungsstätte rund um das Thema Streuobst und Apfel. Ziel ist es, den heimischen Lebensraum Streuobstwiese in seiner Vielfalt erhalten, gestalten und erlebbar zu machen sowie die Apfelkultur als Element der regionalen Identität zu pflegen und zu erhalten. Von März bis Oktober bietet das MainÄppelHaus die Ausrichtung von Kindergeburtstagen auf dem Lohrberg an. Die Themenauswahl ist vielfältig, hat aber eines gemein: Alle beinhalten eine Kombination aus Bewegungs- und Kreativaktionen.
**Für Kinder ab 5 Jahre**

**StadtWaldHaus**
**Isenburger Schneise,**
**Tel.: (0 69) 68 32 39**
**www.stadtwaldhaus-frankfurt.de**
Das StadtWaldHaus ist eine der Lernstationen im Frankfurter GrünGürtel. Während einer spielerischen Führung erfahren die Kinder einiges über den Wald und seine Bewohner. Interessant ist auch ein Besuch in der auf dem Gelände ansässigen Tierauffangstation für verunfallte Wildtiere oder des Geheges mit verschiedenen im Stadtwald vorkommenden Wildtierarten. Auf dem Walderlebnispfad werden alle Sinne angesprochen.
**Für Kinder ab 4 Jahre**

**TRICKFILMLAND**
**Daimlerstraße 32-36,**
**Tel.: 0162-2 51 53 74,**
**www.kindergeburtstag-im-trickfilmland.de**
Bei den Kindergeburtstagsangeboten im Trickfilmland Frankfurt zeigen die Experten den Geburtstagsgästen die geheimen Tricks der Animation und wie das Geburtstagskind und seine Freunde einen eigenen Trickfilm drehen können.
**Für Kinder ab 9 Jahre**

**ZOO FRANKFURT**
**Bernhard-Grzimek-Allee 1**
**Tel.: (0 69) 21 23 69 52**
**www.zoo-frankfurt.de**
Bei der etwa einstündigen individuellen Führung erfährt man Spannendes über die Tiere und deren Lebensraum und Vorlieben. Unabhängig von der Führung kann natürlich auch der restliche Geburtstag im Zoo verbracht werden.
**Für Kinder ab 6 Jahre**

Foto: Kerstin Klupsch

## KREATIV

**BASTI-BUS**
**Tel.: 01578-6 94 96 98**
**www.basti-bus.de**
„Der Basti-Bus kommt!" Mit diesem Ruf wird die rollende Kinderwerkstatt stets lauthals begrüßt. Bis zu 15 Kinder können hier nach Herzenslust werken, fädeln und malen. Neu ist auch der Näh-Basti-Bus, in dem Taschenrohlinge individuell dekoriert werden dürfen.
**Für Kinder von 4 bis 12 Jahre**

**COLORIA**
**Eschersheimer Landstr. 86,**
**Tel.: (0 69) 95 50 97 98,**
**www.coloria.de**
Einen der zahlreichen Keramikrohlinge ausgesucht und los geht's. Hier können sich Kinder kreativ ausleben. Spontanes Malen auf Keramik, Keramik-Malkurse, Töpferkurse und vieles mehr gibt es bei Coloria. Beim spontanen Malen steht stets eine Kunstlehrerin für Fragen zur Seite. Nach dem Malen kümmern sich die Kollegen im Brennraum um die Keramiken. Hier werden diese getrocknet, glasiert und letztlich gebrannt. Auch vergnügliche Kindergeburtstage kann man im Coloria ausrichten.
**Für Kinder aller Altersgruppen**

## MOTTO**PARTYS**

**KÜCHE KUNTERBUNT**
**Arnsburger Str. 41**
**Tel.: (0 69) 43 00 30 78**
**www.kuechekunterbunt.de**
Garantiert lecker! Die Küche Kunterbunt liefert ein Gesamtpaket aus Geburtstagskuchen, Kochmützen, die die Kinder bunt bemalen und nach Hause mitnehmen dürfen, Geburtstagsspielen und dem von der Gruppe selbstgemachten Lieblingsessen.
**Für Kinder ab 6 Jahre**

**GALLI THEATER**
**Hamburger Allee 45**
**Tel.: (0 69) 97 09 71 52**
**www.galli.de**
Was für ein Theater! Und zwar ein selbst vorgeführtes, das sich die Kinder zuvor in einem Workshop selbst erarbeitet haben. Oder gemeinsam mit den Schauspielern auf der Bühne stehen? Bei der Mitspieltheater-Exklusiv-Party können Kinder an vielen Stellen selbst mitwirken. Alternativ kann auch eine Kinder-Theatervorstellung besucht oder ein Theaterkurs für die Kleinsten gebucht werden. **Für Kinder ab 4 Jahre**

**PAINT YOUR STYLE**
**Leipziger Str. 81**
**Tel.: (0 69) 27 24 42 53**
**www.paintyourstyle.de**
Die Geburtstagspartys dauern bis zu zwei Stunden, vorher bekommen die Kinder eine kurze Maleinweisung, und dann geht's auch schon ran an den Keramik-Rohling! Wer lieber zu Hause malen möchte, für den ist die Party-Maltasche die Alternative. Darin enthalten ist alles, was man für die Malparty benötigt.
**Für Kinder ab 7 Jahre**

**SWEETPICS MUSEUM**
**Deutschherrnufer 31**
**https://sweetpics.de**
Ihr wolltet schon immer mal bunte und schrille Fotos in verrückten Fotozonen machen? Im Sweetpics Museum warten 15 verschiedene Fotozonen, in denen Besucher mit den Exponaten interagieren, außergewöhnliche Bilder und fast unendliche Möglichkeiten entdecken können. Gerne die buntesten Outfits mitbringen.

# ES GRÜNT SO GRÜN

Frankfurt bezeichnet sich gerne als grüne Stadt. Was nicht nur an der berühmten Frankfurter „Grie Soß“, die seit dem 19. Jahrhundert serviert wird und 2016 zum speziellen Produkt mit geschützter geografischer Angabe erhoben wurde, liegt.

Selbst die Tatsache, dass Johann Wolfgang von Goethe gerne und ausgiebig am Main entlang bis zur Gerbermühle spazierte und die Natur in sich einsog, oder Friedrich Stoltzes Vers „un es will merr net in mein Kopp enei, wie kann nor e Mensch net von Frankfort sei!“ reicht nicht wirklich, um den Anspruch zu untermauern. Dann schon eher die Auszeichnung „European City of the Trees“, die der Stadt 2016 zuteilwurde.

Vor allem aber sind es nackte Zahlen, die eine eindeutige Sprache sprechen: Die Hälfte der Stadtfläche ist unbebaut. 80 Prozent der Einwohner haben einen Park im Umkreis von 300 Metern um ihre Wohnung. Allein auf öffentlichen Flächen sind über 200.000 Bäume erfasst – und das ohne den Stadtwald mitzuzählen. Das Schöne dabei: Ob Parkanlagen, Wälder, Streuobstwiesen oder Gewässer, die Frankfurter Naturlandschaft hat viele Gesichter. So gibt es mehr als 40 Parks in der Stadt – vom eher natürlichen Volkspark Niddatal über diverse kleine grüne Lungen bis hin zum fernöstlichen Chinesischen Garten.

Hinzu kommt der Frankfurter Stadtwald, das 5.785 Hektar große Waldgebiet im Süden Frankfurts, das mit einer Ausdehnung von rund 35 Quadratkilometern etwa 14 Prozent des Stadtgebietes einnimmt. Nirgendwo sonst in Deutschland gibt es ein derart großes und eng mit dem Stadtgebiet verbundenes Forstgebiet. Ein 450 Kilometer langes Wegenetz bietet dort Spaziergängern, Joggern, Radfahrern, Wanderern und sogar Reitern genügend Raum, und die unzähligen Weiher sind beliebte Ausflugsziele. Ganz abgesehen davon, dass sich im Stadtwald erstaunliche Zeugen der Vergangenheit vom eiszeitlichen Mainbett über bronzezeitliche und römische Siedlungsspuren bis zur mittelalterlichen Waldweide finden. Nicht zuletzt ist Frankfurt von einem GrünGürtel umgeben, der mit rund 8.000 Hektar Fläche ein Drittel des gesamten Stadtgebietes einnimmt. Dieser grüne Gürtel führt als 62 Kilometer langer Rundweg einmal um die Mainmetropole herum. 2014 wurde der Rundweg zu Deutschlands schönstem Wanderweg in der Kategorie der Routen (mehrere Tagesetappen) gekürt.

Und wem all das noch nicht reicht, der findet in den umliegenden Regionen Taunus, Vogelsberg, Odenwald und Rheingau nahezu unbegrenzte Möglichkeiten der naturnahen Freizeitgestaltung. Kurzum: Frankfurt nennt sich nicht nur gerne grüne Stadt, sondern verdient sich diesen Titel redlich.

## **BESONDERE** ORTE

**EINE FOLGE DER EISZEIT**
**Schwanheimer Düne**
Die Schwanheimer Düne ist eine der sehr seltenen Binnendünen Europas, vor rund 10.000 Jahren infolge der letzten Eiszeit entstanden. Das 1984 vom Land Hessen als Naturschutzgebiet ausgewiesene Areal beherbergt zum Teil seltene Pflanzen (Silbergras) und Tiere (Eidechsen). Für Spaziergänger ist die urig wirkende Landschaft durch einen Bohlenweg erschlossen.
**Info: www.regionalpark-rheinmain.de**

**DER WEG DES TRINKWASSERS**
**Wasserpark Friedberger Warte**
Das beliebte Ausflugsziel im Wasserpark Friedberger Warte vollzieht den Weg des Trinkwassers nach – von der Quelle über Aufbereitung und Transport bis zur Verwendung und Wiedergewinnung. Die wasserführenden Exponate an den neun Stationen sowie die Erklärtafeln und der öffentliche Trinkbrunnen laden zum Ausprobieren und Verweilen ein.
**Info: www.mainova.de**

**RUHMVOLLE VERGANGENHEIT**
**Alt-Heddernheim 30**
Die ruhmvolle Vergangenheit des Stadtteils Heddernheim spiegelt sich in einem kleinen Schlösschen wider, das versteckt im alten Dorfkern liegt. Auf der gegenüberliegenden Seite der Straße Alt-Heddernheim gibt es noch einen kleinen Park, der zu den Nidda-Wiesen führt und die attraktive Lage des ehemaligen Anwesens erkennen lässt.

**DER LETZTE WEINBERG**
**Riesling vom Lohrberg**
Die höchste Erhebung in Frankfurt ist der Lohrberg (185m). Dort befindet sich einer der letzten Weinberge im Stadtgebiet. Der Aufstieg lohnt die Mühe, denn vom „Hausberg“ hat man einen wunderbaren Panoramablick auf die Skyline.
Das „MainÄppelHaus“ wird auch als Lernstation rund um die Themen Streuobst und Gartenbau geführt.

**HOHE STRASSE UND VIA REGIA REGIONALPARK-ROUTE TRIFFT GRÜNGÜRTEL**

Hier trifft die Regionalpark-Route „Hohe Straße" auf den Frankfurter GrünGürtel. Ein besonders gestalteter Ort würdigt diese Eingangssituation: Eine Lounge unter Obstbäumen. Ein Platz zum Sitzen, Rasten und Sehen, denn von hier gehen die Blicke bis weit ins Umland. 20 Apfel- und Kirschbäume wurden neu gepflanzt, andere waren schon da.

**MITTELALTERLICHE STADTMAUERN**
**Frankfurt Altstadt**

Auf rund 5 Kilometern erstreckt sich der Anlagenring im Halbkreis um die Altstadt zwischen Unter- und Obermainanlage. Die Parkanlage folgt dem Verlauf der mittelalterlichen Stadtmauern, die im frühen 19. Jahrhundert geschleift und begrünt wurden. So entstand aus dem ehemaligen Verteidigungswall ein sehenswerter Grüngürtel. Die Spazierwege sind gesäumt von plätschernden Brunnen, modernen Skulpturen sowie Denk- und Mahnmälern.

**DER ETWAS ANDERE ZOO**
**Schwanheimer Bahnstraße 5**

Der **Kobelt Zoo** ist ein ehrenamtlich geführter Zoo im Stadtteil Schwanheim. Die 17.000 Quadratmeter große Anlage ist das Zuhause für etwa 300 Tiere – darunter Affen, Ponys, Eichhörnchen oder etwa Papageien. Der Zoo wird vom Verein Gesellschaft Prof. Dr. Wilhelm Kobelt e.V. „Kobelt-Zoo Schwanheim" betrieben.
**Infos: kobelt-zoo.de**

**ALTE WALLFAHRTSSTÄTTE**
**Zur Kalbacher Höhe**

Der Bonifatiusbrunnen ist ein Platz im Landschaftspark des Stadtteils Riedberg. Auf einer Gedenktafel der Gemeinde Kalbach steht zur Geschichte dieser alten Wallfahrtsstätte: „Hier ruhten im Jahr 754 n. Chr. während der Überführung von Mainz nach Fulda die Gebeine des heiligen Bonifatius, Apostel der Deutschen." Der Legende nach soll in der Nacht die heutige Bonifatiusquelle entstanden sein.

**ICH-DENKMAL**
**Südliches Mainufer**

Das von Hans Traxler entworfene Denkmal steht seit März 2005 in der Mainuferanlage zwischen Gerbermühle und Ruderdorf in Oberrad. Es ist der perfekte Ort für ein originelles Porträt-Foto.

**EIN HAUCH VON MITTELMEER**
**Nördliches Mainufer**

Ein Hauch von Mittelmeer mit Palmen, Feigenbäumen, Zitronenbäumen und südländischen Pflanzen erleben Spaziergänger am nördlichen Mainufer von Frankfurt, zwischen Friedens- und Untermainbrücke. Dank der Südlage, des Windschattens der Kaimauern und der vom Fluss reflektierten Sonneneinstrahlung können im „Nizzagarten" auch exotische Pflanzen gedeihen. Die 4,42 Hektar große Anlage ist einer der größten südländischen, öffentlich zugänglichen Gärten nördlich der Alpen.

**KAISERLICHE UNTERKÜNFTE**
**Innenstadt**

Der Nürnberger Hof zwischen den Häusern Braubachstraße 33 und 33a war Messequartier der Nürnberger Kaufleute in der Freien Reichs- und Messestadt Frankfurt. Außerdem wohnten auch die Kaiser Friedrich II. und Maximilian I. sowie Albrecht Dürer bei ihren Aufenthalten in Frankfurt dort. Von den umfangreichen Anlagen sind heute nur noch die beiden Tordurchfahrten zum inneren Hof erhalten.

**KOMISCHE KUNST**
**Auf dem GrünGürtel-Rundweg**

Künstler der Neuen Frankfurter Schule entwarfen 15 Objekte der Komischen Kunst extra für den GrünGürtel. Entlang des Rundwanderwegs bringen Monsterspecht, Grüngürteltier, Pinkelbaum und weitere Objekte die Besucherinnen und Besucher zum Schmunzeln.

**BEDEUTENDES ZEUGNIS**
**Fahrgasse**

Nahe der Konstablerwache steht ein bedeutendes Zeugnis des mittelalterlichen Frankfurts: die Staufermauer. Die noch sichtbaren Mauerteile an der Töngesgasse mit den Rundbögen stehen quer zur heutigen Straßenführung. Sie sind 6 bis 8 Meter hoch und 75 Meter lang.

**WEISSES ÜBERBLEIBSEL**
**Gangstraße 20**

Bergen gehörte im Mittelalter zum Territorium der Grafen von Hanau und war von großer strategischer Bedeutung. Um die Bürger des Verwaltungs- und Gerichtsmittelpunktes zu schützen und sich gegen die Ansprüche der Reichshauptstadt Frankfurt abzugrenzen, bauten die Hanauer ab 1440 um den Ort eine fünf Meter hohe Mauer. Der Weiße Turm ist der Rest dieser Befestigungsanlage.

**SONIC VISTA**
**Deutschherrnbrücke**

Seit 2011 befindet sich auf der Deutschherrnbrücke eine permanente Klanginstallation. Zwischen die Brückenstreben wurden eine rote und eine blaue Kugel gespannt, die als Lautsprecher fungieren und mittels Resonanzrohren Umgebungsgeräusche und Brückenschwingungen wiedergeben. Der Name „Sonic Vista" bedeutet so viel wie „Klingende Aussicht". Und genau die trifft man auf der Brücke auch an: Zu einem grandiosen Blick auf das Panorama der Stadt gesellt sich hier ein sehr großer Hör-Raum.

**GRÜNE-SOSSE-DENKMAL**
**Speckgasse 7**
Das Grüne-Soße-Denkmal wurde 2007 im Stadtteil Oberrad eingeweiht. Es besteht aus sieben kleinen Gebäuden auf Beton-Fundamenten, die Gewächshäusern nachempfunden und in einer Reihe aufgestellt sind. Die transparenten Polycarbonat-Flächen jedes dieser Gewächshäuser sind in unterschiedlichen Grün-Tönen ausgeführt und nehmen den Farbton eines der sieben grundlegenden Kräuter der Grünen Soße auf.

**GRÜNE-SOSSE-STELENPFAD**
**Alle Infos zur Grünen Soße**
Für alle Neu-Frankfurter ist der Grüne-Soßepfad fast ein Muss: Alle sieben Kräuter der Grünen Soße werden in kleinen Steckbriefen auf Stelen vorgestellt. Ergänzt um das Rezept erfährt man alles, um selbst das Frankfurter „Nationalgericht" zu Hause zubereiten zu können. Zu finden ist der Grüne Soßepfad, der 2016 eingerichtet wurde, in Oberrad zwischen Wiener Straße und Burgenlandweg auf dem GrünGürtel.

**WOHNHAUS DER FAMILIE FRANK**
**Ganghofer Straße**
Im Dichterviertel zwischen Hügelstraße und Dornbusch verbrachte Anne Frank ihre frühe Kindheit. Vom Marbachweg 307, wo die Franks seit 1927 wohnten, zog die vierköpfige Familie mit der knapp zweijährigen Anne 1931 in die Ganghofer Straße 24. Sie mieteten dort eine Wohnung im Erdgeschoss. Im März 1933 verließen die Franks Frankfurt. Eine Gedenktafel am Haus, die 1957 angebracht wurde, erinnert an das jüdische Mädchen.

**GRAFFITI-GALERIE**
**Volkspark Niddatal**
Im Volkspark Niddatal stehen 36 Betonsäulen unter einer Brücke, die mit grüner Soße, Riesenfischen, Fantasiewelten mit bunten Geister-Wesen und rosa Küken, Bembel, Fledermäusen und Osterhasen künstlerisch gestaltet wurden. So wurde ein dunkler, unschöner Ort zu einem attraktiven Ausflugsziel, an dem es viel zu sehen gibt. Die Kunstwerke entstanden in Workshops mit Frankfurter Jugendlichen und internationalen Graffiti-Künstlern. Sie wurden 2017 fertiggestellt.

**UNTER PALMEN**
**Siesmayerstraße 61**
Weit über die Stadtgrenzen hinaus bekannt ist der Palmengarten, der mit 29 Hektar Freilandanlagen und Schauhäusern, einer Vielfalt von 13.000 subtropischen und tropischen Pflanzen und einer über 140 Jahre alten Tradition zu den meistbesuchten Gärten Europas gehört. Das Palmenhaus beherbergt eine exotische Landschaft mit tropischen Pflanzen und einem Wasserfall. Einige der mächtigen Palmen sind über 100 Jahre alt. Auf ca. 22 Hektar Parkanlage und in 7.000 Quadratmetern Gewächshäusern erlebt man hier die Flora verschiedenster Klimazonen.

**500 TIERARTEN AUS ALLER WELT**
**Bernhard-Grzimek-Allee 1**
1858 gegründet, zählt der Zoo mit seinem Exotarium und Nachttierhaus zu einem der bedeutendsten in Europa. Im Zoo inmitten der Stadt kann man rund 500 Tierarten aus aller Welt erleben. Besucher finden hier an 365 Tagen im Jahr Erholung, Unterhaltung und Informationen über die Tiere sowie den Natur- und Artenschutz.

**BERGER WARTE**
Frankfurts geschichtsträchtiger höchster Punkt. Erstmals im Jahre 1340 als „Geierswarte" erwähnt, ist die Berger Warte älter als die Frankfurter Landwehr und steht am höchsten Punkt der Stadt auf 212,6 Metern über NN.

**GOETHEBUCHE**
**Die mächtigste Buche im Unterwald**
Die mächtigste Buche im ganzen Unterwald wurde im Goethejahr 1999 auf den Namen „Goethebuche" getauft, da sie laut Forstbüchern in Goethes Geburtsjahr gepflanzt wurde. Baumbänke laden zum besinnlichen Verweilen an diesem entlegenen Ort ein. Rund um die Goethebuche sind zahlreiche junge Buchen aus Samen von selbst gewachsen. Das ist gut so, denn Anfang 2021 ist ein großer Teil der Krone abgefallen. Der Baum war schon sehr alt, und die heißen und trockenen Sommer hat er wie alle Buchen nicht gut vertragen. Das Altheeg, also der Wald rund um die Goethebuche, ist seit 2003 als Flora-Fauna-Habitat-Gebiet ausgewiesen – unter dem Namen „Schwanheimer Wald". Die nach EU-Recht zu schützenden Arten sind hier Hirschkäfer, Heldbockkäfer, Fledermäuse und als Lebensraum der bodensaure Eichenwald.

**ADOLPH-VON-HOLZHAUSEN-PARK**
**Holzhausenstraße**
Der Holzhausenpark mit dem urigen Holzhausenschlösschen ist ein grünes Kleinod im Frankfurter Nordend.Das Wasserschlösschen wurde 1728 erbaut und zeigt in seiner strengen, kühlen Art deutlich den Einfluss des französischen, sehr klassizistischen Barocks. Seit 1989 ist es Sitz der Frankfurter Bürgerstiftung, die mit ihren Veranstaltungen einen wichtigen Beitrag zum kulturellen und sozialen Leben der Stadt beiträgt.
**www.frankfurter-buergerstiftung.de**

**GRÜNEBURGPARK**
Das 29 Hektar große Areal zwischen Palmengarten und Botanischem Garten umfasst weite Wiesen mit kulissenhaft eingestreuten Baum- und Buschgruppen. Geschwungene Kieswege laden zum Flanieren, Joggen, Walken, Radeln oder Bladen ein. Seinen Namen bekam er von der nicht mehr vorhandenen „Grüneburg", dem Landsitz der Familie Rothschild, die den Park im Stil eines englischen Landschaftsgartens anlegen ließen.

**GÜNTHERSBURGPARK**
**Comeniusstraße**
Noch heute stehen im weitläufig angelegten Volkspark seltene Exoten wie Mammutbäume, Schwarzkiefern, Blauglocken- und Geweihbäume. Im Mittelalter stand auf dem Gelände des Parks die befestigte Bornburg.

## PARKS

©visitfrankfurt, plazy, Isabel Pacini

**HUTHPARK**
**Seckbach**
Der 18,2 Hektar große Frankfurter Huthpark im Stadtteil Seckbach wurde in den Jahren 1910 bis 1913 nach Entwürfen von Frankfurts Gartenbaudirektor Carl Heicke (1862–1938) und seines Gartenarchitekten Bernhard Rosenthal nach dem Vorbild des Günthersburgparks als Volkspark Auf dem Huth in landschaftlich schöner Lage von der Frankfurter Stadtverwaltung angelegt. Heute trainieren und spielen Seckbacher aller Altersgruppen in der Fitnessanlage im Huthpark an diversen Stationen samt Übungsanleitungen.

**BETHMANNPARK**
**Mauerweg 8**
Der historische Bethmann-Park ist bereits im ausgehenden 18. Jahrhundert entstanden. Durch dicke Mauern vom hektischen Großstadtverkehr abgeschirmt, ist der Chinesische Garten Teil des Bethmannparks und eine wahre Oase der Ruhe. In einer Bauzeit von nur fünf Monaten legten chinesische Experten 1989 mit original importierten Elementen einen 4.000 Quadratmeter großer „Frühlingsblumenort" mit 22 Landschaftsfenstern, einer Marmorbrücke, verschiedenen Pavillons, einem großen Teich und sogar einem Wasserfall an.

**OSTPARK**
**Frankfurter Ostend**
Mit rund 32 Hektar ist der Ostpark im Frankfurter Stadtteil Ostend der zweitgrößte Park Frankfurts. Erste Planungsansätze lassen sich bis zum Ende des 19. Jahrhunderts zurückverfolgen, fertiggestellt wurde er als einer der ersten Volksparks in Deutschland in den 1920er Jahren unter Gartendirektor Max Bromme. Was heute selbstverständlich erscheint, war damals eine kleine Revolution: Wiesenflächen durften betreten und zum Sonnenbaden oder Sporttreiben genutzt werden.

**BÜRGERGARTEN OSTPARK**
**Ratsweg 10**
In dem lauschigen Bürgergarten im Südwesten der großen Ostparkwiese gibt es immer Neues zu entdecken. In der pflanzengeografischen Anlage können Besucher ökologisch-biologische Gruppen von Gewächsen unschwer nachvollziehen.

**LOTTE-SPECHT-PARK**
**Europaviertel**
Seinen Namen trägt der noch junge Lotte-Specht-Park zu Ehren einer deutschen Fußball-Pionierin: Die spätere Kabarettistin und Gründerin des Vereins „1. Deutschen Damen 66" stammte aus dem Frankfurter Gallusviertel. Die rund 10.000 Quadratmeter große Grünfläche verbindet zwei sehr unterschiedliche Frankfurter Quartiere: das traditionelle Arbeiterviertel Gallus und das neue, urban geprägte Europaviertel.

**METZLERPARK**
**Museumsufer**
Aufgrund seiner Lage dicht am Museumsufer ist auch der Metzlerpark ein beliebter Treffpunkt und Rückzugsort mit altem Baumbestand, weitläufiger Wiese und Brunnen. Konzipiert hat ihn der renommierte Architekt Richard Meier, der auch für den Neubau des Museums für Angewandte Kunst verantwortlich zeichnet.

**DER NEUE REBSTOCKPARK**
**Stadtteil Rebstockpark**
Von vielen noch unbemerkt ist auf dem ehemaligen Messeparkplatz, der für 6.500 Fahrzeuge konzipiert war, in den vergangenen 20 Jahren ein neuer Park entstanden. Der Park ist das grüne Herz des neuen Stadtteils Rebstockpark, der an den „alten Rebstockpark" mit dem beliebten Rebstockbad anschließt. Der Planung liegt ein avantgardistischer städtebaulicher Ansatz des New Yorker Architekten Peter Eisenman mit den Landschaftsarchitekten Hanna/Olin zugrunde.

**RENNBAHNPARK**
**Niederrad**
Auf dem ehemaligen Gelände der Galopprennbahn in Niederrad entstand in den letzten Jahren ein neuer Park für Frankfurt – der Rennbahnpark. Inmitten des Landschaftsschutzgebietes verbindet die 9 ha große Parkanlage den Stadtwald mit dem Mainufer und ist Teil des Frankfurter GrünGürtels.

**HÖCHSTER STADTPARK**
**Palleskestraße 5**
Der seit 1911 angelegte Park entstand als Volkspark. Er ist eingebettet in ein weitreichendes Grünsystem mit angrenzenden Kleingartenanlagen, Sportplätzen, Spazier- und Radwegen. Der Höchster Stadtpark ist 21 Hektar groß und verfügt über eine eigene Quelle.

**GRÜNGÜRTEL**
**Rund um die Stadt**
Der Frankfurter GrünGürtel ist mit rund 80 Quadratkilometern und 70 Kilometern rund um die Stadt das wichtigste Naherholungsgebiet im Herzen des Regionalparks RheinMain. Er bietet Streuobstwiesen, Naturschutzgebiete, Bachläufe, Äcker, Parks, Gärten, Sport- und Freizeitanlagen und ist gespickt mit Orten, die für jeden Geschmack etwas zu bieten haben.

**ROTHSCHILDPARK**
**Westend Süd**
Der 4,5 Hektar große Rothschildpark beherbergte früher das Palais der Familie von Rothschild und ist heute mit seinem alten Baumbestand beliebter Freizeittreff für Familien. Verschlungene Wege bieten immer neue Ausblicke. Hinter einem Hügel lugt der restaurierte neugotische Turm hervor, ein ansprechender Spielplatz lädt zum Toben ein.

**FREIZEITPARK KALBACH**
**Talstraße**
Der Freizeitpark Kalbach liegt nahe dem alten Zentrum des Stadtteils im Frankfurter Norden. Ein erholsamer grüner Ort mit einer von Bäumen gesäumten Rasenfläche und vielen Möglichkeiten, die Freizeit zu genießen.

**HAFENPARK AM MAIN**
**Mayfarthstraße**
Der weitläufige Hafenpark liegt mitten in der Stadt, unmittelbar an der Mainuferpromenade und zu Füßen der Europäischen Zentralbank. Er bietet ein großes Angebot an Sportmöglichkeiten und ist vor allem in den Abendstunden und am Wochenende ein beliebter Treffpunkt für Jugendliche, die Skaterszene und andere Sportbegeisterte aller Altersklassen. Im zentralen „Sportband" liegen mehrere frei verfügbare Felder zum Fußball-, Volleyball-, Basketball- oder auch Badmintonspielen. Zwei Fitnessparcours mit unterschiedlichen Anspruchsniveaus stehen zum Training bereit. Hauptattraktion des Hafenparks ist die Skate- und BMX-Anlage. Weitere Attraktionen sind die „Kletterkugeln", die bodengleichen Trampolins, die großen „Himmelsschaukeln" und für die ganz kleinen Besucher ein fantasievoll gestalteter Spielplatz mit Matschbereich.

**KÄTCHESLACHPARK**
**Riedberg**
Der Kätcheslachpark ist mit rund 12 Hektar der größte Park im noch jungen Stadtteil Riedberg. Schon in der Planung auf Multifunktionalität ausgerichtet, verbindet er heute Erholung, Klima- und Naturschutz sowie Regenwasserbewirtschaftung: Zwei Spielplätze, ein Basketballplatz, weite Wiesen und Regenwassermulden teilen sich die Fläche.

**LICHT- UND LUFTBAD RIEDERWALD**
**Volgersbrunnenweg**
Das um 1920 entstandene und damals Licht- und Sonnenbad genannte heutige Licht- und Luftbad Riederwald (LiLuBa) bietet einen großen und abwechslungsreichen Spielplatz mit altem Baumbestand und viel Platz zum Sonnen, Faulenzen, Spielen und Toben.

**Lohrpark**
**Auf dem Lohrberg**
Hier treffen sich die Frankfurter zum Picknick, machen Rast auf einer Wanderung oder feuern ihren Grill an. Im Herbst steigen Drachen in den Himmel, und wenn es im Winter schneit, lässt sich von den Hängen prima rodeln. Silvester kommen viele Frankfurter hier herauf und begrüßen das neue Jahr mit einem unvergleichlichen Blick auf die Stadt. Seit 1986 steht der Park unter Denkmalschutz.

**Mainuferpark**
**Südliches Mainufer**
Vor der Kulisse der Frankfurter Skyline und unmittelbar am Fluss laden Grünflächen über eine Strecke von sieben Kilometern zum Sonnenbaden, Picknicken, Spielen und Freunde treffen ein. Am südlichen Mainufer tragen überdies zahlreiche Cafés und Museen zum urbanen Flair bei.

**Martin-Luther-King Park**
**Nordweststadt**
Der Martin-Luther-King-Park wurde von 1969 bis 1971 von in Frankfurt stationierten US-amerikanischen Soldaten angelegt. Der Park liegt nördlich der Siedlung Frankfurt-Nordweststadt im Stadtteil Niederursel. Dort findet sich ein Spielplatz, ein Streetball- und Basketballfeld, ein Bolzplatz, eine Senioren-Fitnessanlage und mehrere Liegewiesen und Spazierwege sowie eine Hundeauslauffläche.

**Liesel-Christ-Anlage**
**Bockenheimer Anlage**
Die Liesel-Christ-Anlage ist ein Teilstück der Bockenheimer Anlage zwischen der Alten Oper und dem Weiher der Bockenheimer Anlage. Sie wurde 1997 zu Ehren der 1996 verstorbenen, bekannten Volksschauspielerin umbenannt. Liesel Christ durchquerte die Anlage hier früher täglich auf dem Weg von ihrer Wohnung zum Volkstheater im Großen Hirschgraben.

**Alter Flugplatz Bonames**
**Am Burghof 55**
Ein einzigartiges Ausflugsziel und Naturerlebnis der besonderen Art bietet der Alte Flugplatz Bonames. Der ehemalige Militärflugplatz wurde naturnah zurückgebaut, also die Flächen der ehemaligen Landebahnen aufgebrochen. Die Natur eroberte sich diesen Raum zurück und es entstand ein einmaliges Stück Wildnis in der Stadt. Auf der Landebahn kann man skaten, Fußballs pielen oder Rad fahren. Das Grünflächenamt hat als Bauherr mit diesem Projekt den Deutschen Landschaftsarchitekturpreis 2005 gewonnen.

**Volkspark Nidda**
**Frankfurter GrünGürtel**
Der Volkspark Niddatal, auch Niddapark genannt, ist mit circa 168 Hektar der größte und bekannteste Volkspark in Frankfurt. Die Nidda, die den Park im Norden begrenzt, ist sein Namensgeber. Das Gelände ist Landschaftsschutzgebiet und gehört zum Frankfurter GrünGürtel. Der Park grenzt im Norden an die Nordweststadt und die Römerstadt, im Osten an Ginnheim, im Süden folgen Bockenheim und Hausen und im Westen liegt Praunheim. Naturbelassen wirkt er, wie fernab vom Großstadtleben, ein Paradies für Läufer, Spaziergänger und Radfahrer. Im südlichen Drittel der Parkanlage können Freizeitsportler ihre Übungen an der frischen Luft in einem Fitnessparcours absolvieren.

## **LEBEN** AM FLUSS

## **HIBBDEBACH**
FRANKFURTER SEITE

**NIZZA**
An der Untermainbrücke liegt ein ganz besonderer Park: das Frankfurter „Nizza". In der ungewöhnlichen Anlage befinden sich subtropische Gehölze aus verschiedenen Kontinenten: Es gedeihen Palmen und Feigenbäume, aber auch die immergrünen Eichen, Zistrosen, Lavendel, Salbei, Erdbeerbaum und Bergmammutbaum. Blüten lassen sich das ganze Jahr über bewundern: Entlang der Kaimauer liegt der Winterblühgarten, daran schließt sich der Obstgarten an, dessen Blütehöhepunkt im frühen Herbst liegt. Die Grenze zur Mainseite bildet der Sommerblühgarten.

**WESELER WERFT**
Die Weseler Werft liegt unmittelbar am Main mit Blick auf den imposanten Turm der Europäischen Zentralbank. Teil des 2,1 Hektar großen Parks mit jungen Bäumen ist ein Spielplatz mit Klettergeräten und großen Wiesen. Ein denkmalgeschützter Hafenkran erinnert an die Geschichte des Ortes, ebenso die alten Gleise der Hafenbahn.

**HÖCHSTER MAINUFER**
Das Höchster Mainufer beginnt an der Wörthspitze mit der Mündung der Nidda in den Main und endet an der Leunabrücke. Nachts ist die Flaniermeile beleuchtet, tagsüber genießen die Spaziergänger den Blick auf den Mainbogen. Radler setzen mit der Fähre von Schwanheim nach Höchst über. Weiter westlich am Zollturm gelangt man zu den historischen Fachwerkhäusern der Altstadt.

## **DRIBBDEBACH**
SACHSENHÄUSER SEITE

**MUSEUMSUFER SACHSENHAUSEN**
Über eine Länge von über 1,5 Kilometern und auf einer Fläche von fast 4,4 Hektar erstreckt sich das Museumsufer Sachsenhausen. Die Anlage setzt die Uferpromenade vom Deutschherrnufer bis zum Theodor-Stern-Kai fort und gehört zum Fernradwanderweg in Richtung Schwanheim, Kelsterbach und Aschaffenburg. Ab dem Eisernen Steg reiht sich Museum an Museum den Schaumainkai entlang. Alle zwei Wochen samstags findet der Flohmarkt statt, im Sommer locken Theater, Mainspiele und Open-Air-Konzerte. Und zu den großen Highlights, der „Nacht der Museen" im Frühjahr und dem Museumsuferfest im August, strömen Tausende von Besuchern dann an beide Seiten des Mains.

**DEUTSCHHERRNUFER**
Die schlanke Grünfläche auf der Sachsenhäuser Mainseite mit Liegewiesen wird unterbrochen von Baumgruppen, Solitärgehölzen und kleinen Rosenbeeten. Bänke säumen den Weg, stehen bereit, um das gegenüberliegende Mainufer mit der Europäischen Zentralbank im Hintergrund zu betrachten. Mit dem Rad oder zu Fuß kann man dicht am Main entlang – an der historischen „Gerbermühle" vorbei und ungestört vom Autoverkehr – seinen Weg fortsetzen bis nach Offenbach oder sogar nach Bayreuth.

**NIEDERRÄDER MAINUFER**
Das Niederräder Mainufer liegt auf einer schmalen Landzunge, die über eine kleine Brücke mit dem Ufer verbunden ist. Sie gibt den Blick frei auf eine verwunschen wirkende Flusslandschaft mit alten Booten. Wenig später öffnet sich ein Weg und mündet in den großen Park mit weiten Liegewiesen, Spielplatz, Grillbereichen, romantischen Wegen und altem Baumbestand.

Waldspielpark Scheerwald
am Sachsenhäuser Landwehrweg

# WALDSPIELPLÄTZE

**WALDSPIELPARK SCHEERWALD**
**Sachsenhäuser Landwehrweg**
Der Waldspielpark Scheerwald in Oberrad ist geprägt von einem erfrischendem Wassersprühfeld. Für Kinder gibt es einen eigenen Spielbereich. Mit großen Holzfiguren ist die 18-Loch-Minigolfanlage gestaltet. Ein Rollschuhfeld, Tischtennisplätze sowie ein Basketballplatz und ein Bolzplatz runden das sportliche Angebot ab. Hunde sind nicht erlaubt. Ein Kiosk und Toiletten sind vorhanden.

**WALDSPIELPARK CARL-VON-WEINBERG**
**Golfstraße Niederrad**
Der Waldspielpark unterscheidet sich von den anderen durch seinen Parkcharakter. Schnittgehölze, Blumenranken und Rhododendren prägen das Bild. Der einstige private Park wurde umgewandelt und bietet heute besonders für Kinder unter 12 Jahren ein phantasievolles Spielgelände. Spiel- und Parkbereich sind voneinander getrennt, so können auch Erwachsene ein ruhiges Plätzchen finden. Im Spielbereich sind Hunde nicht erlaubt. Toiletten sind vorhanden.

**WALDSPIELPARK LOUISA**
**Mörfelder Landstraße**
Der Waldspielpark Louisa ist insbesondere für Kinder unter 12 Jahren ein Spielparadies. Außerdem gibt es eine BMX-Strecke, eine Rollschuhbahn, einen Basketballplatz, Bolzplätze, eine 18-Loch-Minigolfanlage und es steht sogar ein Tennisplatz zur Verfügung. Ein kleiner Kiosk sowie Toiletten sind vorhanden.

**WALDSPIELPARK HEINRICH-KRAFT**
**Kilianstädter Straße**
Der Heinrich-Kraft-Park zeichnet sich durch seinen integrativen Tabaluga-Spielbereich aus. Hier können behinderte Kinder gemeinsam mit nicht behinderten Kindern spielen. Skateanlage, Streetballplatz, Volleyball- sowie Badmintonfelder und vieles mehr bringen Klein und Groß in Bewegung.

**WALDSPIELPARK SCHWANHEIM**
**Schwanheimer Bahnstraße**
Der Waldspielpark Schwanheim ist ein richtiger Wasserspielpark. Ein großes Sprühfeld mit einer Eulenspiegelfigur sorgt in heißen Sommern für die richtige Abkühlung, ein Planschbecken ist ganz für die Kleinsten da. Neben Kinderspielgeräten gibt es eine ganze Reihe von Tischtennisplatten und eine interessante 18-Loch-Minigolfanlage. Ein großer Grillplatz mit offenen und überdachten Feuerstellen bietet das ganze Jahr Platz für knusprige Würstchen und Braten. Toiletten und ein Kiosk sind vorhanden. Hunde sind nur auf dem abgetrennten Grillplatz des Waldspielparks gestattet.

**WALDSPIELPARK GOETHETURM**
**Sachsenhäuser Landwehrweg**
Der Waldspielpark wird vom nach einem Brand wieder aufgebauten Goetheturm überragt. Der Spielbereich mit Planschbecken im 2,98 Hektar großen Park ist ganz für Kinder ausgelegt. Zudem sorgen Riesenrutschen und weitere Attraktionen für ausgelassenen Spaß beim Nachwuchs.

**WALDSPIELPARK TANNENWALD**
**Sachsenhausen**
Der Waldspielpark Tannenwald im äußersten Süden des Frankfurter Stadtteils Sachsenhausen ist eine weitläufige, schattige Anlage mit vielfältigen Sport- und Spielmöglichkeiten. Besonders beliebt ist der Wasserspielplatz mit einem großen Sprühfeld. Neben den klassischen Spielgeräten gibt es eine Rollschuhbahn, Bolzplätze und Tischtennisplatten. Der Waldspielpark ist in erster Linie auf die Bedürfnisse von Kindern und Familien ausgerichtet. Das Mitbringen von Hunden ist daher nicht erlaubt. Ein Kiosk und Toiletten sind vorhanden.

## GRILLPLÄTZE

In Frankfurt ist das Grillen in öffentlichen Grünanlagen nur an eigens hierfür ausgewiesenen Plätzen erlaubt.

Die Grillplätze in den öffentlichen Parks und Grünanlagen können weder reserviert noch angemietet werden.
Sie stehen allen Bürgerinnen und Bürgern zur Verfügung.

Grillplatz - Cäcilia-Lauth-Spielpark
Carl-Sonnenschein-Straße
65936 Frankfurt

•

Grillplatz - Lenzenbergstraße
Lenzenbergstraße
65931 Frankfurt

•

Grillplatz - Lohrpark
Auf dem Lohr
60389 Frankfurt

•

Grillplatz - Mainvorland
Gutleutstraße
60327 Frankfurt

•

Grillplatz - Nordpark
Homburger Landstraße
60389 Frankfurt

Grillplatz - Ostpark
Ostparkstraße
60314 Frankfurt

•

Grillplatz - Praunheimer Hohl
Praunheimer Hohl
60488 Frankfurt

•

Grillplatz -
Waldspielpark Scheerwald
Sachsenhäuser Landwehrweg
60598 Frankfurt

•

Grillplatz - Waldspielpark
Schwanheim
Schwanheimer Bahnstraße
60529 Frankfurt

## GREAT **GETAWAYS**

Frankfurt is known as a "green" city. In 2016, it was awarded the title of "European City of the Trees". 52% of the city is made up of open natural spaces including 40 parks. In addition, the Frankfurt City forest, which spans 5.785 hectares, accounts for 14% of the City area – unparalleled nationwide!

The city forest has 450 kilometers of paths providing ample space for walking, jogging, bike riding and even horseback riding. Frankfurt is also surrounded by a "green ring", representing one third of the total area with a 62-kilometer-long path that takes you around the perimeter of the city.

And should that not be enough, the surrounding regions of the Taunus, Vogelsberg, Odenwald and Rheingau, offer almost limitless opportunities for escaping to the great outdoors.

Frankfurt und das Rhein-Main-Gebiet sind für vieles bekannt – vor allem auch für ihre zahlreichen Feste und Märkte.

Sie verbinden Tradition mit Moderne und sind Anziehungspunkte für Einheimische und Besucher. Wie man sieht, gibt es hier tatsächlich das Jahr über immer etwas zu feiern.

Und das ist gut so.

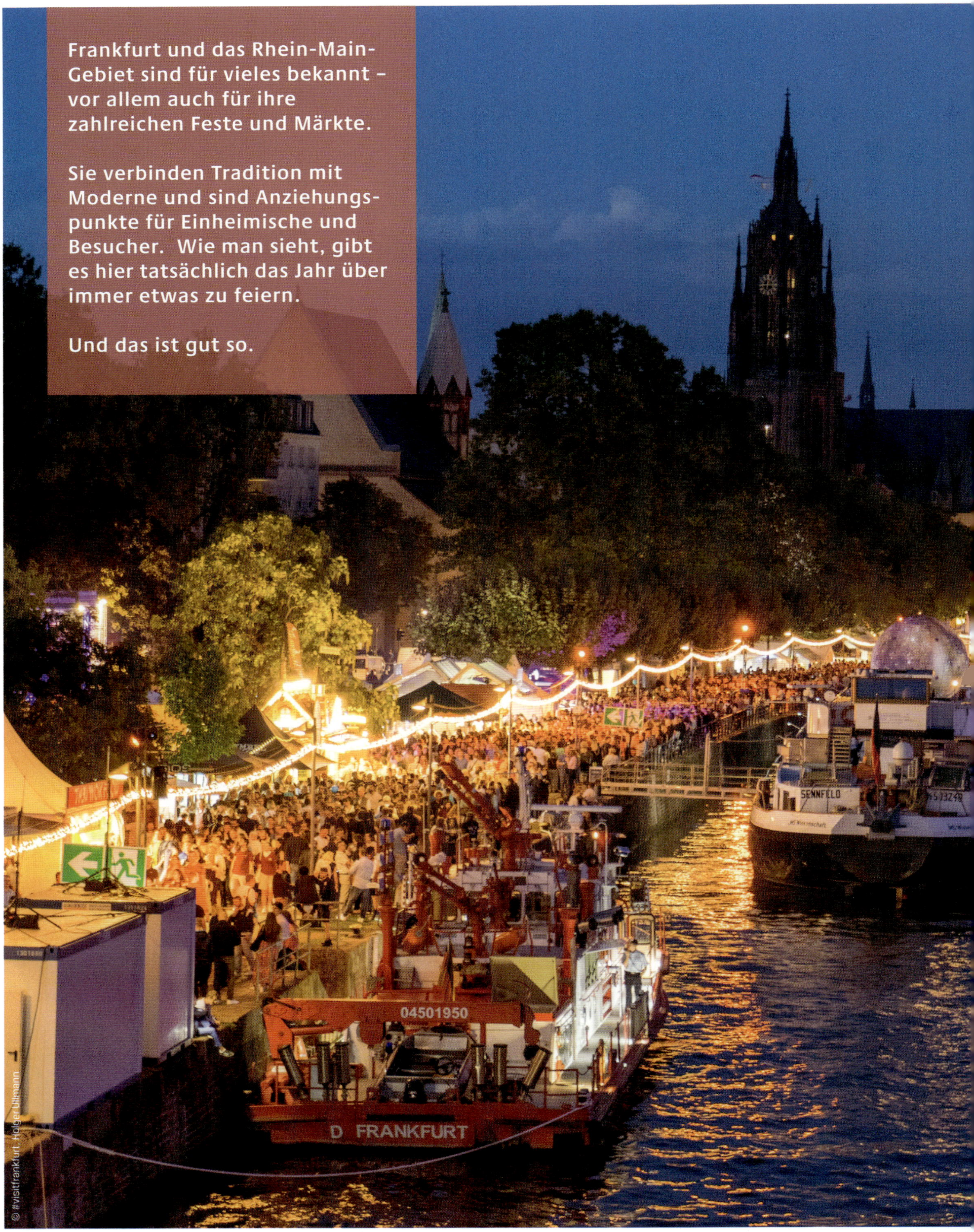


© #visitfrankfurt, Holger Ullmann

# FESTE FEIERN **IN FRANKFURT UND RHEIN-MAIN**

### DIPPEMESS
Der Name dieses Frankfurter Klassikers, der im Frühling und Herbst auf dem Festgelände am Ratsweg stattfindet, reicht bis ins 14. Jahrhundert zurück und leitet sich von der hessischen Bezeichnung für Steinguttöpfe, „Dippe", ab. Diese wurden auf speziellen Verkaufsmärkten von fliegenden Händlern angeboten und es wurde viel gefeiert. Im Laufe der Zeit gesellten sich zu diesen Haushaltsmessen immer mehr Jahrmarktbuden und Volksbelustigung. Heute ist die Dippemess ein buntes Volksfest für die ganze Familie.

### NACHT DER MUSEEN
Party und Kultur gehen während der „Nacht der Museen" in Frankfurt und Offenbach eine attraktive Verbindung ein. An diesem Frühlingsabend, der seit dem Jahr 2000 stattfindet, öffnen rund 40 Museen, Ausstellungshäuser und Pop-up-Locations und Atelierhäuser bis tief in die Nacht und bieten neben ihren laufenden Schauen auch Theater, Musik, Tanz, Lesungen und internationale Gastronomie – und vor allem die Möglichkeit, die hiesige Museumslandschaft einmal anders zu erleben. Die Eintrittskarte ist gleichzeitig die Fahrkarte für Shuttle-Busse, die die Besucher zu den teilnehmenden Locations fahren.

### FRESSGASSFEST
Das Freßgassfest im Mai ist eines der ersten Straßenfeste des Jahres. Schick und entspannt die Atmosphäre, anspruchsvoll-mondän das Publikum, exklusiv das Angebot. Hier sieht man sich und wird gesehen, man flaniert, parliert, genießt – sich, die angebotenen Köstlichkeiten und vor allem die ersten lauen Nächte, die den nahenden Sommer verkünden.

### BRÜDER GRIMM FESTSPIELE
Von Mitte Mai bis Ende Juli finden in Hanau, der Geburtsstadt von Jakob und Wilhelm Grimm, im Amphitheater von Schloss Philippsruhe die Märchenfestspiele statt. Anlass für das Freilufttheaterfestival war der 200. Geburtstag der Brüder im Jahr 1985. Seitdem werden hier mehrere Märchen aus ihren berühmten Kinder- und Hausmärchen zumeist uraufgeführt.

### SCHLOSSGRABENFEST
Mehrere Hunderttausend Besucher kommen jedes Jahr am Pfingstwochenende zum größten Musik-, Schau- und Kulinarikfestival Hessens. Hierfür verwandelt sich die Innenstadt Darmstadts rund um das Residenzschloss in eine einzigartige Festivalkulisse. Auf den vier Bühnen spielen an vier Tagen über 100 Live-Acts und Bands aus den unterschiedlichsten musikalischen Bereichen, Newcomer ebenso wie bekannte Stars. So waren in den letzten Jahren u.a. zu Gast: Montez, Mark Forster, Marteria, Sunrise Avenue, Bosse, Andreas Bourani, Michael Schulte, Nico Santos, Culcha Candela, Right said Fred, H-Blockx, Mia, Stefanie Heinzmann, Juli, Leningrad Cowboys, Die Prinzen, Mike Singer, AYLIVA u. v. m.

### WÄLDCHESTAG
Seit dem 18. Jahrhundert strömen die Frankfurter am Dienstag nach Pfingsten in den Stadtwald zum Festplatz am Oberforsthaus, um ihren „Nationalfeiertag", den „Wäldchestag", zu feiern. Woher dieser Brauch rührt, ist nicht eindeutig belegt, jedoch wurde er erstmals 1831 urkundlich erwähnt. Als Anlass gelten der jährliche Pfingstaustrieb des Viehs und das anschließende Waldpicknick der Knechte und Mägde oder aber die jährlichen Festumzüge der Handwerker, die mit einem fröhlichen Stelldichein im Stadtwald verbunden waren. Wie dem auch sei – der Brauch findet bis heute Anklang. Bis in die 1990er Jahre hatten die Frankfurter Geschäfte deswegen sogar nachmittags geschlossen, um hier in gemütlichen Festzelten, Hightech-Fahrgeschäften, Sommergärten und Imbissständen zu feiern.

### OPERNPLATZFEST
Kaum ist das Freßgassfest vorbei, trifft man sich wieder beim Opernplatzfest. Ursprünglich war es als Brunnenfest rund um den Lucae-Springbrunnen entstanden und hat sich im Laufe der Jahre zu einem beliebten Sommerfest entwickelt. „Dem Wahren Schönen Guten" steht auf der prachtvollen Fassade der Alten Oper. Eben diesem Leitsatz folgt auch das Opernplatzfest, das nicht nur Banker und Werber anzieht. Besonders reizvoll ist die Stimmung am Abend, wenn die Fassade der Alten Oper und der Platz um den Brunnen mit vielen Lichtern illuminiert werden.

## BERGERSTRASSENFEST

Das Bergerstraßenfest ist Kult und lockt jedes Jahr mehrere tausend Besucher aus der Region an. Kein Wunder, denn die untere Berger Straße, zwischen Höhenstraße und Bethmannpark, ist nicht nur als Einkaufsstraße interessant, sondern besticht auch durch ihr fast schon mediterranes Flair: Hier befinden sich zahlreiche inhabergeführte Läden, gemütliche Straßencafés und In-Kneipen. Für das Straßenfest jedes Jahr im Juli tun sich alle zusammen und bieten ein buntes Programm für Groß und Klein mit Live-Musik, kulinarischen Genüssen und tollen Shopping-Angeboten.

## SCHWEIZER STRASSENFEST

Zwischen Apfelwein und Exotik changiert dieses beliebte Frankfurter Straßenfest. Und so wird hier immer Mitte Juni einen schönen Sommerabend lang zwischen Gartenstraße und Textorstraße an über 120 Ständen und drei Livebühnen gefeiert, was das Zeug hält, schließlich präsentiert sich kaum eine andere Frankfurter Straße so vielfältig, elegant, multikulturell, modisch, interessant, exklusiv und entspannt wie die Einkaufsmeile „dribbdebach", also in Sachsenhausen – und das schlägt sich auch im Festprogramm nieder.

## WILHELMSTRASSENFEST

Offiziell heißt das Straßenfest, das am zweiten Juni-Wochenende in der hessischen Landeshauptstadt Wiesbaden stattfindet, „Theatrium". Erstmals fand es 1977 anlässlich der Wiedereröffnung des Hessischen Staatstheaters nach dessen Renovierung statt. Als größte Open-Air-Veranstaltung der Stadt bietet es nicht nur auf der Rue, wie die prachtvolle Wilhelmstraße auch genannt wird, sondern auf dem Bowling Green, am Warmen Damm, am Nassauer Hof und in der Burgstraße – kurz gesagt im gesamten Innenstadtbereich – kulinarische Spezialitäten, viel Musik und Showeinlagen, Kunsthandwerk und Fahrgeschäfte.

## RHEINGAU MUSIK FESTIVAL

Das Rheingau Musik Festival zählt zu den größten Musikfestivals Europas und veranstaltet jeden Sommer über 170 Konzerte in der gesamten Region zwischen Frankfurt, Wiesbaden und dem Mittelrheintal. Ehemalige Kulturdenkmäler wie Kloster Eberbach, Schloss Johannisberg, Schloss Vollrads sowie lauschige Weingüter oder das Kurhaus Wiesbaden verwandeln sich in Konzertbühnen für Stars der internationalen Musikszene von Klassik über Jazz bis hin zu Kabarett und Weltmusik und werden zu spektakulären Klang- und Begegnungsräumen.

Foto: Steffen Matthes

## RHEIN IN FLAMMEN

Das Traditions-Feuerwerk-Event am romantischen Mittelrheintal zwischen Trechtingshausen und Bingen / Rüdesheim zieht seit dem Jahr 1977 Gäste aus aller Welt an. Erleben Sie grandiose Feuerwerke, brennende Burgen, Bengalfeuer und genießen Sie einen unvergesslichen Abend. Zu Rhein in Flammen gibt es ein vielfältiges Landprogramm am Binger Kulturufer und in Rüdesheim.

## MAINFEST

Seit dem 14. Jahrhundert wird das Mainfest am ersten Augustwochenende gefeiert – ganz traditionell mit Ochs am Spieß und Wein aus dem Gerechtigkeitsbrunnen. Mit diesem Volksfest sollte der „Lebensader der Stadt" gehuldigt werden. Einer der Höhepunkte ist bis heute das historische „Fischerstechen", ein Lanzenturnier, bei dem sich die Teilnehmer gegenseitig aus den Booten zu stoßen versuchen. Auch die Eröffnung mit Wein aus dem Gerechtigkeitsbrunnen hat sich als Brauch erhalten. Den Abschluss bildet das jeweils am Montag stattfindende Feuerwerk.

©visitrheinmain, plazy, Isabel Pacini

## FRANKFURTER APFELWEINFESTIVAL

Die Apfelweinkultur macht schon seit eh und je einen großen Teil des Lebensgefühls der Stadt Frankfurt und der Region aus. So feiern Frankfurter und deren Besucher ihr Nationalgetränk auf dem sommerlichen Roßmarkt mit einem eigenen Apfelweinfestival. Gemeinsam mit den Keltereien wird ein abwechslungsreiches und buntes Bühnenprogramm zusammengestellt mit viel Live-Musik. Für die passende Grundlage sorgen Frankfurter Spezialitäten.

**BAD VILBELER MARKT**
Das bedeutendste und älteste Volksfest der südlichen Wetterau findet auf dem Festplatz an der Büdinger Straße in der Quellen- und Festspielstadt Bad Vilbel statt. Erstmals wurde das Fest im Jahr 1820 erwähnt. Der Bad Vilbeler Markt beginnt jedes Jahr am Samstag vor dem 3. Sonntag im August. Stadt und Bewohner werden traditionell in die Ausgestaltung einbezogen, die örtlichen Vereine präsentieren sich bei der Eröffnung bei einem großen Festumzug mit Fassbieranstich. Neben Fahrgeschäften und Musikveranstaltungen gibt es eine Tierschau, den Abschluss bildet das Brillantfeuerwerk.

**LICHTERFEST**
Das Lichterfest im Offenbacher Büsingpark Mitte August bietet quasi das Rundumpaket für einen gelungenen Sommerabend: köstliches Essen, ein paar Verkaufsstände mit Kunsthandwerk sowie Aussteller verschiedener Vereine. Und vor allem: exquisiten Musikgenuss dank des Crossover-Konzerts durch Klassik und Rock. Dazu verbreiten die gut 40.000 Teelichter, die durch die Vereine gesteckt werden, eine wundervoll-romantische Stimmung. Viele der gelegten Lichtbilder sind dabei von dem jeweiligen Konzertthema inspiriert. Einfach schön.

**MUSEUMSUFERFEST**
Am letzten Wochenende im August feiert Frankfurt seine Ausstellungshäuser und den Main, dann findet nämlich eines der größten europäischen Kulturfestivals statt, das Museumsuferfest. Hierfür kommen jährlich über zwei Millionen Besucher in die Stadt, um das Programm der Museen, die unzähligen Konzerte und Inszenierungen sowie die kulinarischen Köstlichkeiten zu genießen. Mit dem Museumsuferfest-Button erhalten die Besucher während der drei Tage freien Eintritt in allen teilnehmenden Ausstellungshäusern. Höhepunkt und Abschluss ist das mit Musik untermalte Feuerwerk.

**LATERNENFEST**
Alles leuchtet, alles funkelt, alles glitzert: Als eines der schönsten Feste der Region lockt das Volksfest Hunderttausende Besucher in die Kurstadt Bad Homburg. Das immer Ende August/Anfang September stattfindende Laternenfest ist Jahrmarkt und Volksfest zugleich und bietet ein vielfältiges Verkaufs-, Veranstaltungs- und attraktives Freizeitangebot für die ganze Familie. Auf der Festmeile, die sich über die gesamte Innenstadt erstreckt, vom Rathaus bis hin zum Festplatz am Heuchelbach. Ruhig und romantisch wird es, wenn man in einem der vielen Hinterhöfe der Altstadt einkehrt. Nicht verpassen sollten Besucher auch die Festzüge, bei denen selbstverständlich auch die Bad Homburger Laternenkönigin einmal ganz aus der Nähe bewundert werden kann. Traditionell klingt das Laternenfest mit einer tollen Feuerwerk aus.

**JUGENDSTILFESTIVAL BAD NAUHEIM**
Anfang des 20. Jahrhunderts eroberte der Jugendstil Bad Nauheim und ließ Baukunst und Badekultur in neuem Glanz erstrahlen. Bad Nauheim feiert dieses Erbe und lässt beim Jugendstilfestival die Belle Époque wieder aufleben. Musik, Tanz, Mode, Ausstellungen, Kinderprogramm, Antiquitäten und Kunsthandwerk verwandeln die Trinkkuranlage in ein lebhaftes Zentrum für begeisterte Besucher.

© #visitfrankfurt/Holger Ullmann

**HOCHHEIMER MARKT**
Der weit über die Stadtgrenzen bekannte Hochheimer Markt begeistert am ersten Wochenende nach Allerseelen und dauert fünf Tage. Im Jahr 2023 fand der Hochheimer Markt zum 537. Mal statt – damit zählt er nicht nur zu den traditionsreichsten Herbstmärkten in Hessen, sondern auch zu den größten, denn auf dem rund 70.000 Quadratmeter großen Festgelände finden die Besucher eine attraktive Mischung aus Krammarkt, Gewerbe- und Fahrzeugausstellung, Viehmarkt und Vergnügungspark. Zahlreiche Imbiss- und Getränkestände sorgen sich um das leibliche Wohl der Besucher und es gibt täglich Livemusik-Veranstaltungen. Der Große Viehmarkt ist besonders bei den kleinen Besuchern beliebt. Das prächtige Feuerwerkt verabschiedet die Besucher bis zum nächsten Jahr.

**WEIHNACHTSMARKT**
Alle Jahre zerreißen sich die Frankfurter ihr Maul (Pardon!) über den Weihnachtsbaum, der zur Adventszeit traditionell vor dem Römer aufgestellt wird. Als zu „gakelig" und dünn wird er meist im Vorfeld bekrittelt. Aber wenn er dann geschmückt ist und in vollem Glanz erstrahlt, die Bläser von der Alten Nikolaikirche Weihnachtslieder spielen und sich das nostalgische Pferdekarussell am Samstagsberg dreht, gibt es ganz objektiv betrachtet wahrscheinlich keinen schöneren. Übrigens gilt auch der Frankfurter Weihnachtsmarkt selbst als einer der größten und schönsten in Deutschland. Er findet seit 1393 ab Ende November bis zum 22. Dezember statt und ist einer der Höhepunkte im Eventkalender der Stadt. Darauf einen Glühwein!

**WINTERLICHTER**
Ab Dezember bis Januar verwandelt sich der Frankfurter Palmengarten bei Einbruch der Dunkelheit in eine geheimnisvolle Winterlandschaft, in der es überall glitzert und funkelt. Lichtobjekte, Klang- und Videoinstallationen machen den Spaziergang durch den Park zu einem Spiel für Augen und Ohren. Magisch und wunderschön. Im Anschluss geht's zum Aufwärmen u.a. ins eigens eingerichtete Café Winterlichter, wo es Köstlichkeiten aus dem Café Siesmayer gibt. Oder in die Villa Leonhardi, in der professionelle Märchenerzähler kleine und große Besucher mitnehmen auf Phantasiereisen in alle Welt.

# FRANKFURT **ROLLT**

**Frankfurt wächst, die Einwohnerzahlen steigen und dennoch ist die Mainmetropole die kompakte, grüne Stadt der kurzen Wege. Viele markanten Punkte sind fußläufig erreichbar. Die Mainmetropole ist jedoch auch ein großer nationaler und internationaler Verkehrsknotenpunkt, ein eng mit dem Umland verflochtenes Wirtschaftszentrum, welches durch die Pendlerströme aus der Region tagsüber zur Millionenstadt wird, gleichzeitig pendeln auch mehr Frankfurter in die Region.**

Der Verkehrsraum ist begrenzt und gleichzeitig konkurrieren viele Verkehrsteilnehmer um die Nutzung des Raums. Wir sehen es regelmäßig, die Verkehrsdichte erreicht in Hochzeiten die Kapazitätsgrenzen und überschreitet sie teilweise auch.

Daher ist die stadtverträgliche und sichere Gestaltung von Mobilität und Verkehr von großer Bedeutung und eine große Herausforderung. Schließlich gilt es, Frankfurt als kompakte und zugleich grüne Stadt zu erhalten, in der Verkehr Lebensqualität und Gesundheit möglichst wenig beeinträchtigt, Mobilität in allen Formen aber für alle gleichberechtigt möglich bleibt. Sie muss also effizienter werden, um die wachsenden und sich verändernden Bedürfnisse befriedigen zu können.

In diesem Spannungsfeld darf die Planung nicht nur individuellen Mobilitätsbedürfnissen genügen, sondern muss auch den gesellschaftlichen Anforderungen des Umweltschutzes und der Verkehrssicherheit Rechnung tragen. Strategien und Maßnahmen müssen daher die enge Verzahnung und Wechselwirkung von Stadt-, Wirtschafts-, Umwelt- und Verkehrsentwicklung berücksichtigen und das ganze Spektrum von der Prägung urbaner Mobilitätsstile bis zur anforderungsgerechten Ausgestaltung der Verkehrsinfrastruktur abdecken.

## ZU FUSS

Gehen ist die ursprünglichste und natürlichste Art der Fortbewegung. Jeder Weg beginnt und endet zu Fuß. Viele Personengruppen von mobilitätseingeschränkten Menschen mit Rollstuhl und Rollator und Sehbehinderten bis hin zu Familien mit Kinderwagen und Kindern mit Laufrädern, Rollern usw. sind auf Barrierefreiheit im öffentlichen Raum angewiesen. Daneben hat per pedes unterwegs zu sein zahlreiche weitere positive Effekte. Gehen ist die umweltschonendste, energie- und flächeneffizienteste Form der Fortbewegung.

Neben ökonomischen und ökologischen Potenzialen bietet der Fußverkehr auch soziale Vorteile. Gehen belebt den öffentlichen Raum, fördert das soziale Zusammenleben und steigert das subjektive Sicherheitsgefühl. Für die Gesundheit und das individuelle Wohlbefinden der Bürger ist das Gehen ebenso förderlich. Man sieht also, der Fußverkehr hat zahlreiche positive Effekte und einen großen Nutzen für die Stadt und ihre Bewohner. Die Möglichkeiten, sich als Fußgängerin oder Fußgänger auf komfortablen Wegen durch die Stadt zu bewegen, gelten inzwischen als wichtige Qualitätskriterien für den Lebensraum Stadt.

Als „Stadt der kurzen Wege" bietet Frankfurt gute Rahmenbedingungen für das Zufußgehen. Die kompakte Bebauungsstruktur der Innenstadt und attraktive Stadtteilzentren sichern eine gute Versorgung mit Gütern und Dienstleistungen in fußläufiger Entfernung zu vielen Wohnstandorten und Arbeitsplätzen. Aktuell werden hier etwa 70 Prozent der kurzen Wege unter einem Kilometer und 26 Prozent aller Wege zu Fuß zurückgelegt.

Mit zunehmender Einwohnerzahl hat der Fußverkehr in Hessens größter Stadt zwar insgesamt zugenommen, der Fußwegeanteil am Gesamtverkehr ist in den letzten 20 Jahren jedoch um drei Prozentpunkte zurückgegangen. Deshalb wird der Fußverkehr in Frankfurt zukünftig in der Planung stärker als eigenständige Verkehrsart verankert. Ziel ist es, dem Fußverkehr konsequent anforderungsgerechte Infrastrukturen zur Verfügung zu stellen, damit die Menschen von den Vorteilen und positiven Wirkungen profitieren und entscheidend zu einer lebenswerten und gleichzeitig mobilen Stadt mit hoher Aufenthalts- und Lebensqualität beitragen können. Wie ernst es der Stadt mit der Förderung des Fußverkehrs ist, unterstreicht die Einrichtung einer Stelle als Fußverkehrsbeauftragter oder -beauftragte, der/die sich um die Belange kümmert.

## RADVERKEHR

Für den Weg zur Arbeit, zur Schule, während der Freizeit oder in den Urlaub: Fahrradfahren erfreut sich immer größerer Beliebtheit. Über 80 Prozent der Deutschen nutzen das Fahrrad, 55 Prozent halten es für ein unverzichtbares Verkehrsmittel. Immer mehr Menschen verzichten vor allem bei Distanzen von bis zu 15 Kilometern auf ihr Auto und nehmen stattdessen das Fahrrad. Denn Radfahren leistet einen wertvollen Beitrag zu einer nachhaltigen und klimafreundlichen Mobilität, entlastet den Geldbeutel und fördert die eigene Gesundheit.

In der Mainmetropole ist das Fahrrad präsenter geworden. „Frankfurt am Main ist die Stadt der kurzen Wege. Ob zur Arbeit fahren, zum Treffen mit Freunden oder zum Einkaufen: Bürgerinnen und Bürger können hier vieles mit dem Rad erledigen. Seit 2022 gibt es einen wunderbaren Fahrradstadtplan. Frankfurt am Main ist auf dem Weg zur Fahrradstadt", betont Oberbürgermeister Mike Josef. „Unser Ziel ist es auch, dass sich Fahrradfahrerinnen und Fahrradfahrer in unserer Stadt wohl und sicher fühlen."

Mit dem Stadtverordnetenbeschluss zur „Fahrradstadt Frankfurt am Main" im Sommer 2019 übernahm der Magistrat wesentliche Forderungen des Radentscheids in ein Arbeitspapier, von dem schon einige Punkte abgearbeitet wurden. Seit 2019 hat sich auf Frankfurts Straßen vieles getan, um die Menschen zu motivieren, mit dem Fahrrad zu fahren: 29 Kilometer rot markierte Radwege, 8.000 neue Fahrradstellplätze, 8.100 Meter neue Radwege an Hauptstraßen, 8 neue Projektstellen besetzt, 2.900 Meter fahrradfreundlich umgestaltete Nebenstraßen.

Vieles ist bereits umgesetzt, einiges, was zukünftig realisiert werden soll, befindet sich noch in der Planung. Mit Markierungen und weiteren baulichen Veränderungen soll dem Zuwachs des Radverkehrs im Stadtgebiet Rechnung getragen und weiter gefördert werden. Verbesserungen, die ankommen: Beim bundesweiten ADFC-Fahrradklima-Test 2022 belegte die Mainmetropole den zweiten Platz in der Kategorie „Großstadt mit mehr als 500.000 Einwohner:innen".

Um in Frankfurt in die Pedale zu treten, muss man nicht Eigentümer eines Fahrrads sein. An vielen Stellen stehen Mietfahrräder bereit:
**www.radfahren-ffm.de**
**www.callabike.de**
**www.nextbike.de**
**www.main-lastenrad.de**
**https://swapfiets.de/frankfurt-am-main**
**www.meldeplattform-radverkehr.de**

## DER ÖFFENTLICHE **PERSONENNAHVERKEHR** (ÖPNV)

Er ist das Rückgrat klimafreundlicher Mobilität, in Städten wie im ländlichen Raum. Um weiterhin attraktiv zu sein, den Mobilitätsbedürfnissen der Bürgerinnen und Bürger gerecht zu werden und private Fahrzeuge zu ersetzen, baut der ÖPNV sein Angebot jedoch stetig aus und modernisiert es.

Der Rhein-Main-Verkehrsverbund (RMV) ist einer der größten deutschen Verkehrsverbünde und der ÖPNV ist das wichtigste Verkehrsmittel in Frankfurt – zwischen 1995 und der Corona-Pandemie hat der RMV die Zahl der Fahrgäste deutlich über 60 Prozent gesteigert. Doch mehr Fahrgäste benötigen mehr Züge und diese mehr Gleise – in den Bahnhöfen und zwischen den Stationen. Mit dem Bau eigener Gleise für mehrere S-Bahnlinien, dem Bau völlig neuer Strecken für einen Schienenring um Frankfurt und dem Frankfurter Fernbahntunnel, der mit neuen, zusätzlichen, separaten Fernverkehr-Gleisen unterhalb der derzeitigen Bahngleise Schienen für den Nahverkehr freimachen wird, wird dem Rechnung getragen. Das ist wichtig, denn am Frankfurter Haupt- und Südbahnhof gibt es oberirdisch aufgrund der dichten Bebauung und Belegung der Flächen keinen Platz mehr für zusätzliche Bahnsteige. Alle diese großen Bauprojekte machen für Reisende das Fahren in und durch die Metropolregion Frankfurt-Rhein-Main attraktiver und verlässlicher.

Auch wenn manche Baustelle oder veraltete Infrastruktur die Sicht etwas trüben: Der ÖPNV verbessert sich stetig, wird moderner und nachhaltiger. Auch und gerade in Frankfurt lässt sich diese Entwicklung der Modernisierung mit Nachhaltigkeitscharakter beobachten. Die Umstellung der Busflotte auf emissionsfreie Antriebe ist im vollen Gange. Mehr als 80 Busse sind mit alternativen Antrieben, also batterieelektrisch oder mit Brennstoffzelle betriebene Fahrzeuge, im Linienverkehr im Einsatz. Weitere sollen 2024 hinzukommen und bis Anfang der 2030er soll der komplette ÖPNV in Frankfurt umgestellt sein.

Auch in Sachen Innovation braucht Frankfurt sich nicht zu verstecken: Noch bis Ende Oktober ist im Stadtteil Riederwald das autonom fahrende Shuttle EASY unterwegs. Gedacht ist EASY als Angebot für die letzte Meile, als Zubringerservice zu Bus und Bahn, für alle, die den Weg zur Haltestelle nicht zu Fuß zurücklegen können – oder wollen.

Und ein Blick in die Zukunft verrät, dass sich der Frankfurter ÖPNV stetig weiterentwickelt: In den kommenden Jahren wird ein Showbus im Linienbetrieb in Höchst eingesetzt; ein Fahrzeug, das gleichzeitig Testfeld und Demonstrationsobjekt ist, um Neuerungen in Fahrzeugen live zu präsentieren. Weitere Projekte sind in einer Planungsphase wie eine Ringstraßenbahn für Frankfurt, eine Verlängerung der Straßenbahnlinien nach Dreieich und Langen sowie eine Verlängerung der U-Bahnlinie U4 zwischen den Stationen Bockenheimer Warte und Ginnheim.

**www.rmv-frankfurt.de**
**www.traffiq.de**
**www.vgf-ffm.de**

### Nahverkehr in Zahlen

**198 Mio Fahrgäste pro Jahr**

**807 Kilometer Liniennetz**

**866 Haltestellen in Frankfurt**

**248km$^2$ Frankfurter Stadtgebiet**

traffiQ-Bilanz 2022

## DAS **AUTO**

Frankfurt ist Pendlerhauptstadt, aber auch die Besucherströme zu großen Messen und Veranstaltungen machen ein effizientes Verkehrsleitsystem nötig, das weiter modernisiert wurde. Ein effizientes Verkehrs- und Parkleitsystem monitorisiert und navigiert den städtischen Autoverkehr und erleichtert so die Orientierung und versucht, verstopfte Straßen zu verhindern.

Etwa 348.000 Personenwagen sind laut Kraftfahrtbundesamt in Frankfurt zugelassen. Eine nachhaltige Alternative zum Kauf und Besitz eines eigenen Autos ist das CarSharing. Man besitzt kein eigenes Fahrzeug, kann aber diverse Modelle – je nach Verwendung und Anlass – zur Nutzung buchen. Es gibt verschiedene Formen des CarSharing. Zum einen so genanntes freefloating CarSharing, bei dem die Fahrzeugflotte keinen festen Standort hat, sondern das Fahrzeug steht dort, wo der letzte Kunde es abgestellt hat; geortet wird per Mobiltelefon. Und es gibt stationsbasiertes CarSharing, bei dem die Fahrzeuge an Stationen in der Nähe abgeholt und wieder abgestellt werden müssen.

Die Stadt Frankfurt beabsichtigt, in den nächsten Jahren die Anzahl der CarSharing-Stellplätze im Stadtgebiet spürbar zu erhöhen.

Es gibt in Frankfurt beide Formen des Carsharings und auch verschiedene Anbieter. Diese unterscheiden sich jedoch mit unterschiedlichen Abo- und Tarifmodellen. Hier lohnt sich eine Recherche im Vorfeld, um für sich den passenden CarSharing-Partner zu finden. CarSharing-Flotten werden zunehmend mit Elektroautos ausgestattet; somit ist Carsharing eine vollwertige Alternative zum eigenen Auto und schonender für die Umwelt!

**www.book-n-drive.de**
**https://cityflitzer.org**
**www.flinkster.de**
**www.share-now.com**
**www.stadtmobil.de**

## DIE ETWAS **ANDERE ART** VORANZUKOMMEN

Eine weitere Möglichkeit, in Frankfurt unterwegs zu sein, ist das Anmieten eines E-Scooters: Anbieter sind: Voi, Lime, Bolt und Tier. Falsch abgestellte Elektrokleinfahrzeuge können über die Website scooter-melder.de oder über die Telefonnummer am Fahrzeug dem Anbieter gemeldet werden.

Die bunten Velotaxis bringen ihre Gäste im Innenstadtbereich zuverlässig von A nach B. Geordert werden kann ein Velotaxi zum einen, um eine gewünschte Strecke zurückzulegen, der Fahrpreis richtet sich dann nach der Streckenlänge. Zum anderen sind Rundfahrten in der Stadt möglich, welche nach Zeit berechnet werden. Die dreirädrigen Velotaxis bieten zwei Fahrgästen Platz und werden durch eine Kombination von Muskelkraft und einem durch Ökostrom gespeisten Elektromotor angetrieben.
**https://velotaxi-frankfurt.de**

Wer es außergewöhnlich und entspannt mag, kann mit dem bunt angemalten Ebbelwei-Express vorankommen. Der allseits gern gesehene elf Meter kurze Zug fährt an Wochenenden und Feiertagen in einstündigem Rundkurs an Sehenswürdigkeiten der Stadt vorbei. Für acht Euro pro Erwachsener kann man an allen 23 Haltestationen zu- und aussteigen – erhält als Begrüßung eine Flasche Apfelwein, Apfelsaft oder Mineralwasser sowie eine Tüte Brezeln – und erlebt Fortbewegung in besonderer Atmosphäre.
**www.ebbelwei-express.de**

## **FRANKFURT** ROLLS

Frankfurt is growing. Nevertheless, the Main Metropolis is a city of short routes. Many prominent points of interest are reachable by foot. Approximately 20 bridges connect the city center to Sachsenhausen on the other side of the Main. It is therefore not surprising that many people choose the bicycle as their preferred mode of urban transportation. Frankfurt, for that reason, is continuously restructuring the city in a bicycle friendly fashion.

But even for those who would rather be driven, many options, reaching far into the surrounding area, are available. The rail and bus system of the Rhein-Main-Verkehrsverbund (RMV) reaches 15 counties and 11 cities within a 14.000 square kilometer area from Marburg to the Odenwald region.

Within Frankfurt, public transportation is available almost every minute. The inner city tariffs along with daily, weekly, yearly, family tickets and more, demonstrate the numerous individual solutions for all passengers.

# SAUBERKEIT UND **NACHHALTIGKEIT** STEHEN AN **ERSTER STELLE**

**Die DNA eines jeden ist immer einmalig, unverkennbar und wird in Teilen weitervererbt. Diese Individualität und Dynamik trifft auch auf den DNA-Nachhaltigkeitsstrang von FES zu.**

Als größter Entsorger in Frankfurt steht neben der allumfassenden Sauberkeit der Stadt auch die Nachhaltigkeit an erster Stelle. Alle Prozesse werden am sich daraus ergebenden $CO_2$-Ausstoss gemessen, ein jährlich veröffentlichter Nachhaltigkeitsbericht gibt die Möglichkeit der kleinteiligen Nachverfolgung.

Hier sorgen unter anderem ein starker Wertekompass und klare Priorisierungen für die immerwährend weitere Reduzierung von $CO_2$-Emissionen, eigene Nachhaltigkeitsbeauftragte monitoren die Ergebnisse dezidiert.

Die kontinuierliche Umsetzung des klimafreundlichen Anspruchs wird im Innern des Unternehmens deutlich: Kantinen kaufen z.B. verstärkt regional und bieten vegetarische Gerichte an, die interne Kommunikation erfolgt in großen Teilen papierlos über ein Mitarbeiterportal, Dienstfahrzeuge sind in neuester Generation mit Elektroantrieb u.v.m.

Doch auch die nach außen gerichteten Projekte stehen ganz im Fokus der Widerverwertung und Aufbereitung:

- Mit „reYOUrS“ hat FES ein Spendenportal für ausgediente Elektrogeräte geschaffen, deren Inhaltsstoffe wie seltene Erden und Metalle so im Ganzen oder auch in Teilen der Kreislaufwirtschaft erhalten bleiben.
- „#MainMehrweg“ steht für die ständige Weiterentwicklung der To-Go-Verpackungen in der Gastronomie. Ausgehend vom #MainBecher für den heißen oder kalten Getränkegenuss auf der Straße beinhaltet das Portfolio heute Mehrwegverpackungen für so gut wie alle Speisen, z.B. für Pizza und Sushi.

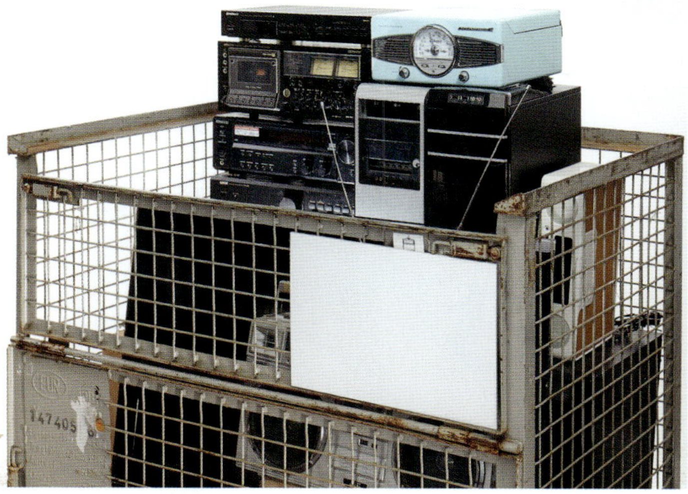

- Das „Zero Waste Lab“ bindet die gesamte Öffentlichkeit ein und nimmt Vorschläge für eine weitere Müllreduzierung bzw. Recyclingideen auf, prüft sie auf ihre Umsetzbarkeit und lässt so aus Ideen praktizierte Nachhaltigkeit entstehen.
- „reCYClist Magazin“ veröffentlicht online fortlaufende Neuigkeiten zur Lebenswelt der Nachhaltigkeit, informiert über Hintergründe und bietet motivierende Vorschläge zum Mitmachen.

So ist der neueste „Spross“ der Nachhaltigkeitsspezialisten von FES auch nur eine konsequente Weiterentwicklung der Unternehmensstrategie. Mit der öffentlich ausgerufenen „Abfalljagd“, die übrigens auf eine Idee des Zero Waste Lab zurückgeht, werden alle eingeladen, direkt vor Ort aktiv zu werden für ein sauberes und damit nachhaltigeres Frankfurt. Nur wenn Abfall dorthin kommt, wo er auch hingehört, kann er recycelt, wiederaufbereitet, zu Kompost oder auch zu Energie- und Wärmeerzeugung genutzt werden.

**Mehr dazu auf: nachhaltigkeit.fes-frankfurt.de und abfalljagd.fes-frankfurt.de.**

**Aber Achtung: Die Teilnahme an der Abfalljagd ist preisverdächtig.**

Foto: Städel/Tetyana Lux

**Frankfurt ist nicht immer teuer. Um die Stadt zu entdecken oder etwas zu erleben, braucht es manchmal nur wenig oder gar kein Geld. Hier ein paar Tipps und Anregungen für Freizeit, Kultur, Sport und die ganze Familie.**

# FRANKFURT **GÜNSTIG BIS GRATIS** ERLEBEN

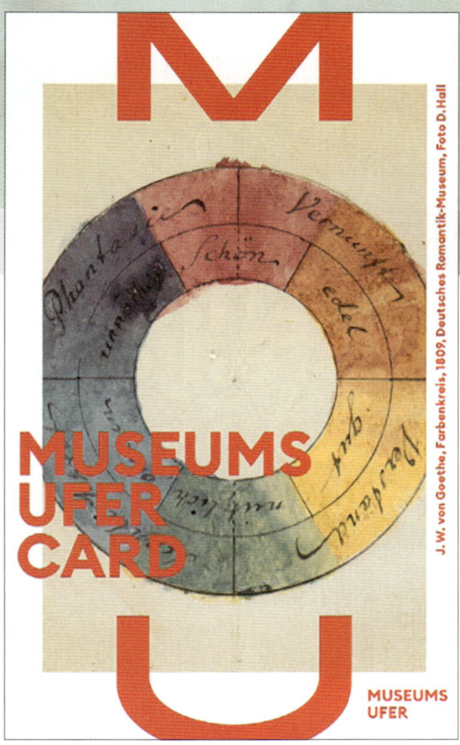


### MUSEUMSUFERCARD

Ein ganzes Jahr lang können mit der MuseumsuferCard 39 Museen und Ausstellungshäuser in Frankfurt und Umgebung besucht werden. Inbegriffen sind sowohl große Institute wie das wiedereröffnete, erweiterte Jüdische Museum, das Städel Museum, die Kunsthalle Schirn und das Museum für Moderne Kunst als auch Geheimtipps wie der Kuhhirtenturm in Sachsenhausen, das Eintracht Frankfurt Museum am Stadion und das Deutsche Ledermuseum in Offenbach. Eine Einzelkarte kostet aktuell 89 Euro, eine Familienkarte 150 Euro.
**www.museumsufercard.de**

### SATOURDAY DER FRANKFURTER MUSEEN

Jeden letzten Samstag im Monat ist der Eintritt in viele Museen und Ausstellungshäuser der Mainmetropole frei. Dabei wird mehr geboten als nur Ausstellungen: Themenführungen und Workshops für Groß und Klein sind ein fester Bestandteil des kulturellen Repertoires.
**www.kultur-frankfurt.de**

### KULTUR- UND FREIZEITTICKET

Junge Besucher unter 18 Jahren können seit Juni 2020 kostenfrei die Frankfurter Museen und den Zoo Frankfurt besuchen. Für Frankfurter Schüler, Kita-Kinder sowie Kinder und Jugendliche unter 18 Jahren aus Haushalten mit einem Monatseinkommen unter 4.500 Euro netto ist das Kultur- und Freizeitticket kostenlos bestellbar. Für alle anderen Familien ist, unabhängig vom Wohnort, ein Ticketpreis von jährlich 29 Euro vorgesehen.

**www.kufti.de**

### SCHWIMMBÄDER

Kinder und Jugendliche bis einschließlich 14 Jahre können kostenfrei Hallen- und Freibäder in Frankfurt besuchen. Das gilt in allen städtischen Bädern, teils sogar ohne Zeitbegrenzung. Hintergrund: Viele Kinder können leider noch nicht schwimmen, und daher soll allen Kindern und Familien die Möglichkeit gegeben werden, die Bäder zu besuchen.

**www.frankfurter-baeder.de**

### BÜCHERSCHRÄNKE

Literatur zum Nulltarif – vor über 15 Jahren wurde das Konzept der „kleinsten Bücherei der Welt" mit einem ersten „offenen Bücherschrank" umgesetzt. Seitdem kann sich jeder an über 80 Standorten in vielen Stadtteilen rund um die Uhr Bücher kostenlos mitnehmen oder selbst welche reinstellen. Ehrenamtliche Paten haben ein Auge darauf, dass die zumeist aus dem jährlichen Budget der Ortsbeiräte finanzierten Bücherschränke in gutem Zustand bleiben.

**www.frankfurt.de**

### TRINKBRUNNEN

Frisches und kostenloses Trinkwasser in bester Qualität finden Frankfurter und Besucher an öffentlich zugänglichen Edelstahlsäulen – an der Liebfrauenstraße Ecke Zeil, auf der Freßgass', der Kaiserstraße, am François-Mitterand-Platz und dem Trinkwasserlehrpfad. Die fest installierten, zwei Meter hohen Säulen sind an das städtische Trinkwassernetz von Mainova angeschlossen und von Frühjahr bis Herbst in Betrieb. Auf Knopfdruck fließen 0,5 Liter in 30 Sekunden, eine regelmäßige hygienische Beprobung durch ein zertifiziertes Labor garantiert die Reinheit des Wassers.

**www.mainova.de**

### FERIENKARTE FÜR SCHULKINDER

Die Ferienkarte für Kinder und Jugendliche bis einschließlich 18 Jahren beinhaltet freie Fahrt mit Bus und Bahn in Frankfurt, freien Eintritt in Hallen- und Freibäder für Jugendliche ab 15 Jahren (für Kinder bis 14 Jahren ist der Eintritt immer frei) sowie freien Eintritt in verschiedene Museen, im Palmengarten und im Zoo. Zudem gibt es Ermäßigungen in weiteren Einrichtungen.

Sie kostet für Kinder und Jugendliche bis einschließlich 16 Jahre 25 Euro bzw. 33 Euro. Für Frankfurt-Pass-Besitzer ist sie kostenfrei.

**www.ferienkarussel-frankfurt.de**

### OPERN UND MAINSPIELE

Mit den umfangreich ausgerüsteten Spielmobilen, die auch angemietet werden können und beispielsweise Mal- und Bastelaktionen, Rollenrutsche, Hüpfkissen, Kinderschminken und Kinderkarussell umfassen, richtet der Abenteuerspielplatz Riederwald regelmäßig Ferienaktionen für Kinder aus. So wird in den ersten Wochen der Sommerferien das Sachsenhäuser Mainufer zwischen Eisernem Steg und Untermainbrücke wieder zur Spielmeile. Anschließend sind die ähnlich konzipierten Opernspiele in der Taunusanlage und auf dem Opernplatz geplant. Eine weitere Spielmeile gibt es während des Museumsuferfests Ende August.

**www.abenteuerspielplatz.de**

Foto: Jan-Philipp Winkler, Lisa Matzack

### „TOO GOOD TO GO“

Lebensmittel vor der Mülltonne retten und die Verschwendung eindämmen – so das Ziel der App „Too good to go“. Über 200 Frankfurter Betriebe, darunter Bäcker, Supermärkte, Cafés und Restaurants, bieten an, dass Kunden sich Restbestände, die ansonsten weggeworfen werden müssten, per Smartphone reservieren lassen und zum Ladenschluss günstig kaufen können.
**www.toogoodtogo.de**

### OPEN-AIR-FITNESS

Sport im Freien steht mehr denn je hoch im Kurs. Unter anderem auf der Fitnessanlage im Volkspark Niddatal spart man das Geld fürs Studio. An zehn Geräten trainiert man Ausdauer, Beweglichkeit, Gleichgewicht, Koordination und Kraft. Erklärtafeln informieren über Aufwärmübungen, die effektivste Trainingsabfolge, geeignete Belastungsstufen für Anfänger und Fortgeschrittene sowie die richtige Übungsweise.
**www.frankfurt.de**

Foto: Stefan Maurer

### FRANKFURT VON OBEN

Freie Sicht auf die Skyline hat man von mehreren Gebäuden. So lässt sich beispielsweise von der Panoramaterrasse der Galeria Kaufhof ein schöner Blick werfen. Noch höher hinaus geht es bei einer Führung im Domturm, die auch Einblicke in die Türmerwohnung sowie Glockenstube gestattet. Eine beeindruckende Kulisse inmitten der Hochhäuser bietet nicht zuletzt die Aussichtsplattform des MainTower (www.maintower.de). Im Stadtwald schließlich ist der 2017 abgebrannte Goetheturm wieder-errichtet worden. Die Aussichtsplattform auf 43 Metern Höhe beschenkt Besucher mit einem einmaligen Blick auf die Stadt und den Taunus im Hintergrund.

### FLUGZEUG-FANS

Ob mit oder ohne Fernweh – der Flughafen übt immer eine große Anziehungskraft aus. Auf der Food Plaza im Terminal 2 hat man bereits von McDonalds aus durch die riesige Glasfront einen tollen Blick auf die Start- und Landebahnen. Direkt nebenan geht es zur Besucherterrasse, die ohne Sicherheitskontrolle betreten werden kann. Für die „Planespotter“ ist der Frankfurter Flughafen besonders aufgrund des umfangreichen Cargo-Traffics und der vielen internationalen Passagier-Airlines interessant. Zwei Plattformen, je eine westlich und nord-westlich des Geländes gelegen, bieten freie Sicht auf landende Flugzeuge.
**www.frankfurt-airport.com**

### BÜCHER AUSLEIHEN

Die Stadtbücherei Frankfurt bietet Kindern und Jugendlichen bis zum vollendeten 18. Lebensjahr einen kostenfreien Bibliotheksausweis an. Mit einem Bibliotheksausweis der Stadtbücherei können Sie in 18 öffentlichen Bibliotheken ausleihen und die digitales Medienangebote der Stadtbücherei nutzen. In allen Bibliotheken der Stadt werden Bücher, Hörbücher, Filme, Musik, Games, Zeitungen, Zeitschriften, digitale Medien und vieles mehr für alle Altersstufen angeboten. Neben dem großen Medienangebot gibt es eine Vielzahl von Veranstaltungen.
**stadtbuecherei.frankfurt.de**

### TIERISCH

Der ehrenamtlich geführte Kobelt-Zoo in Schwanheim bietet 300 Tieren auf 17.000 Quadratmetern eine Heimat. Er ist kostenfrei und ein beliebtes Ausflugsziel vor allem für Familien mit kleinen Kindern.
**https://kobelt-zoo.de**

**EIN ZEHNER**
Auch die nächste Generation Konzertbesucher soll die Möglichkeit erhalten, die Konzerte der Alten Oper zu besuchen, dem schmalen Geldbeutel zum Trotz! Daher bietet die Alte Oper allen jungen Menschen bis 25 Jahren für die Eigenveranstaltungen der Alten Oper Konzerttickets zum Preis von zehn Euro an – und das bereits im Vorverkauf. Wer sich kein Ticket aus diesem limitierten Kontingent sichern konnte, dem sei die Abendkasse empfohlen: Restkarten können dort von Schülern, Studierenden und Auszubildenden bis 25 Jahren zum Preis von 15 Euro erworben werden. Darüber hinaus erhalten Schüler, Studierende und Auszubildende bis 25 Jahre 50 Prozent Ermäßigung im Vorverkauf, auch online.
**www.alteoper.de/zehner**

**TAUSCHRING**
Neu oder zu klein? Der Tauschring Bockenheim ist eine Suche-Biete-Börse. Menschen bieten einander Hilfe an, verschenken oder tauschen Ware gegen Dienstleistung. Angebote gibt es u.a. für Haushalt, Reparaturen, Kleidung und Garten.
**www.tauschringbockenheim.de**

**WASSERSPIELPLÄTZE**
Kinder können auf den Wasserspielplätzen spielen, planschen und sich abkühlen. Mit Ausnahme des Palmengartens kann der Nachwuchs alle Spielbereiche kostenfrei nutzen. **Eine Übersicht über die Wasserspielplätze in Frankfurt gibt es auf www.frankfurt.de, Suche: Wasserspielplätze.**

# FRANKFURT **GÜNSTIG BIS GRATIS** ERLEBEN

## FRANKFURT **ON A BUDGET**

Frankfurt doesn't have to be expensive. Exploring and experiencing the city can cost very little and sometimes nothing at all. For example, entrance to many museums and exhibition halls is free on the last Saturday of each month (**www.kultur-frankfurt.de**).
Since June 2020, children under the age of 18 can enter the city's museums and zoo for free. (**www.kufti.de**) In addition, children up to the age of 14 can use the public pools without charge. (**www.frankfurter-baeder.de**)
A free view of the Frankfurt skyline can be had from the roof-top terrace of the Galleria Kaufhof department store, from the cathedral tower or the viewing platform of the Main Tower (**www.maintower.de**).
The rebuilt Goetheturm located in the Frankfurt city forest, which burned down in 2017, is once again open to the public.Free literature is available at the approximately 80 "öffentliche Bücherschränke" (public bookcases) where you can take books for free and of course donate some of your own if you like. By the way, free drinking water can be had at the corner of the Zeil and Liebfrauenstrasse, and on the Fressgass.(**www.mainova.de**).

# **FRANKFURT** BEWEGT

**Von A wie Aerobic bis Z wie Zehnkampf reicht die Palette der Sportarten, die in Frankfurt angeboten werden. Wahrscheinlich mehr als 200 zurzeit. Tendenz eher steigend. So zählt seit März 2022 der Bobsport dazu, der bei der Eintracht nicht nur eine neue Heimat gefunden hat, sondern bei der WM im Frühjahr 2024 zur neuen Macht im Eiskanal avancierte.**

Wobei: In Frankfurt gibt es nicht nur den durch die Vereine organisierten Sport, sondern viel mehr: etwa den Montags-Lauftreff am Main, das Dienstags-Skaten durchs abendliche Frankfurt, die Mittwochskicker im Ostpark, die Läufer, Skater oder Radler am Main und die Wanderer im Stadtwald bis zu den Fitnessleuten in den unzähligen Studios, den Schwimmern in den 14 Hallen- und Freibädern, den Kufencracks in der Eissporthalle oder den Ruderern auf dem Main. Eine Liste, die sich beinahe unendlich verlängern lässt.

Den Titel Sportstadt verdient sich Frankfurt nicht, weil der Deutsche Olympische Sportbund, der Deutsche Turner-Bund und der Deutsche Fußball-Bund neben vielen anderen Sportverbänden in der Stadt am Main zu Hause sind, weil die Eintracht hier kickt oder die Stars des American Football immer wieder im Stadtwald aufschlagen werden, sondern weil allein über 400 Turn- und Sportvereine ihren mehr als 230.000 Mitgliedern, sprich: einem Drittel der in Frankfurt lebenden Menschen, ein schier endloses Breitensportangebot offerieren. Unter dem Dach des Sportkreises Frankfurt e.V., der als Organisation dem Landessportbund Hessen angeschlossen ist.

Selbst wer lieber zuschaut, statt selbst aktiv zu werden, ist in Frankfurt auf einem Top-Niveau unterwegs. Internationales Hallenreitturnier, Frauen- und Männerfußball in den höchsten Spielklassen ebenso wie Basketball, Volleyball oder Eishockey, Profi-Radsport, Triathlon-EM oder der älteste Stadtmarathon der Welt – die Stadt am Main ist in Sachen Sportevents eine international klangvolle Adresse.

Auch weil Frankfurter Vereine mit ihren Teams in zahlreichen Sportarten in der ersten oder zweiten Bundesliga vertreten sind. Von Eishockey und Golf bis hin zu Squash und Trampolinspringen. Von American Football und Bowling bis zu Cricket und Darts, von Rollstuhl-Tischtennis und Rudern bis zu Rugby, Schwimmen oder Squash. Und inzwischen eben auch Bob. Kurzum: Die Sportstadt Frankfurt wird ihrem inoffiziellen Titel absolut gerecht.

## AUF EINEN BLICK

Der Sportkreis Frankfurt bietet gemeinsam mit der Mainova den Online-Auftritt „Mainova Sport Rhein-Main“. Dort haben die Vereine die Möglichkeit, ihre Sport und Bewegungsangebote einem breiten Publikum zu präsentieren und auf sich aufmerksam zu machen.
**www.mainova-sport.de**

## **SPORT** GESTERN UND HEUTE

Beginnend mit der Gründung der ersten Sportvereine dokumentiert die Dauerausstellung des „Eintracht Frankfurt Museums“ das sportliche Treiben in Frankfurt vom 19. Jahrhundert bis zur Gegenwart.
**www.museum.eintracht.de**

## **GUT** ZU FUSS

### WANDERN, KLETTERN, BOULDERN

Die Sektion Frankfurt am Main des DAV hat schon früh eine zentrale Rolle im Deutschen Alpenverein gespielt. Gegründet wurde sie am 3. September 1869. In der Frankfurter Sektion schnüren über 10.000 Mitglieder regelmäßig die Wanderschuhe. Damit nicht genug, gehört längst auch klettern und bouldern zum Angebot.
**www.dav-frankfurtmain.de**

### SKATING

Das „Tuesday Night Skating“ lockt von April bis Oktober jeden Dienstagabend als schnellstes Night-Skating Deutschlands mehrere Tausend Inlineskater. Zwischen 20.30 und 23 Uhr werden unter Polizeibegleitung verschiedene Strecken zwischen 34 und 48 km auf öffentlichen Straßen gefahren. **www.t-n-s.de**

### LAUFEN

Gelaufen wird in Frankfurt fast immer: Die Region Frankfurt am Main ist schließlich ein Läufer-Paradies. Mit derzeit 78 Laufrouten steht Freizeitsportlern und Aktivurlaubern vor Ort ein großes und sehr abwechslungsreiches Angebot zur Auswahl. Insgesamt führen 42 Joggingstrecken und 36 Inline-Skating-Strecken durch die Region. Wer es organisiert mag, ist beim Montags-Lauftreff richtig. Los geht's um 19.30 Uhr am Frankfurter Laufshop (Große Friedberger Straße 37-39). Gelaufen wird etwa eine Stunde in unterschiedlichen Geschwindigkeitsgruppen zwischen 4:30 und 6:30 Minuten pro Kilometer und somit ca. 8 bis 13 km, je nach Gruppe. Eine Voranmeldung ist nicht erforderlich. Lauftreffs sind auch das Herzstück des Vereins Spiridon Frankfurt. Gelaufen wird an mehreren Tagen in der Woche in kleineren Gruppen, in unterschiedlichen Geschwindigkeiten auf unterschiedlichen Strecken. Auch Walker sind willkommen.
**https://frankfurter-laufshop.de**
**www.spiridon-frankfurt.de/lauftreff**

## **MAL** WAS ANDERES

### SEGELN

Der Main mit seinen vielen Segelvereinen wie dem Frankfurter Yachtclub e. V., dem Fahrtensegler-Club Königstein 1995 Ffm. e. V., dem Hanseatischen Segel Sport Club e. V., dem Polizeisportverein Grünweiß e. V., Abteilung Motor- und Segelboot, dem Segel Club Undine e.V. oder auch der Sport- und Kulturgemeinschaft Frankfurt, Abteilung Wassersport, bietet für Anfänger und Könner ein interessantes Segelrevier.

### PARKOUR UND FREERUNNING

Parkour und Freerunning haben sich als Trendsportarten längst etabliert und Frankfurter Sportvereine haben die beliebten Disziplinen in ihr Programm aufgenommen. Oft so angepasst, dass sie in der Halle ausgeführt werden können.

Infos: Eintracht Frankfurt Turnen, Parcouring, Tricking, **www.eintracht.de**, FTG Frankfurt Parkour, **www.ftg-frankfurt.de**, Turngemeinde Zeilsheim Parkour, **www.tg-zeilsheim.de**, VfL Goldstein Parkour und Freerunning, **www.vfl-goldstein.de** oder TSV Bonames Parkour, **www.tsvb.de/angebot/items/parkour.html**

### TAUCHEN

In Frankfurt wird nicht nur viel und schnell geschwommen, sondern auch getaucht. Etwa bei der Abteilung Tauchen des Höchster Schwimmvereins 1893 e. V. Dort wird seit vielen Jahren Sporttauchen, Tec-Tauchen sowie Kinder- und Jugendtauchen angeboten.
**www.hoechster-schwimmverein.de/tauchen**

### CAPOEIRA

Seit Jahren erfährt die Kampfkunst Capoeira hohen Zulauf und steigende Popularität. Ein Exot unter den Kampfsportarten ist sie durch die Mischung aus Musik, Akrobatik und Kampf.

**Infos:**
Eintracht Frankfurt e.V.
www.eintracht-frankfurt.de
Frankfurter Turnverein 1860
**www.ftv1860.de**
Sportclub Bushido Frankfurt
**E-Mail: Info@bushido-Ffm.de**
Tanz- und Kampfkunst Miudinho
**www.capoeira-cdo-frankfurt.de/kontakt.5.html#Startseite**
TuS Makkabi Frankfurt e.V.
**www.makkabi-frankfurt.de**
TSV Sachsenhausen 1857
**www.tsvsachsenhausen.de**
Turngemeinde Bornheim 1860 e.V.
**www.tgbornheim.de**
FTG Frankfurt
**www.ftg-frankfurt.de/ftg/**
TSV Bonames (Kindertraining)
**www.tsvb.de/angebot/it**

### TRAMPOLINSPRINGEN

Der im Jahre 2003 gegründete Trampolin Verein Frankfurt FLYERS 2003 e.V. gewann bereits mehrere Male Gold bei Deutschen Meisterschaften sowie Medaillen bei Europameisterschaften, im Erwachsenen- sowie im Jugendbereich, bei Einzel- sowie Mannschaftswertungen.
**www.frankfurt-flyers.de**

## **GOLF** UND **MINIGOLF**

Auf diversen öffentlichen Golfanlagen im Rhein-Main-Gebiet kann man sich auch ohne Handicap oder Mitgliedschaft an den Golfsport herantasten und erste Versuche auf Fairways und Grüns wagen. Allerdings ist auf den meisten Plätzen die Platzreife oder eine Platzerlaubnis (Golf-Führerschein) erwünscht, damit der Platz gut behandelt wird. Daher würden wir empfehlen, die Golfanlagen vor dem Spiel kurz zu befragen. Auch die zahlreichen privaten Golfclubs bieten gegen ein Greenfee Plätze für Tagesgäste an.

**Frankfurter Golf Club e. V.**
Golfstraße 41
Tel.: (0 69) 666 23 18-0
**www.fgc.de**

**Golf Range Frankfurt**
Am Martinszehnten 6
Tel.: (0 69) 95 09 27 44
**www.golfrange-ffm.de**

### MINIGOLF

Eine Menge Spaß garantiert die 3D Schwarzlicht Minigolfanlage in Frankfurt, eine neonfarbene Graffiti-Indoor-Erlebniswelt mit besonderen 3D-Effekten auf zwei Etagen.

**SCHWARZLICHTHELDEN GMBH & CO. KG**
Berger Straße 138 Tel.: (0 69) 76 06 87 10
**www.schwarzlichthelden.de**
**MINIGOLF AN DER NIDDA**
Hadrianstraße 50, 60439 Frankfurt
**https://minigolf-frankfurt-an-der-nidda.business.site**
**MINIGOLF IM PALMENGARTEN**
Siesmayerstraße 61, 60323 Frankfurt

### ESPORTS

Als erster eingetragener eSport-Verein im Raum Frankfurt bietet der 1. Esport Club Frankfurt jedem passionierten Gamer die Möglichkeit, sich im hessischen und deutschen Esport zu engagieren und diesen weiter voranzubringen. Mit starkem Fokus auf die stetig wachsende Community hat sich der Verein vom Hochschulsport der Goethe-Universität Frankfurt zu einem eSport-Breitensportverein weiterentwickelt. Mit dem Ziel, der eSport-Community in Frankfurt ein Zuhause zu bieten und jedem Spieler die Möglichkeit zu geben, sich weiterzuentwickeln und ein Teil einer starken Community zu sein.

**1. Esport Club Frankfurt e.V.**
**Sophienstraße 78**
**60487 Frankfurt am Main**
**https://frankfurt-esports.de**

Seit Januar 2019 ist Eintracht Frankfurt im eSports aktiv. Ziel ist die Ausbildung lokaler Talente durch ein vielfältiges und nachhaltiges Angebot. Als primäre Anlaufstelle für Talente aus dem Rhein-Main-Gebiet bildet das eSports-Trainingszentrum am Riederwald das Herzstück des Engagements. Das Angebot ist für alle Interessenten zugänglich, sofern sie Mitglied im eSports-Bereich von Eintracht Frankfurt sind.

### STAND-UP-PADDLING

Stand-Up-Paddling, oder kurz SUP, ist ein faszinierendes Freizeiterlebnis, gepaart mit einem ganzheitlichen Ganzkörpertraining, das sowohl Kraft als auch Ausdauer und Koordination stärkt.

**Frankfurter Stand-Up-Paddling (SUP) Sportverein e.V.**
**Grüneburgweg 51**
**Tel.: 0179-6 91 01 64**
**www.sup-verein.de**

**RUDERN**
Frankfurt hat eine gehörige Portion Anteil an der Entwicklung des Rudersports in Deutschland Mitte des 19. Jahrhunderts. Die Gründung des ersten Rudervereins erfolgte 1865 mit dem Frankfurter Ruderverein. 62 Jahre später, 1927, wurde ebenfalls in Frankfurt mit dem Frauen-Ruderverein Freiweg der erste selbstständige und bis heute einzige Frauen-Ruderverein gegründet.

**SCHLITTSCHUHLAUFEN (IN & OUTDOOR)**
Eissporthalle Frankfurt
Bornheimer Hang
www.eissporthalle-ffm.de

**EISSTOCKSCHIESSEN**
Seit 1959 gibt es die Eissportabteilung von Eintracht Frankfurt, die sich inzwischen aus Curling, Eisstock und seit kurzem Bobsport zusammensetzt.
**www.eintracht-frankfurt.de**

**BOXEN**
Boxen ist eine der ältesten Sportarten der Menschheit. Und immer noch eine der beliebtesten – nicht nur für Zuschauer. Es sorgt für Kraft, Ausdauer, Schnellkraft und Koordination.
**Executive Sports Club**
**Reuterweg 18 - Die Welle – Haus 5**
**Tel.: 0151-28 02 87 98**
**www.executive-sportsclub.de**
**Le Boxeur Frankfurt e.V.**
**Rödelheimer Landstraße 75**
**Tel.: (0 69) 71 37 33 50**
**www.leboxeur-frankfurt.de**

**FUSSBALL**
Erstligist Eintracht Frankfurt spielt seine Heimspiele im Deutsche Bank Park. Die Mannschaft holte einen Meistertitel (1959), den UEFA-Cup 1980, den DFB-Pokal 1974, 1975, 1981, 1988 und 2018, gewann die UEFA-Europa League 2022 und erreichte als erster deutscher Verein 1960 das Finale des Europapokals der Landesmeister.

Die Fußballfrauen von Eintracht Frankfurt sind aus dem 1. FFC Frankfurt hervorgegangen, spielen in der 1. Frauen Fußballbundesliga und haben sieben Mal die Deutsche Meisterschaft, drei Mal den UEFA-Cup, neun Mal den DFB-Pokal und (2015) die Womens' Champions League gewonnen. Ihre Heimspiele tragen die Frauen im Stadion am Brentanobad oder im Deutsche Bank Park aus.

Der FSV Frankfurt spielt in der Regionalliga Südwest und trägt seine Heimspiele in der PSD Bank Arena im Stadtteil Bornheim aus.

**BASKETBALL**
Die Fraport Skyliners spielen in der 2. Basketball Bundesliga und können auf eine ruhmhafte Geschichte verweisen. 2004 errang das Team die Deutsche Basketballmeisterschaft, 2005 den Vizemeistertitel und 2016 den FIBA Europe Cup. Spielort ist die Fraport Arena im Stadtteil Unterliederbach.

**EISHOCKEY**
Die Löwen Frankfurt spielen seit 2014 in der DEL2. Der Club wurde 2010 in Nachfolge der Frankfurt Lions aus dem Nachwuchsverein Young Lions Frankfurt ausgelagert. Übers Eis jagen die Löwen in der Eissporthalle Frankfurt.

**RUGBY**
Der SC Frankfurt 1880 ist im deutschen 15er-Rugby das Maß der Dinge. Drei Mal hintereinander (insgesamt neun Meisterschaften in der Vereinsgeschichte) gewannen die Herren des SC 1880 den Meistertitel. Mit etwa 300 Kindern und Jugendlichen hat der Verein zudem die größte Rugby-Jugendabteilung in Deutschland.

## HIGHLIGHTS

Das Traditions-Radrennen am 1. Mai „Rund um den Henninger-Turm" wurde 2009 nach dem Ausstieg des Hauptsponsors umbenannt in „Eschborn-Frankfurt City Loop", 2010 dann in „Rund um den Finanzplatz Eschborn-Frankfurt". Seit 2018 nach der Übernahme der Tour de France-Veranstalter heißt das Rennen kurz und bündig „**Eschborn-Frankfurt**".

Im Mai findet traditionell das **Frankfurter Ruderfest** statt. Dann stehen der Main und die Uferpromenade ganz im Zeichen des Rudersports und bieten dazu am Ufer Action, Musik und Spannung für die ganze Familie.

Jedes Jahr im Advent lädt Frankfurts **„Gudd Stubb"** zu vier Tagen Pferdesport auf höchstem Niveau. Ein hochkarätiges Teilnehmerfeld bestreitet beim Internationalen Festhallen Reitturnier seine Dressur- und Spring-Wettbewerbe in der stimmungsvoll geschmückten Festhalle, außerdem zeigen in eigenen, speziellen Prüfungen die Nachwuchs-Reiter und -Pferde ihr Können.

Über 20.000 Läuferinnen und Läufer werden am letzten Sonntag im Oktober von Hunderttausenden von Marathon-Fans, die an der Strecke für Stimmung sorgen und die sportlichen Höchstleistungen als Zuschauer genießen, beim ältesten Stadtmarathon der Republik angefeuert. Der nächste **Mainova Frankfurt Marathon** findet am 27. Oktober 2024 statt.

Internationale Hochleistungssportlerinnen und -sportler machen die **Mainova IRONMAN European Championship** zu einem Triathlon-Großereignis. Jeden Sommer bringt die weltgrößte IRONMAN-Qualifikation in Frankfurt/Rhein-Main die Weltklasse an den Start. Mehr als 2.300 Teilnehmer aus über 60 Nationen und Hunderttausende Zuschauer an den Strecken machen den IRONMAN zu einem internationalen Fest. Aber nicht nur Profis gehen auf die Strecke, sondern auch die Amateure, die im Alter von 18 bis 80 neben Beruf und Familie den Sport ausüben. Der Termin: 18. August 2024.

## VEREINE

**EINTRACHT FRANKFURT**
ist der größte Verein der Stadt mit rund 139.000 Mitgliedern. Die Profi-Abteilung Fußball ist als Eintracht Frankfurt Fußball AG ausgegliedert. Zum Verein zählen neben der Fan- und Förderabteilung Frauenfußball, Turnen, Leichtathletik, Hockey, Boxen, Tennis, Handball, Rugby, Tischtennis, Basketball, Eissport, Radsport, Tischfußball, Fitness- und Gesundheit, Fechten, Volleyball, Ringen, Funsport, Eishockey, Kampfsport, Bobfahren, Schwimmen, Rhythmische Sportgymnastik, Dart, Triathlon, Ultimate Frisbee, Cheersport, Trampolin und eSports.
**www.eintracht-frankfurt.de**

**TG BORNHEIM**
Die Turngemeinde Bornheim 1860 e. V. hat über 31.000 Mitglieder und ist der größte Turnverein Hessens. Die Abteilungen: Badminton, Basketball, Flag Football, Golf, Hap Ki Do, Indoor Cycling, Jazz Dance Black Angels, Klettern, Quidditch, Tennis und Zweier-Prellball. Das Sportprogramm umfasst aber auch Angebote wie Aereal Yoga, Babyschwimmen, Judo, Karate, Familien-Turnen, BBOP, Fit in der Schwangerschaft, Pilates, Eltern-Kind-Klettern und Koronarsport.
**www.tgbornheim.de**

**FTV**
Im Frankfurter Turnverein sind über 1.900 Mitglieder, davon etwa 45 Prozent Kinder und Jugendliche in 18 Abteilungen aktiv. Mannschaften im Kegeln, Baseball, Schach, Tennis und Judo sind in hohen Spielklassen aktiv. Schachspieler, Fechter, Hip-Hop-Tänzer und Judoka, insbesondere deren Nachwuchs, sind teilweise

Stammgäste auf dem Siegerpodest von Hessenmeisterschaften und stellen sogar Deutsche Meister. Einige haben auch die Qualifikation für Europa- und Weltmeisterschaften geschafft und haben sich dort sehr achtbar geschlagen. Die Abteilungen: Aikido, Baseball/Softball, Dance Connection, Fun for Kids, Gymwelt, Jazz, Judo, Karate, Kegeln, Schach, Steps & Styles, Tischtennis, Wandern, Fechten und Qi-Tanz und Qi-Gong. Übrigens: Die Hip-Hop-Tänzer des FTV 1860 holten 2016 vier Deutsche Meistertitel und weitere Top-Platzierungen. Im Fechten wurde im Jugendbereich in der Mannschaftswertung zwei Mal die Deutsche Meisterschaft und ein Mal die Deutsche Vizemeisterschaft erreicht.
**www.ftv1860.de**

**FTG**
Die Frankfurter Turn- und Sportgemeinschaft 1847 ist mit über 9.000 Vereinsmitgliedern einer der größten Sportvereine in Frankfurt. Über 1.000 Stunden Sport pro Woche, die in drei vereinseigenen Sportzentren und rund 20 anderen Sportstätten stattfinden, werden von rund 250 Trainern geleitet. Organisiert wird alles von 16 hauptamtlichen Mitarbeitern. Sie haben die 112 verschiedenen Sportangebote für Erwachsene, Kinder, Jugendliche, Familien und Senioren, aber auch für Schwangere, Babys, junge Mütter und Väter stets im Blick. Von A wie Aqua Fitness bis Z wie Zumba Kids – für jedes Alter und Können reicht das Angebot. Egal, ob man sich für Functional Training oder Linedance begeistert, etwas für die Gesundheit tun will oder sich für Rückenfitness, Osteoporose-Gymnastik oder Yoga interessiert.
**www.ftg-frankfurt.de**

## TANZEN

**Nicht nur die Tanzschule von Motsi Mabuse in direkter Nachbarschaft zu Frankfurt in Eschborn bietet tanzbegeisterten Menschen die Möglichkeit, sich aufs Parkett zu wagen. Schüler, Singles, Paare, Senioren – sie alle können in Frankfurts Tanzschulen lernen, wie schön das Tanzen sein kann. Zahlreiche Tanzschulen in Frankfurt bieten Kurse und Veranstaltungen für alle Altersklassen an.**

**Die Tanzschule Carsten Weber GmbH**
Bolongarostraße 113
Tel.: (0 69) 30 29 76
info@die-tanzschule.de
**www.die-tanzschule.de**

**Tanzschule Monika Bauer**
Kaiserstraße 42
Tel.: (0 69) 30 03 46 34
monikabauer@tanzschulefrankfurt.de
**www.monika-bauer.de**

**Ballett und Tanzstudio M. Balzer**
Brönnerstraße 9
Tel.: (0 69) 62 47 98
kontakt@ballett-tanzstudio-balzer.de
**www.ballett-tanzstudio-balzer.de**

**Tanzschule momento cubano**
Leipziger Straße 17a
Tel.: 0176-23 37 97 29
info@ibert-salsa.de
**www.ibert-salsa.de**

**LaCalidad Dance Center Frankfurt**
Borsigallee 45
Tel.: 0176-207 19 63 8
info@lacalidad.de
**www-lacalidad.de**

**Tanzschule Wernecke**
Eschenheimer Anlage 40
Tel.: (0 69) 72 72 17
info@wernecke.de
**tanzschule-wernecke.de**

**Tanzszene**
Kurfürstenstraße 60
Tel.: (0 69) 70 20 20
info@tanzszene.de
**www.tanzszene.de**

**Tanzschule Conexión**
Am Industriehof 7
Tel.: (0 69) 82 36 70 80
info@conexion.de
**www.conexion.de**

## ÜBRIGENS

Die erste internationale Großveranstaltung in Frankfurt war die **1. Arbeiterolympiade 1925**. Zu diesem Anlass wurde im Frankfurter Stadtwald das neue Waldstadion errichtet und am 21. Mai 1925 eingeweiht. An den Spielen

nahmen 3.000 aktive Sportler aus zwölf Ländern teil. Im selben Jahr wurden die Radrennbahn und Kunsteisbahn Frankfurt fertiggestellt.

Eislaufen und Tennis waren lange Zeit die bevorzugten Sportarten der Frankfurter. 1861 wurde als erster Eissportverein Deutschlands der „**Frankfurter Schlittschuhclub**" gegründet, der mit der Lawn-Tennisvereinigung Palmengarten zum bis heute existierenden SC SAFO Frankfurt fusionierte. 1892 fand

die zweite Deutsche Meisterschaft im Eiskunstlauf statt. Neben dem Palmengarten gab es eine Eisbahn im Badeschiff am Main, ebenfalls am Main befanden sich die Anlagen des FREC. Übrigens: Die erfolgreichsten Eisläufer der Stadt haben zwischen 1957 und 1964 bei Olympischen Spielen sowie Welt- und Europameisterschaften 8 Mal Gold, 4 Mal Silber und 5 Mal Bronze im Paarlauf geholt. **Marika Kilius und Hans-Jürgen Bäumler** wurde deshalb 2011 in die Hall of Fame des deutschen Sports aufgenommen.

Turnen war im Zweiten Kaiserreich die populärste Sportart. Seit 1860 ist das **Deutsche Turnfest** ein bedeutendes sportliches Großereignis. Frankfurt war bisher fünf Mal Gastgeber: 1880, 1908, 1948, 1983 und 2009.

**Muhammad Ali und Karl Mildenberger** kämpften am 10. September 1966 im Frankfurter Waldstadion vor 35.000 Zuschauern gegeneinander. Während Mildenbergers unorthodoxer Boxstil Ali in den ersten Runden des Kampfes Unbehagen bereitete, gewann Ali den Kampf durch einen technischen Knockout in der 12. Runde.

Weitere Sport-Höhepunkte: Am 13. Juni 1974 fand im Waldstadion die **Eröffnungsfeier der Fußball Weltmeisterschaften** statt. Das spätere Halbfinalspiel Deutschland gegen Polen am 3. Juli 1974 ging aufgrund der Platzverhältnisse als Wasserschlacht von Frankfurt in die Sportgeschichte ein.

Am 26. Juni 1980 wurde in Frankfurt mit dem Frankfurter Radprofi **Dietrich Thurau** im Peleton die **Tour de France 1980** gestartet. Es wurde ein Einzelzeitfahren über 7,6 km als Prolog veranstaltet, das der spätere Gesamtsieger Bernard Hinault gewann.

Bei der **Fußball-Weltmeisterschaft der Frauen 2011** war Frankfurt der wichtigste der neun Spielorte. Zwei Gruppenspiele und ein Halbfinale fanden hier statt sowie, am 17. Juli 2011, das Finale der Weltmeisterschaft.

Bisher wurde fünf Mal in Frankfurt ein **Fußball-Europapokal** überreicht. Am 21. Mai 1980 gewann Eintracht Frankfurt im eigenen Stadion den UEFA-Pokal. 2002, 2004, 2006 und 2008 fanden die Endspiele des Europapokals der Frauen in Frankfurt statt, drei davon gewann der 1. FFC Frankfurt. Die Finale 2004 und 2006 fanden im Stadion am Bornheimer Hang statt, die übrigen im Waldstadion.

Das Endspiel um den **DFB-Pokal** findet seit 1985 regelmäßig in Berlin statt. Bis dahin wechselte der Finalort fast jährlich. Fünf Pokalfinale (1966, 1969, 1976, 1982 und 1984 das letzte, das nicht in Berlin gespielt wurde) wurden in Frankfurt ausgetragen.

# TOLLE STIMMUNG UND SPEZIELLE ATMOSPHÄRE

**Es ist ein Tennis-Highlight der absoluten Weltklasse: Die Bad Homburg Open powered by Solarwatt. Das WTA-Tennisturnier findet seit 2021 im Kurpark Bad Homburg statt und bietet Spitzentennis mit Wimbledon-Flair, Sommerfest-Atmosphäre und ein vielseitiges Entertainment-Programm. Die Turnierbotschafterin der Bad Homburg Open Angelique Kerber im Gespräch.**

Die Bad Homburg Open gelten in der Saison als Generalprobe vor dem Grand-Slam-Turnier in Wimbledon. Spielstätte für das Turnier in Bad Homburg vor der Höhe ist der Tennis-Club Bad Homburg. Der Hauptplatz hat eine Kapazität von 3.500 Plätzen. Das Teilnehmerfeld umfasst 32 Spielerinnen (Einzel) und 16 Paare (Doppel). Ab 2024 wird das Turnier von einem der Kategorie 250 zu einem der Kategorie 500 aufgewertet.

Wimbledonsiegerin Angelique Kerber wird bei den Bad Homburg Open (22. bis 29. Juni 2024) ihr Comeback im Kurpark feiern und dort nach ihrem zweiten Titel greifen – 2021 hatte die Turnierbotschafterin die Premiere des Rasenevents gewonnen.

**Wimbledonsiegerin Angelique Kerber feiert 2024 ihr Comeback bei den Bad Homburg Open**

„Die tolle Stimmung auf den Tribünen und die spezielle Atmosphäre im Publikumsbereich sind wirklich immer etwas Besonderes", sagt die ehemalige Nummer 1 voller Vorfreude auf den kommenden Sommer.

**Was bedeuten die Bad Homburg Open powered by Solarwatt für die Region?**
Die Bad Homburg Open sind ein Boutique-Tennisturnier mit Wimbledon-Flair, das den Menschen aus dem Rhein-Main-Gebiet die Möglichkeit bietet, nach einer kurzen Anreise Spitzentennis hautnah im geschichtsträchtigen Kurpark zu erleben. Und: Dank der sportlichen Aufwertung zu einem WTA 500 Turnier, das unter anderem die Verdreifachung des Preisgeldes auf knapp 1 Mio. Dollar garantiert, beginnt schon diesen Sommer eine neue Ära mit etlichen Highlights. Damit gehören die Bad Homburg Open powered by Solarwatt zu den größten deutschen Frauensport-Veranstaltungen. Wir setzen alles daran, der noch jungen Turniergeschichte in den kommenden Jahren weitere Erfolgskapitel hinzuzufügen – mit Unterstützung der Zuschauerinnen und Zuschauer, der Fans aller Altersklassen und natürlich der gesamten Region. Ganz wichtig ist uns dabei, dass sowohl der Sommerfest- als auch der Boutique-Charakter des Events erhalten bleiben. Unser Motto ist: Wimbledon beginnt jedes Jahr in Bad Homburg – ein bisschen zumindest!

**Was bedeutet die Region für die Bad Homburg Open?**
Das kontinuierliche Engagement unserer Partner aus der Region und die Begeisterung der Fans machen die Durchführung einer solchen Veranstaltung überhaupt erst möglich. Der TC Bad Homburg zum Beispiel, der älteste Tennisclub auf dem europäischen Kontinent, stellt seine wunderschöne Anlage als Austragungsstätte für das Turnier zur Verfügung. Für uns ist es der größte Ansporn, wenn wir merken, dass die Unterstützung in der Region für Wimbledon-Tennis im Kurpark weiter wächst. Das ist einfach großartig! Und wir möchten Interessierten aus der Region das Angebot machen, während der Turnierwoche die besondere Atmosphäre im Kurpark zu genießen. Unser Publikumsbereich mit dem Baloise Park Village als Schauplatz des Rahmenprogramms und die Matchcourts 1+2 mit neuen Tribünen bleiben weiterhin frei zugänglich.

# RAUS AUS DEM STRESS, **REIN IN DIE ENTSPANNUNG**

**Zeit für sich selbst nehmen, den hektischen Alltag ausblenden und Körper und Geist einfach etwas Gutes tun. Gönnen Sie sich eine kleine Auszeit vom Trubel, denn auch in der pulsierenden Mainmetropole lässt sich wunderbar entspannen. Ein paar Anregungen.**

**THE SPA IM STEIGENBERGER FRANKFURTER HOF**
**Am Kaiserplatz**
**Tel.: (0 69) 21 59 08**
**https://hrewards.com/de/steigenberger-icon-frankfurter-hof/wellness-spa**

Die Kunst des Wohlbefindens. Auf mehr als 1.000 Quadratmetern erleben Gäste im The Spa sorgfältig ausgewählte Beauty-Behandlungen, Entspannungsrituale und Spa-Treatments aus aller Welt. Europäische Spa-Traditionen verbinden sich mit kreativen Impulsen für Schönheit und Wohlbefinden aus allen Himmelsrichtungen. Hier kann man das Ritual des Türkischen Bades genießen oder in das orientalische Rassoul abtauchen. Perfekt abgestimmte Massagen oder ganzheitliche Anwendungen beleben Körper und Geist. Fürs gute Aussehen helfen zudem u.a. Behandlungen beim Gentlemen's Barber oder das breite Angebot an Beauty-Anwendungen. Körper, Geist und Seele werden hier gleichermaßen verwöhnt. Dabei können sich die Gäste stets auf die Erfahrung, Kompetenz und das Einfühlungsvermögen der geschulten Mitarbeiter verlassen und erleben darüber hinaus bei jeder Anwendung den feinen Unterschied hochwertiger Pflegeprodukte.

**DAVID LLOYD CLUB FRANKFURT**
**Europa-Allee 4**
**Tel.: (0 69) 6 67 78 67 30**
**www.meridianspa.de**

Im David Lloyd Club Frankfurt im Skyline Plaza entspannen Besucher über den Dächern der Mainmetropole. Hier können Sie auf mehreren Ebenen die Seele baumeln lassen, nach Herzenslust saunieren, im großen runden Pool mit Glaskuppel schwimmen und es sich bei Massagen oder Beauty-Anwendungen von geschulten Händen gut gehen lassen. Die rund 1.600 Quadratmeter große Dachterrasse ist ein weiteres Highlight. Sie bietet reichlich Raum für Ruhe und Entspannung.

**SOKAI IM THE WESTIN GRAND FRANKFURT**
**Konrad-Adenauer-Str. 7**
**Tel.: 0177-7 66 94 80**
**https://sokai.de/spa**

Das Sokai-Spa in der sechsten Etage des „The Westin Grand" Frankfurt sorgt für Rundum-Wellness-Momente. Gäste werden hier mit Dampfbad, Finnischer Sauna, Schwimmbad, verschiedenen Massagen, zahlreichen Gesichtsbehandlungen sowie Maniküre und Pediküre verwöhnt.

**ELEMENTS ESCHENHEIMER TURM**
**Bleichstraße 57**
**Tel.: (0 69) 9 28 85 50**
**www.elements.com**

Auf einer Fläche von mehr als 3.500 Quadratmetern lädt das Elements Eschenheimer Turm seine Gäste zu All-inclusive-Training und Wellness im stilvollen Naturambiente ein. Freuen Sie sich auf hochwertige Ausstattung mit modernsten Trainingsgeräten, großzügige Trainingsflächen und auf ein abwechslungsreiches Kursprogramm in zentraler Lage. Oberste Priorität genießt ein persönlicher und individueller Service für jedes Mitglied. Am Eschenheimer Turm steht jedoch nicht nur die körperliche Fitness im Fokus. Sie möchten etwas für Ihr seelisches Wohlbefinden tun? Dann tauchen Sie ab und entspannen sich in der einmaligen Wellnesslandschaft. Besuchen Sie beispielsweise den Entspannungspool, die Finnische Sauna, Biosauna, Dampfbad oder den separaten Damenwellnessbereich oder genießen Sie eine Massage.

**TAGESSCHÖNHEITSFARM**
**HAMAM & SPA**
**Zeil 51**
**Tel.: (069)29 92 46 69**
**www.hamamfrankfurt.de**

Gäste erleben hier asiatisch-orientalisches Flair – mit Türen aus Bali, Wandbildern aus Thailand, Einrichtungsgegenständen aus Indien, dem Fußboden aus Saudi-Arabien und weißem Marmor aus der Türkei ist im Zentrum Frankfurts eine kleine Oase der Entspannung und Ruhe entstanden. Den Gästen stehen mehrere Behandlungsräume für Gesichts- und Körperbehandlungen sowie Wellness-Massagen zur Verfügung. An den großzügig gestalteten Hamam- und Ayurveda-Bereich schließt sich eine Outdoor-Lounge an, die zum Relaxen und Chillen einlädt.

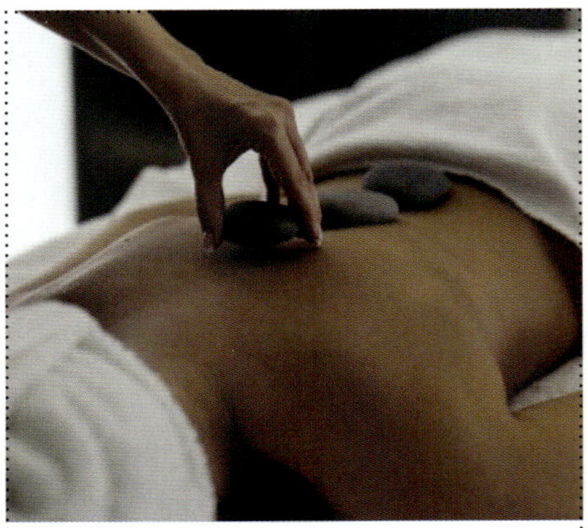

**SOFITEL OPERA SPA**
**Opernplatz 16**
**Tel.: (0 69) 2 56 69 58 78**
**www.sofitel-frankfurt.com**

Französischer Glanz. Von strahlenden, hautstärkenden Erlebnissen, die entgiften und revitalisieren, bis hin zur schicken, ruhigen Umgebung: In dem 400 Quadratmeter großen Wellnessbereich mit Sauna und Dampfbad können Gäste des Sofitel Opera Spa entspannen und sich verwöhnen lassen. Belebende Entspannungsmassagen aus verschiedenen Kulturen sowie luxuriöse Kosmetikbehandlungen mit hochwertigen französischen Produkten lassen allen Stress vergessen.

**FRANKFURTER BÄDER**
**TITUS THERMEN, NORDWESTZENTRUM**
**Walter-Möller-Platz 2**
**Tel.: (0 69) 27 10 89 12 00**

**RIEDBAD**
**Fritz-Schubert-Ring 2**
**Tel.: (0 69) 27 10 89 16 00**
**www.frankfurter-baeder.de**

Entspannte Auszeiten bieten auch die Frankfurter Bäder. So ist beispielsweise die Saunalandschaft der Titus Thermen aufgrund ihrer Größe und Ausstattung wohl einzigartig. Auf drei Etagen befinden sich insgesamt 12 Erlebniskabinen von 45° C bis 100° C. Mit einer Gesamtgröße von über 2.700 Quadratmetern gehört diese wohl zu den größten Saunaanlagen ihrer Art. Das Angebot umfasst unter anderem mehrere Saunen von 85° bis 100° C, zwei Dampfbäder mit 45° C sowie weitere Erlebniskabinen von Infrarot über Solebad bis hin zu Bio-Saunen mit 60° C. Zur Erholung zwischen den Saunagängen findet man dort auch einen Indoor- und Outdoor-Whirlpool sowie ein umfangreiches Massageangebot inkl. Hamam.

Angelehnt an das Flair der Altstadt von Bergen wurde die Saunalandschaft im Riedbad saniert und vergrößert. Die rustikal gestalteten Wände mit Fachwerk prägen das Erscheinungsbild dieser Saunaanlage. Jedoch versteckt sich hinter dieser mittelalterlich wirkenden Fassade eine modernes und vielseitiges Saunaangebot.

3x IM RAUM
FRANKFURT

# ATTRAKTIV AUCH IM **BESTEN ALTER**

**Sie haben schon eine ansehnliche Anzahl an Lebensjahren absolviert, das Berufsleben hinter sich und sich nun entschlossen, ihr Leben auch weiterhin selbstbestimmt und aktiv zu gestalten und den Ruhestand zu genießen? Herzlich willkommen in Frankfurt am Main!**

**Lachyoga hält jung! Diese Frankfurter Seniorinnen setzen auf die Kraft einer positiven Einstellung zum Leben.**
**TIPP: www.lachclub-frankfurt.de**

Wer die Stadt bereits kennt, weiß, dass die Mainmetropole weit mehr ist als Banken- und Messestadt. Alle anderen werden dies nach wenigen Ausflügen durch die Stadt ebenfalls feststellen.

**Frankfurt ist Kultur:** Nicht nur die Museumslandschaft mit dem Museumsufer ist einzigartig für eine Stadt dieser Größenordnung. Auch das sonstige Kulturangebot, von der Musik über das Ballett bis zum Theater, sucht seinesgleichen. Dabei ist es nicht nur die Hochkultur, die beindruckt, denn eine Vielzahl an kleineren Bühnen und anderen Veranstaltungsorten bietet ein facettenreiches und anspruchsvolles Programm für jeden Geschmack.

**Frankfurt ist grün:** Abwechslungsreiche Parks und Gärten, der etwa 68 Kilometer lange GrünGürtel oder kleine grüne Oasen in allen Stadtteilen laden zum Spazierengehen oder Verweilen und sorgen für ein besseres Klima inmitten der Stadt.

**Frankfurt ist Bürgerstadt:** Viele Einrichtungen in Frankfurt gehen auf Initiativen von Bürgern zurück: das Bürgerhospital, der Palmengarten oder das Städel Museum. Bis heute ist das ehrenamtliche Engagement der Frankfurterinnen und Frankfurter ein wesentlicher Bestandteil einer gut funktionierenden Stadtgesellschaft. Ob im Großen oder Kleinen: Mit Ihrem Engagement und Ihrer Erfahrung können Sie nicht nur einen Beitrag zum gesellschaftlichen Zusammenhalt leisten, Sie bleiben selbst fit und aktiv und finden schnell Anschluss an Gleichgesinnte.

**Frankfurt ist Vielfalt:** Menschen aus rund 180 Nationen und nahezu allen Religionen der Welt haben ihren Wohnsitz in Frankfurt. Sie prägen damit entscheidend das kulturelle Leben in der Stadt, das so vielfältig ist wie kaum andernorts.

**Frankfurt hilft:** Ein umfangreiches Unterstützungsangebot seitens der Stadt, konfessioneller oder freier Träger bietet Hilfe in allen denkbaren Notlagen.
Als zentrale Anlaufstelle hierfür dient das Rathaus für Senioren in der Hansaallee 150.

Einige Möglichkeiten, aktiv am Stadtleben zu partizipieren, Frankfurt auch hinter den Hochglanzfassaden der Bürotürme zu entdecken, haben wir nachfolgend zusammengetragen.

## **GUT** INFORMIERT

**RATHAUS FÜR SENIOREN**

Die Stadt Frankfurt bietet mit dem Rathaus für Senioren in der Hansaallee eine zentrale Anlaufstelle für ältere Menschen. Hier erhalten Sie Informationen zu Fragen des Frankfurter Beratungs- und Hilfesystems, des Wohnens oder der Sozialversicherung. Daneben bietet das Amt Freizeit- und Erholungsangebote für Seniorinnen und Senioren, fördert bürgerschaftliches Engagement und gibt die Frankfurter Seniorenzeitschrift heraus.

**Hansaallee 150, 60320 Frankfurt**
**www.aelterwerden-in-frankfurt.de**
**Tel.: (0 69) 2 12-4 99 11**

**STADT FRANKFURT IM BLICK**

Seit 1974 gibt die Stadt Frankfurt eine Zeitschrift heraus, die explizit Älterwerdende und deren Belange fokussiert. Das thematisch breit gefächerte Magazin hat titelgebend die „Stadt Frankfurt im Blick" und bietet Informationen aus der Stadtverwaltung, fundiert recherchierte Artikel, Unterhaltendes, Historisches und vieles mehr. Es liegt an zahlreichen Stellen in der Stadt aus oder wird für 12 Euro im Jahr auch direkt nach Hause geliefert. www.stadt-frankfurt-im-blick.de

**Tel.: (0 69) 21 23 34 05**
**info.senioren-zeitschrift@stadtfrankfurt.de**

**SENIORENBEIRAT FRANKFURT**

Unter Oberbürgermeister Rudi Arnd hat die Stadt Frankfurt 1973 als erste Stadt in Hessen einen Seniorenbeirat eingeführt. Der Seniorenbeirat Frankfurt versteht sich als Bindeglied zwischen Politik und älteren Menschen und somit als deren Sprachrohr. Das Hauptanliegen ist die Förderung und das Recht auf ein selbstbestimmtes Leben im Alter. Er berät die städtischen Organe in allen Angelegenheiten, die Senioren betreffen, und sind ein wichtiger Ansprechpartner in den 16 Ortsbeiräten der Stadt Frankfurt. Er besteht aus 17 Mitgliedern, die durch den Magistrat berufen werden. Er tritt zusammen, sooft es seine Aufgaben erfordern.

**Geschäftsstelle Seniorenbeirat**
**Eschersheimer Landstraße 241-249**
**https://senioren-frankfurt.hessen.de**
**Tel.: (0 69) 21 23 77 22**

## FRANKFURT **ERKUNDEN**

**STADTFÜHRUNGEN FÜR SENIOREN**

„Geschichten statt Jahreszahlen" ist das Motto der Frankfurter Stadtführerin Verena Röse. Bei ihren eigens für Senioren ausgearbeiteten Führungen kann man Frankfurt rund um Römer und neue Altstadt gemütlich erkunden. Insgesamt vier thematisch unterschiedliche Altstadtspaziergänge stehen zur Wahl und bieten selbst intimen Frankfurt-Kennern jede Menge Neues. Die maximale Teilnehmerzahl beträgt 15 Personen, die Führungen sind barrierefrei, so dass auch Rollatoren und Rollstühle problemlos mitgebracht werden können.

**www.stadtfuehrungenfrankfurt.de**
**Tel.: 0177-280 36 04**

## **MOBIL IN** FRANKFURT

**SENIORENTICKET HESSEN**

Das Seniorenticket Hessen ist eine persönliche Jahreskarte für alle Seniorinnen und Senioren ab 65 Jahren. Es ist werktags ab 9 Uhr morgens sowie an Wochenenden, Feiertagen und während des Hessentages ganztägig in ganz Hessen und Mainz gültig und kostet 365 Euro im Jahr – also 1 Euro pro Tag. Die Mitnahmeregelung ist in der Standardvariante nicht inbegriffen.

Die Komfort-Variante des Seniorentickets zum Preis von 625 Euro gilt an Werktagen ganztägig und berechtigt zur Fahrt in der 1. Klasse. Außerdem ist es möglich, nach 19 Uhr sowie ganztägig an Wochenenden und Feiertagen einen Erwachsenen und beliebig viele Kinder unter 15 Jahren mitzunehmen.

Es ist dafür kein Verwandtschaftsverhältnis notwendig.

**VERKAUFSSTELLEN: Alle eTicket-Verkaufsstellen im Rhein-Main-Gebiet**



## **AKTIV IN** FRANKFURT

**CAFÉ MELANGE**

Im Herzen Frankfurts, nur ein paar Schritte von Römer und Kaiserdom entfernt, heißt das Café Melange am Römer alle Bürgerinnen und Bürger herzlich willkommen. Der bunte Treffpunkt verbindet Menschen aller Generationen und aller Kulturen – unabhängig von Geschlecht, sexueller Orientierung oder Einkommen. Plauschen Sie mit neuen Bekannten und alten Freunden bei Kaffee und Kuchen oder besuchen Sie die vielfältigen Angebote des Begegnungs- und Servicezentrums wie Lesungen oder Spielenachmittage (u.a. freitags Tanzcafé). Für Fragen und Probleme rund um das Leben im Alter gibt es immer ein offenes Ohr und die Vermittlung qualifizierter Hilfe.

**Begegnungs- und Servicezentrum Melange am Römer**
**Braubachstraße 15b**
**https://frankfurter-verband.de/begegnungszentren/begegnungs-und-servicezentrum-melange-am-roemer**
**Tel.: (0 69) 29 98 07 22 95**

**SENIOREN-FITNESS-ANLAGEN**

An vier Standorten in Frankfurt stehen älteren Menschen Senioren-Fitness-Anlagen zur Verfügung. Die Geräte dort sind an die Bedürfnisse und Anforderungen der Zielgruppe angepasst, was das Risiko von Verletzungen minimiert. Die Anlagen befinden sich allesamt in öffentlichen Grünanlagen, sind aber stets von den stark frequentierten Bereichen etwas abgerückt, um ein ungestörtes Training zu ermöglichen.

**Niederrad: Elli-Lucht-Park, nördlicher Teil des Parks, Ostend: Hafenpark, ein Fitnessbereich speziell für Senioren, Harheim: Riedhalsstraße, direkt beim GrünGürtel-Radweg an der Nidda, Bornheim: Rose-Schlösinger-Anlage (Bornheimer Hang), südwestlicher Teil**

**GRÜNGÜRTEL-RUNDWANDERWEG**
Mit 68 Kilometern Länge ist der Grün-Gürtel-Rundweg der längste Wanderweg Frankfurts. Von der Nidda bis Bergen, zur Gerbermühle am Main, durch den Stadtwald zu den Schwanheimer Dünen bis nach Höchst und wieder entlang der Nidda führt dieser abwechslungsreiche Wanderweg fast immer durchs Grüne. Er lässt sich bequem in 9 Etappen einteilen, aber auch an ein oder zwei Tagen mit dem Fahrrad bewältigen. Den Wegesrand säumen 15 Werke der komischen Kunst, u.a. von Robert Gernhard, Hans Traxler und F. K. Waechter, allesamt Vertreter der Neuen Frankfurter Schule.
**INFO: GrünGürtel-Freizeitkarte kostenfrei erhältlich u. a. in der Tourist Information Römer, Römerberg 27, oder in der Bürgerberatung in der neuen Altstadt, Hinter dem Lämmchen 6.**

**PALMENGARTEN**
Über 22 Hektar erstreckt sich der von Heinrich Siesmayer gestaltete und 1871 eröffnete Frankfurter Palmengarten. Mit seinen rund 13.000 Pflanzenarten aus aller Welt zählt der Garten zu den eindrucksvollsten seiner Art. Schon das historische Palmenhaus ist immer einen Besuch wert, ebenso die weiteren Schauhäuser mit Pflanzen unterschiedlichster Vegetationszonen und die abwechslungsreichen Freilandgärten. Im hektischen Alltag der Großstadt ist der Palmengarten selbst an stark frequentierten Tagen stets eine Oase der Ruhe. Zudem bildet er den atmosphärischen Rahmen für ein attraktives Kultur- und Veranstaltungsprogramm.
**Siesmayerstraße 63, 60323 Frankfurt**
**Tel.: (0 69) 21 23 39 39**
**www.palmengarten.de**

**UNTERWEGS MIT DER MALTESER RIKSCHA**
„Für ein bis zwei Stunden dem Alltag entfliehen" – unter diesem Motto ergänzen die Malteser ihren beliebten Besuchsdienst durch eine Rikscha, die für Ausfahrten in Frankfurt „gebucht" werden kann. Dank einer Spende der Frankfurter Volksbank verfügen die Frankfurter Malteser über eine Fahrrad-Rikscha, mit der bis zu zwei Fahrgäste von einem ehrenamtlichen Piloten bzw. einer Pilotin kostenfrei durch Frankfurt und die nähere Umgebung fahren können. Das kann ein einmaliger Ausflug sein oder sich regelmäßig wiederholen.
**Malteser Hilfsdienst e.V.**
**Schmidtstraße 67**
**www.malteser-frankfurt.de**
**Tel.: (0 69) 9 42 10 50**

**MITEINANDER TELEFONIEREN**
Miteinander telefonieren gegen die Einsamkeit. Ein Angebot der Frankfurter Bürgerinitiative „Gemeinsam gegen Einsamkeit" für alle, die sich einsam fühlen. Einfach anrufen und miteinander sprechen, Tel: 0152 12154756. Kostenlos und vertraulich.
Bürgerinitiative Gemeinsam gegen Einsamkeit für eine solidarische Gesellschaft
**https://gemeinsamgegeneinsamkeit.org**

## EIGENES GRÜN

**KLEIN- UND FREIZEITGÄRTEN**
Sie verfügen über einen grünen Daumen oder wollten schon immer eigenes Obst und Gemüse anbauen? In einem der über hundert Kleingartenvereine der Stadt lässt sich nach Herzenslust säen, jäten, ernten. Als Vereinsmitglied profitieren Sie dazu vom Erfahrungsschatz der Mitgärtner und einem regen Vereinsleben. Die Vergabe der freien Gärten erfolgt jeweils durch die Vereine selbst, eine Übersicht der Anlagen ist auf den Internetseiten der Stadtgruppe Frankfurt der Kleingärtner e.V. und des R.V. Kleingärtner Frankfurt/Rhein-Main e.V. zu finden.
**www.stadtgruppe-frankfurt.de oder www.rv-kleingarten.de**
**Tel.: (0 69) 54 09 33 oder (0 69) 98 95 74 71**

**URBAN GARDENING**
Dass selbst auf der kleinsten Fläche Platz fürs Grün ist, beweisen die zahlreichen Urban-Gardening-Projekte in Frankfurt. Hier geht es nicht nur um die Pflanzen: Die Stadtgärten bieten auch Raum für das soziale Miteinander, wo Menschen unterschiedlichster Herkunft und aller Generationen aufeinandertreffen und sich austauschen. Das Frankfurter Grünflächenamt koordiniert die Flächen und gibt Tipps, wo Sie sich in Ihrer Nähe engagieren können.
**Grünflächenamt**
**Adam-Riese-Straße 25, 60327 Frankfurt**
**www.gruenflaechenamt.stadt-frankfurt.de, Tel.: (0 69) 21 24 00 67**

## LERNEN

**UNIVERSITÄT DES 3. LEBENSALTERS**
Bei den Veranstaltungen der Universität des 3. Lebensalters handelt es sich häufig um Seminare, bei denen eine aktive Mitarbeit (durch Referat, Bericht, Thesenpapier o. Ä.) der Teilnehmenden erwünscht ist. Davon unterscheiden sich die Vorlesungen, in denen Dozentinnen und Dozenten Vorträge halten. Die Kürzel S (Seminar), V (Vorlesungen), die Sie über die jeweilige Veranstaltungsform informieren, befinden sich an den Veranstaltungsbeschreibungen im Veranstaltungsprogramm. Darüber hinaus können Sie in der Rubrik Studienmethoden Einführungen in das wissenschaftliche Arbeiten besuchen.
**Campus Bockenheim**
**Neue Mensa, Raum 425**
**Bockenheimer Landstr. 133**
**www.u3l.uni-frankfurt.de**
**Tel.: (0 69) 79 82 88 61**

**VOLKSHOCHSCHULE FRANKFURT**
Noch mal eine neue Sprache erlernen oder die Geheimnisse der Ölmalerei entdecken? Im Schreibkurs die eigene Biografie erstellen oder Zumba zu lateinamerikanischen Rhythmen tanzen? Von Wassergymnastik über Bridge bis zur Schulung im Umgang mit Smartphone, Internet und Co. reicht das Angebot der Volkshochschule Frankfurt. Damit hält man nicht nur Körper und Geist fit, aus den Veranstaltungen heraus ergeben sich auch nahezu von selbst Kontakte zu Gleichgesinnten.
**Sonnemannstraße 13**
**60314 Frankfurt**
**https://vhs.frankfurt.de**
**Tel.: (0 69) 21 27 15 01**

## KREATIV SEIN

**SENIORENORCHESTER**
Das 1979 gegründete Seniorenorchester des Frankfurter Verbands gleicht in seiner aktuellen Besetzung aus Akkordeon, Bassblockflöte, E-Bass, E-Piano, Horn, Keyboard, Klarinette, Klavier, Percussion, Querflöte, Saxofon, Schlagzeug, Trompete und Violine dem eines Salonorchesters. Sein Programm reicht von Operetten- und Musicalmelodien bis zu Walzern, Märschen, Polkas und Evergreens. „Nachwuchs" ist stets willkommen!
PROBE: montags 10 – 13 Uhr
**Haus der Begegnung im Sozialzentrum Marbachweg**
**Dörpfeldstr. 6, 60435 Frankfurt**
**www.seniorenorchester-frankfurt.jimdofree.com**
**Tel.: (0 60 71) 7 39 09 10**
**(Wolfgang Gregor)**

**SENIOREN-INITIATIVE HÖCHST**
An die kreativen Seniorinnen und Senioren im Westen Frankfurts wenden sich die vielseitigen Angebote der Senioren-Initiative Höchst, ein Angebot des Frankfurter Verbands. Ob Literaturgruppe oder Singkreis, Kreativkurs oder Theatergruppe – hier kann sich jeder und jede nach Herzenslust einbringen, ein neues Hobby ausprobieren und dabei viele nette Kontakte schließen.
**Senioren-Initiative Höchst**
**Gebeschusstraße 44**
**65929 Frankfurt-Höchst**
**https://frankfurter-verband.de/begegnungszentren/senioren-initiative-hoechst**
**Tel.: (0 69) 29 98 07-22 21**
**Tel.: (0 69) 31 75 83**

# HELFEN

**TIERSCHUTZVEREIN FRANKFURT**

Sie hatten schon immer ein Haustier, möchten sich im Alter aber kein eigenes Tier mehr anschaffen? Der Frankfurter Tierschutzverein im Stadtteil Fechenheim freut sich über jede Art der ehrenamtlichen Unterstützung. Gefragt sind besonders Tierfreunde, die den dort gestrandeten Kleintieren ein wenig Aufmerksamkeit schenken, und Hundeausführer, die im Idealfall über Erfahrung im Umgang mit schwierigeren bis hin zu Listenhunden haben.

**Ferdinand-Porsche-Str. 2-4,**
**60386 Frankfurt**
**www.tsv-frankfurt.de**
**Tel. :(0 69) 42 30 05**

**REPAIR-CAFÉS**

An mehreren Standorten der Stadt haben sich Repair-Cafés etabliert, die stets versierte ehrenamtliche Helferinnen und Helfer suchen. Ältere Menschen, die gut im Umgang mit Werkzeug oder Nähmaschine sind, können hier ihre ganze Erfahrung einbringen und so einen aktiven Beitrag zur Unterstützung von Menschen mit geringem Haushaltsbudget – und ganz nebenbei einen aktiven Beitrag zur Ressourcenschonung – leisten. Denn nicht alles, was defekt ist, muss auf dem Müll landen. Repair-Cafés gibt es in etlichen Frankfurter Stadtteilen. Eine Auflistung bietet die Internetseite der Stadt Frankfurt unter **www.frankfurt.de/themen/klima-und-energie/klimaschutz/konsum-und-ernaehrung/repair-cafe**

**KINDERBETREUUNG**

Sie haben Spaß im Umgang mit Kindern? Beim Projekt „Bunte Barke“ des Frankfurter Verbands gilt das Motto „von Alt für Jung“. Gemeinsam mit ausgebildeten Pädagogen betreuen ehrenamtliche Seniorinnen und Senioren bis zu 12 Schulkinder der Klassen 1 bis 4. Die Kinder werden zunächst bei ihren Hausaufgaben begleitet und anschließend kreativ in ihrer Freizeitgestaltung unterstützt.

**Zentrum Dornbusch,**
**Hansaallee 150**
**Eingang im Pfadfinderweg**
**www.frankfurter-verband.de/bunte-barke**
**Tel.: (0 69) 29 98 07-23 54**
**(Alina Pergande)**

**LESEPATEN**

Die Frankfurter Lesepaten sind 2011 entstanden. Derzeit arbeiten etwa 400 Lesepatinnen und Lesepaten an 65 Grund- und Förderschulen. Und das in fast allen Frankfurter Stadtteilen. Die ehrenamtlich tätigen Bürgerinnen und Bürger helfen den sechs- bis zehnjährigen Kindern in den Grundschulklassen beim Lesen und Lernen der deutschen Sprache. Denn wer gut liest, lernt leichter. Deshalb ist es so wichtig, Grundschülerinnen und Grundschüler dabei zu unterstützen, dass aus Lesefrust Leselust wird.

**DIE FRANKFURTER LESEPATEN e.V.**
**Schnappbornweg 42**
**www.die-frankfurter-lesepaten.de**
**Tel.: 0160 974 197 89**

**PATENGROSSELTERN**

Viele junge Eltern wünschen sich jemanden, der ihnen einfach mal mit Rat und Tat zur Seite steht. Früher waren diese „Ratgeber“ in den meisten Familien die Großeltern. Heute leben junge Familien häufig von ihren Herkunftsfamilien entfernt und wünschen sich trotzdem für sich und ihr Kind den bereichernden Kontakt mit der älteren Generation. Die Oma-Opa-Vermittlung des Familienzentrums Monikahaus möchte eine Brücke zwischen liebevollen Senioren und jungen Familien bauen und sucht Menschen der Generation 50plus, die u.a. ihr Erfahrung weitergeben und Familien unterstützen möchten.

**Familienzentrum Monikahaus**
**Sozialdienst katholischer Frauen e. V.**
**Ortsverein Frankfurt**
**Kriegkstraße 32-36**
**Tel.: (069) 97 38 23 0**
**www.monikahaus.de**

... Apfelwein das mit Abstand kalorienärmste alkoholische Getränk ist? 1 Liter enthält gerade einmal 366,5 kcal, 3,6 g Kohlenhydrate, 450 mg Eiweiß und einen Alkoholwert von 5 bis 7 Vol %.

... das Bahnhofsviertel der Fleck mit der höchsten Hoteldichte der Welt ist?

... sich im Kaisersaal im Römer 52 Gemälde mit allen Königen und Kaisern des Heiligen Römischen Reiches Deutscher Nation befinden?

... das Gallus (43.937 Einwohner) knapp vor Bockenheim der Stadtteil mit der höchsten Bevölkerungszahl Frankfurts ist?

... etwa 80 Prozent der Einwohner einen Park im Umkreis von 300 Metern um ihre Wohnung haben (52 Prozent der Stadtfläche Frankfurts sind grün).

... es in Frankfurt rund 3.400 offizielle Straßen gibt? Dabei ist die Eschersheimer Landstraße mit 9.512 m die längste, die Mainstraße mit 7 m die kürzeste.

... der Frankfurter Stadtwald (5.786 Hektar) sechzehnmal größer ist als der Central Park (350 Hektar) in New York?

... die größte Ost-West-Ausdehnung 23,4 Kilometer und die größte Nord-Süd-Ausdehnung des Frankfurter Stadtgebiets 23,3 Kilometer beträgt?

... in Frankfurt 187 Nationen und Menschen aus den unterschiedlichsten Kulturen und Religionen friedlich zusammenleben? Die Stadt außerdem mit mehr als 100 berufs- und honorarkonsularischen Vertretungen der zweitgrößte deutsche Konsularstandort ist?

... die goldene Amtskette des Frankfurter Oberbürgermeisters etwa zwei Kilo wiegt und einen Anhänger aus Elfenbein hat?

... Frankfurt Partnerschaften mit 17 Partnerstädten auf vier Kontinenten unterhält? Die Partnerstädte sind Lyon (Frankreich), Birmingham (England), Deuil-La Barre (Frankreich), Mailand (Italien), Kairo (Ägypten), Tel Aviv (Israel), Guangzhou (China), Toronto (Kanada), Budapest (Ungarn), Prag (Tschechische Republik), Leipzig (Deutschland), Granada (Nicaragua), Krakau (Polen), Dubai (Arabische Emirate), Yokohama (Japan), Eskişehir (Türkei), Philadelphia (USA).

... in die „Grüne Soße" traditionell sieben Kräuter gehören? Das sind: Borretsch, Kerbel, Kresse, Petersilie, Pimpinelle, Sauerampfer und Schnittlauch.

... die beste Trinktemperatur für Apfelwein bei etwa 12 Grad Celsius liegt?

... der Eiserne Steg 173,59 m lang und 5,44 m breit ist und dass für ihn etwa 50 Tonnen Stahl verbaut wurden? Das entspricht etwa dem Gewicht von 100 Afrikanischen Elefanten.

... der Gesamtumfang des Stadtgebietes 113 Kilometer beträgt?

# **WUSSTEN SIE EIGENTLICH,** DASS …

# EINE SPANNENDE **MELANGE**

**Nele Neuhaus, geboren in Münster/Westfalen, lebt seit ihrer Kindheit im Taunus und schreibt bereits ebenso lange. Ihr 2010 erschienener Kriminalroman „Schneewittchen muss sterben" brachte ihr den großen Durchbruch, heute ist sie die erfolgreichste Krimiautorin Deutschlands. Ihre Bücher erscheinen in über 30 Ländern. Außerdem schreibt sie Romane sowie Pferdegeschichten für Teenager.**

Nele Neuhaus mit ihrem Hund „Akela" (Australian Cattle Dog) im Wohnzimmer ihres Wohnhauses in Bad Soden

**Wie wichtig war und ist der Taunus für die Taunus-Krimis?**
Sehr wichtig! Mein allererstes Buch, der Thriller „Unter Haien", spielt in New York, aber als sich in meinem Kopf eine wunderbare Idee für ein neues Buch entwickelte, habe ich die Geschichte zunächst in einer fiktiven Gegend verortet. Weil ich mich schlichtweg nicht getraut habe, eine reale Gegend zu nutzen. Aber dann dachte ich mir, es gibt schon Eifel- und Allgäukrimis, also warum nicht auch einen Taunus-Krimi? Mir war nicht bekannt, dass der Taunus irgendwo schon mal literarisch verarbeitet wurde, und bei genauerer Betrachtung stellte ich sehr schnell fest, dass der Taunus, so wenig spektakulär er auch daherkommen mag, unglaublich viele Facetten hat. Von den Menschen in den wohlhabenden Gemeinden im Vordertaunus bis zu denen, die in den kleinen Dörfern im Hintertaunus leben. Tatsächlich bietet der Taunus nicht nur landschaftlich, sondern auch von seinen Bewohnern her unglaublich viele Möglichkeiten. Das wurde mir bei meinen Recherchen schnell klar und jetzt, zehn Taunus-Krimis später, muss ich sagen: Der Taunus lässt sich immer noch weitererzählen.

**Wenn der Taunus in einem Atemzug mit New York genannt wird, klingt das ausgesprochen gut. Inwiefern bieten die Menschen im Taunus und der Metropolregion durch die Autorenbrille betrachtet genügend Vielschichtigkeit?**
Durch die hohe Fluktuation, die das Rhein-Main-Gebiet mit sich bringt, wird die Region auch durch eine sehr große Vielfältigkeit geprägt. Da gibt es die Ureinwohner in den kleinen Orten, von denen ich in meinen Büchern oft und gerne erzähle. Das ist schon ein eigenes Völkchen, das seit Generationen dort verwurzelt ist und nicht selten die Leichen in den Kellern der Nachbarn kennt. Anders als bei den Menschen aus Ostfriesland oder Bayern gibt es keine echten Klischees über den Taunusbewohner, aber er ist schon eine ganz eigene Spezies. Zusammen mit all den Neuankömmlingen bilden sie eine spannende Melange und für mich als Autorin ein großes Potenzial.

**Und was bedeuten die Krimis für den Taunus?**

Ich hatte gerade Lesungen in Bern und in Hamburg und wurde gefragt: Taunus – wo ist denn das eigentlich genau? Dann antworte ich: in der Nähe von Frankfurt am Main und schon kommt die hörbare Erkenntnis beim Gegenüber. Und dann wird im Handy geguckt und vielsagend genickt. Der Taunus wird gerne unterschätzt. Er ist nicht so spektakulär, seine Schönheit und Vielseitigkeit erschließt sich erst auf den zweiten Blick. Wenn man die A3 entlangfährt, steht zwischen den Abfahrten Idstein und Bad Camberg ein großes Schild: Taunus. Aber das war's dann auch schon. Und das haben die Taunus-Krimis so ein klein wenig geändert. Etwa dadurch, dass es mittlerweile Touren durch die Region auf Spuren meiner Bücher gibt und das nicht nur auf Deutsch, sondern auch auf Polnisch, Holländisch oder etwa Koreanisch, weil meine Bücher eben auch dort sehr gerne gelesen werden. Das heißt: Tatsächlich gibt es mittlerweile Menschen, die gezielt in den Taunus kommen, um die Orte, die Landschaft und die Sehenswürdigkeiten zu sehen.

**Wie oft sind Sie verführt, die Nähe zu Frankfurt mit all dem kriminellen Bodensatz, den gerade diese Metropole zu bieten hat, auszunutzen und einen Ausflug etwa ins Rotlichtmilieu zu unternehmen?**

Eigentlich gar nicht so groß. Ich lege meine Fälle nach wie vor gerne im Taunus an. Wobei meine Ermittler Oliver von Bodenstein und Pia Sander durchaus mal den einen oder anderen Ausflug nach Frankfurt machen dürfen. Beim vorletzten Buch – In ewiger Freundschaft – ging es um einen Buchverlag in Frankfurt und im aktuellen Krimi – Monster – spielt das Landgerichtsgebäude an der Konstablerwache eine wichtige Rolle und natürlich müssen sie auch immer zum Institut für Rechtsmedizin in der Kennedyallee fahren. Aber größtenteils spielen sich meine Krimis vor und hinter dem Bergkamm des Taunus ab, und das ist gut so und wird auch so bleiben.

Foto: © Taunus Touristik Service e.V.

# SCHLICHTWEG **„DIE HÖHE“**

## **FREIZEITREGION** TAUNUS

Auch wenn Frankfurt bei der 1.200-Jahrfeier seinen Hausberg nur als omnipräsente und hübsche Kulisse genutzt, aber in die Feierlichkeiten nicht eingebunden hat, steht der Taunus bei den Menschen in der Rhein-Main-Region hoch im Kurs. Kein Wunder: Mit öffentlichen Verkehrsmitteln oder über die Autobahn 661 und die Bundesstraße 8 ist der Frankfurter Hausberg schließlich vom Stadtgebiet aus in maximal 20 bis 25 Minuten problemlos zu erreichen. Und das natürlich nicht nur, wenn Siegfriedschuss und andere Rodelhänge mit 30 und mehr Zentimetern Neuschnee zum winterlichen Vergnügen laden.

Der Taunus rund um den Großen Feldberg in 881 Metern Höhe lockt das ganze Jahr über mit unberührter Natur, vielfältigen Wanderwegen, Erlebnispfaden, lauschigen Parks und Gärten. Lebhafte Mittelzentren wie Bad Homburg und Oberursel und hübsche Städte und Dörfer laden zum Bummel ein. Burgen, Schlösser, Aussichtstürme und Publikumsmagneten wie das Römerkastell Saalburg in Bad Homburg, der Opel-Zoo in Kronberg, der Freizeitpark Lochmühle in Wehrheim, das Freilichtmuseum Hessenpark in Neu-Anspach, das Taunus Informationszentrum in Oberursel, die Vogelburg Weilrod oder die Falknerei auf dem Großen Feldberg bieten viel Abwechslung.

Dabei trifft man nicht nur auf Relikte aus der Zeit der Römer – der Hauptkamm des Taunus ist nicht umsonst von Ost nach West auf voller Länge durchzogen vom UNESCO-Welterbe Limes – oder der Kelten fast überall und am besten zu Fuß auf einem der 210 ausgeschilderten, 1.200 Kilometer langen Wege. Dann begegnet man großer Geschichte und kleinen Geschichten, geheimnisvollen Anekdoten und sagenumwobenen Naturdenkmälern. An vielen Stellen mit Rekonstruktionen und Schautafeln spannend aufbereitet. Insgesamt umfasst der Naturpark Taunus ein fast 1.350 Quadratkilometer großes Gebiet, in dem die heimische Pflanzen- und Tierwelt sich entfalten kann. Gleichzeitig ist er bestens für Besucher erschlossen, die hier einer Vielzahl von Freizeitaktivitäten nachgehen können. Wandern, Radtouren, Mountainbiken, Kanu fahren, Klettern oder einfach an einem idyllisch gelegenen Plätzchen die Natur und das Leben genießen.

Für alle, die beim Wandern auch etwas über die Natur, Kultur und Geschichte des Taunus erfahren möchten oder lieber in einer Gruppe unterwegs sind und neue Menschen kennenlernen, bieten die Naturparkführer zahlreiche Touren an. Dabei geht es auf Wegen und Pfaden zum Beispiel auf den Spuren von Rittern und Burgfräuleins oder des Schinderhannes. Oder es geht unter sachkundiger Anleitung in die Pilze, zum geheimnisvollen Altkönig (798 m), zu den Waldgeistern oder am Abend zu den astronomischen Sternbildern am Taunushimmel.

Der erste Höhepunkt des Taunus befindet sich direkt an seinem Fuß: das Taunus-Informationszentrum in Oberursel an der Hohemark, der traditionelle Start- und Treffpunkt für Touren. Es wurde erbaut vom Zweckverband Naturpark Taunus und liegt fast schon mitten in der Natur. Aber mit U-Bahn-Anschluss, vielen Parkplätzen und einer Anlaufstelle für Besucher und Interessierte. Hier erfahren Besucher alles, was sie wissen müssen, um die schönsten Ecken des Taunus zu entdecken. Hier gibt es Sportmöglichkeiten, gutes Essen und Eintrittskarten für Veranstaltungen.

Fotos: © Taunus Touristik Service e.V.

Fotos: © Taunus Touristik e.V.

## SEHENSWERT

### AUSSICHTSTURM GROSSER FELDBERG

Der Aussichtsturm auf dem Großen Feldberg bietet eine spektakuläre Aussicht auf die tiefen Wälder des Hochtaunus, die malerische Mainebene und Frankfurt. Durch eine Turmhöhe von rund 40 Metern blickt man vom Plateau des höchsten Berges im Taunus von über 900 Metern hinab auf Natur- und Kulturlandschaft. Aber es gibt natürlich noch weitere spektakuläre Aussichtstürme in der Region, etwa den Aussichtsturm „Pferdskopf" in Schmitten im Taunus, den Herzbergturm in Bad Homburg v. d. Höhe, die Bergfriede in Königstein, Kronberg oder Falkenstein oder den Wasserturm in Bad Soden.

### LIMES-SPIELPLATZ AUF DEM GROSSEN FELDBERG

Der Limes-Spielplatz, der im Herbst 2022 großzügig erweitert wurde, befindet sich auf dem Gipfelplateau des Großen Feldbergs auf einer 1-650 Quadratmeter großen Wiesenfläche zwischen Fernsehturm, Feldberghaus und Falkenhof.

### BAUMWIPFELWEG

Seit Mai 2023 gibt es in den Wäldern Bad Cambergs diese imposante Attraktion, die zu den wenigen ihrer Art in Hessen zählt. Der Baumwipfelweg ist insgesamt 800 Meter lang und führt über Rampen und Treppen bis auf 31 Meter Höhe.

### ERLEBNIS-HOF KÖPPELWIESE

Der Hof Köppelwiese von Familie Keller ist ein Spiel- und Erlebnisbauernhof mit vielen kleinen und großen Outdoor-Attraktionen auf fast 100.000 Quadratmetern. Die überregional bekannte Hauptattraktion des Hofes in Wehrheim ist ein 3 Hektar großer Irrgarten aus Topinambur (Sonnenblumenart), der einen Durchmesser von 200 m und ein Wegenetz von 2,5 km aufweist. Bei diesem Rundgang sollten ca. 40 Minuten eingeplant werden. Der Hof ist zwischen Mai und Oktober geöffnet. **www.keller-obernhain.de**

### VOGELBURG WEILROD

Die Vogelburg mitten im Naturpark Taunus gelegen, ist ein Vogelpark ganz besonderer Art. Sie verdankt ihre Entstehung und permanente Weiterentwicklung seit 1981 der Initiative eines Vogelliebhabers, der sich aus familiärer Tradition schon seit Jahrzehnten der Pflege von Papageien widmet. Viele Vögel sind handzahm, lassen sich gerne füttern und überraschen den Besucher mit ihren Redekünsten und akrobatischen Klettereien. **www.vogelburg.de**

### BARFUSSPFAD FLECKMÜHLE

Der Barfußpfad Fleckmühle in Bad Homburg führt als Rundweg durch einen wunderschönen Skulpturenpark an Kräutergarten, Streuobstwiese und Weidenlaube vorbei.
**www.galerie-fleck.de**

### AGRAR-KULTUR-ACHSE

Die Agrar-Kultur-Achse, ein frei zugänglicher Erlebnispunkt des Regionalpark RheinMain in Oberursel, informiert anhand zweier Rohrsysteme über die Komplexität der landwirtschaftlichen Produktion und der Anbauprozesse sowie über die vielfältige Nutzung und Vermarktung der Produkte am Beispiel der Pflanze Mais – auf spielerische und unterhaltsame Weise und nicht nur für Familien.

### SCHMITTEN CACHER

Geocachen ist ein Erlebnis für Groß und Klein. Und in Schmitten, rund um den Großen Feldberg, das malerische Weiltal und den Pferdskopf gibt es besonders viele Qualitätsgeocaches zu entdecken! Aufwendig gestaltete Bastelarbeiten sind dabei. Oftmals muss ein kleines Rätsel gelöst werden, bevor man sich dann erfolgreich im Logbuch verewigen darf.
**www.geocaching.com**

### Burg Eppstein

Burg Eppstein ist mit ihren imposanten Befestigungsanlagen als gut erhaltenes Verteidigungssystem des 14. und 15. Jahrhunderts erlebbar. Im Museum von Burg Eppstein ist die 1.000-jährige Geschichte des eindrucksvollen Bauwerks anschaulich aufbereitet.
**www.eppstein.de**

**ESCAPE-CASTLE**
Wie bei „gewöhnlichen“ Escape-Rooms gibt es im Escape-Castle im Bad Homburger Schloss eine spannende Geschichte, die dem Spiel zugrunde liegt: Der Landgraf, das Oberhaupt von Hessen-Homburg, ist verschwunden und es gilt, seinen Aufenthaltsort herauszufinden – in 60 Minuten.
**www.escape-castle.de**

**FREILICHTMUSEUM HESSENPARK**
Unbedingtes Muss für Gäste, Eingeplackte, Zugereiste und alle anderen: das Freilichtmuseum Hessenpark in Neu-Anspach. Auf 65 Hektar Fläche und in mehr als hundert historischen Gebäuden wird die Geschichte des hessischen Dorflebens der letzten Jahrhunderte gezeigt. Da hat Langeweile – selbst beim Nachwuchs – keine Chance.
**www.hessenpark.de**

**FREIZEITPARK LOCHMÜHLE**
Früher eine Getreidemühle mit landwirtschaftlichem Betrieb – heute ein bunter Freizeitpark, der Spiel, Spaß und Natur miteinander vereint: Das ist der seit 50 Jahren existierende Freizeitpark Lochmühle in Wehrheim.
**https://lochmuehle.de**

**HATTSTEINWEIHER**
Die Freizeitanlage Hattsteinweiher mit dem rund 1,6 Hektar großen Gewässer verfügt über einen abgegrenzten Nichtschwimmerbereich. Die ca. 4.500 Quadratmeter große Wiesen-Liegefläche inkl. Sandstrand lockt Erholungssuchende aus der ganzen Region an. Selbst Elvis Presley hat hier schon schöne Stunden verlebt.
**www.usingen.de**

**BURG KRONBERG**
Burg Kronberg ist ein eindrucksvolles Beispiel mittelalterlicher Baukunst, anhand dessen sich der Wandel von einer Verteidigungsanlage zur Wohnburg nachvollziehen lässt. Das weiträumige Außengelände mit Prinzengarten, Lehrergarten und Eibenhain ist für Naturliebhaber ein besonderes Erlebnis.
**www.burgkronberg.de**

**MINIGOLFANLAGEN**
Auf der Minigolfanlage im Grünen direkt oberhalb der Sporthalle Seulberg können sich Jung und Alt von Ostern bis Oktober auf den 18-Loch-Bahnen und der von Bäumen umsäumten Wiese austoben. Weitere Anlagen locken in Kriftel und Bad Soden.
**www.friedrichsdorf.de, www.kriftel.de, www.bad-soden.de**

**OPEL-ZOO**
750.000 Besucher pro Jahr können sich nicht irren: Der Opel-Zoo in Kronberg ist nicht nur neben dem Zoo Frankfurt der zweite größere zoologische Garten im Rhein-Main-Gebiet. Er ist mit seinen fast 2.000 Tieren in mehr als 220 Arten gleich mehrere Besuche wert. Er wurde 1956 auf Initiative von Georg von Opel als Forschungsgehege gegründet und ging 2007 in einer Stiftung auf, und: Der Opel-Zoo finanziert sich ausschließlich durch Eintrittsgelder und Spenden.
**www.opel-zoo.de**

**KELTENRUNDWANDERWEG**
Der Keltenrundwanderweg startet an der Hohemark in Oberursel in unmittelbarer Nähe des Taunus-Informationszentrums. Er führt entlang des Heidetränkbachs über den Höhenrücken „Goldgrube“ und vermittelt einen Eindruck von der Ausdehnung des größten vorgeschichtlichen Geländedenkmals in Hessen.
**www.oberursel.de**

**REGIONALPARK BESUCHERZENTRUM – WEILBACHER KIESGRUBEN**
Das Naturschutzhaus Weilbacher Kiesgruben als Umweltzentrum des Main-Taunus-Kreises verknüpft seit 1991 Natur- und Umweltbildung und Beratung. Das Haus steht am Eingang zu einer rekultivierten Kiesgrubenlandschaft, die zum Erkunden und Erforschen einlädt und ideale Voraussetzungen für praxisorientierte Umweltbildung bietet. Haus und Gelände sind eingebunden in den Regionalpark Frankfurt/RheinMain, den regionalen GrünGürtel. **www.mtk.org, www.regionalpark-rheinmain.de**

**KLETTERWALD TAUNUS**
Im Kletterwald Taunus in Friedrichsdorf wartet ein Abenteuer-, Kletter- und Naturerlebnis, das seinesgleichen sucht. Unter anderem warten der höchste Parcours Deutschlands und die zwei längsten Seilrutschen Hessens auf Bezwinger.
**https://kletterwald-taunus.de**

**BURGRUINE KÖNIGSTEIN**
Die ältesten sichtbaren Mauerteile von Burg Königstein stammen aus der ersten Hälfte des 12. Jahrhunderts. Sie stehen im „Fischgrätmauerwerk“ im Süden und Westen der Befestigungsanlage. Die Burg wurde vermutlich im 11. Jahrhundert zur Sicherung der wichtigen Reichsstraße Frankfurt – Köln erbaut.
**www.burgverein-koenigstein.de**

**ROTHSCHILDPARK**
Der Rothschildpark liegt im Herzen der Stadt Königstein im Taunus. Er hat sich historisch aus einem privaten herrschaftlichen Garten entwickelt mit intensiver Gestaltung und artenreicher Vegetation. Bedeutend ist die Geschichte des Gebäudes, in dem unter anderem die Verhandlungen zum Grundgesetz 1949 geführt wurden.
**www.koenigstein.de**

**SCHLOSS FRIEDRICHSHOF**
Victoria Kaiserin Friedrich, Witwe Kaiser Friedrichs III. und Mutter Wilhelms II., wählte Kronberg als Witwensitz. Hier ließ sie durch den späteren Hofarchitekten Ernst von Ihne Schloss Friedrichshof errichten, wo sie von 1894 bis zu ihrem Tod 1901 die Sommer verbrachte. Seit 1954 wird es als Schlosshotel Kronberg, ein 5-Sterne-Superior Hotel, geführt. Schlossführungen werden an jedem vierten Sonntag eines Monats um 15.30 Uhr, 16.30 Uhr und 17.30 Uhr angeboten. Eine Anmeldung ist erforderlich.
**https://schlosshotel-kronberg.com/oeffentliche-historische-fuehrung**

**STADTMUSEUM HOFHEIM**
Das in unmittelbarer Nachbarschaft des historischen Kellereibezirks gelegene Museumsgebäude wurde 1717 von Johann Jakob Lipp als Wohnhaus für das von ihm erworbene Kurmainzer Hofgut errichtet. Zeitgemäß aufbereitet, präsentiert das Museum in dem Gebäude aus den Anfängen des 18. Jahrhunderts sowie in einem angrenzenden Neubau Exponate als historische Zeugnisse, informiert über sie, stellt aktuelle Bezüge her, ist Lernort und soll auch Spaß machen.
**www.hofheim.de**

**WILDOBSTPFAD**
Auf dem Wildobstpfad in Kronberg sind vom Menschen wenig genutzte und deshalb nicht systematisch gezüchtete Obstsorten zu entdecken, wie zum Beispiel Maulbeere, Mispel und Vogelbeere. Infos per E-Mail an
**umweltreferat@kronberg.de.**

**ZERTIFIZIERTE WANDERWEGE**
Mit dem Taunus Schinderhannes Steig und dem Limeserlebnispfad Hochtaunus befinden sich gleich zwei Qualitätswege des Deutschen Wanderverbandes im Naturpark Taunus.
**www.naturpark-taunus.de**

## VERGANGENHEIT HAUTNAH
## WELTKULTURERBE LIMES

Mag schon sein, dass die Zeiten, in denen Latein als zweite Fremdsprache in der weiterführenden Schule für viele Schülerinnen und Schüler gesetzt gewesen ist, Asterix parallel dazu seine Hochzeiten erlebte und der Klassenausflug zur Saalburg sozusagen in Stein gemeißelt war, vorbei sind. Doch gerade in der Region Rhein-Main haben die Römer so viele Spuren hinterlassen, dass es an ihnen kaum ein Vorbeikommen gibt. Erst recht nicht seit dem Jahr 2005.

Da nämlich wurde der Obergermanisch-Raetische Limes als Erweiterung der ab diesem Zeitpunkt „Grenzen des Römischen Reiches“ genannten Stätte in die Liste der Weltkulturerbestätten der UNESCO aufgenommen. Aus gutem Grund: Mit einer Gesamtlänge von über 500 Kilometern ist er nach der Chinesischen Mauer das zweitgrößte Bodendenkmal der Welt.

Zu einem ansehnlichen Teil direkt vor der Haustür der Frankfurter und ihrer direkten Nachbarn. Die deutschen Teilgebiete umfassen etwa eine Fläche von 250 Quadratkilometern und durchziehen von Bad Hönningen/ Rheinbrohl am Rhein bis zum Kastell Eining an der Donau über 150 Kommunen und 20 Landkreise. Neben im Original erhaltenen römischen Relikten finden sich auch Rekonstruktionen, Ausgrabungen und Nachbauten. Stellenweise ist der Obergermanisch-Raetische Limes, der auf weiten Strecken geradlinig Wald und Feld durchquert, noch im Original erkennbar.

Am besten erhalten ist der Limes im Taunus. Deshalb legten hier am spannendsten Abschnitt des Limes das Saalburgmuseum zusammen mit dem Naturpark Hochtaunus den 30 Kilometer langen Limeserlebnispfad an, der 2012 vom Deutschen Wanderverband als Qualitätsweg zertifiziert wurde.

Dazu zählt auch das Kastell Feldberg etwas unterhalb des Großen Feldbergs in unmittelbarer Nähe der Weilquelle. Aufgrund seiner Lage auf etwa 700 Meter über NN ist es das höchstgelegene Kastell am Limes in Deutschland. Die Kastellruine ist sehr gut erhalten, sie wurde 2005 grundlegend saniert. Hier lassen sich daher sogar die Fundamente der Umwehrung mit den vier Kastelltoren deutlich erkennen.

In Bad Homburg findet sich die bereits erwähnte Saalburg. Ein Muss für alle Geschichtsinteressierten. Auch wenn das Kastell „nur“ ein Nachbau ist. Kaiser Wilhelm II. veranlasste den Wiederaufbau dieses über die Grenzen Hessens bekannten Bauwerks – eine einzigartige Maßnahme bei römischen Militäranlagen. Die Saalburg ist das einzige vollständig rekonstruierte Römerkastell am Limes. Es wurde von 1898 bis 1907 auf dem alten Grundriss wieder aufgebaut. Im Getreidespeicher, dem Horreum, befindet sich heute das Saalburgmuseum, das spannende, historische Fundstücke zeigt, die entlang des Limes gefunden wurden. Im Jahr 2003 begann mit der Rekonstruktion weiterer Gebäude der Ausbau zu einem archäologischen Park. Die Räumlichkeiten innerhalb des Kastells dienen heute als Forschungsinstitut und Museum für Ausgrabungsfunde von der Saalburg selbst und von weiteren Kastellen im Taunus. Das Herzstück dieser Forschungseinrichtung wird von der Fachbibliothek mit einem Bestand von über 30.000 Büchern sowie 2-200 Diapositiven gebildet. Die Geschäftsstelle der 2003 gegründeten Deutschen Limeskommission befindet sich ebenfalls in den Museumsgebäuden.

Hinter der Saalburg befindet sich ein gut erhaltener Limesabschnitt mit Wall und Graben. Hier wurden an einem historischen Durchgang Teile der Befestigung rekonstruiert. Neben diesem Bereich gibt es im Gelände um die Saalburg herum weitere Rekonstruktionen archäologischer Denkmäler aus der römischen Epoche und der Zeit des Wiederaufbaus. Sie erschließen sich dem Besucher bei einem Spaziergang auf dem 2,4 km langen „Rundweg Saalburg“.

## VERGANGENHEIT HAUTNAH
## **WELTKULTURERBE LIMES**

# GRUNDLEGENDE ASPEKTE **MENSCHLICHEN LEBENS**

## IM GESPRÄCH MIT **DR. CARSTEN AMRHEIN,** DIREKTOR RÖMERKASTELL SAALBURG

**Dr. Carsten Amrhein, 1964 in Mainz geboren, studierte Klassische Archäologie, Frühchristliche Archäologie und byzantinische Kunstgeschichte sowie griechische Philologie in Frankfurt/Main und Mainz. Er hat zwei umfangreiche Grabungsprojekte in der Türkei mitgemacht und war als Archäologe zwölf Monate im Mittelmeerraum unterwegs. Seit 2004 ist er als wissenschaftlicher Mitarbeiter im Römerkastell Saalburg tätig, seit 2013 als Museumsleiter. Seinen Auftrag formuliert Dr. Carsten Amrhein ohne Wenn und Aber: „Die Saalburg beherbergt ein Menschheitsbewusstsein – und das müssen wir zeigen."**

**Was bedeutet die Saalburg für Frankfurt?**
In unmittelbarer Nähe zur Metropole Frankfurt und inmitten der grünen Lunge des Rhein-Main-Gebiets entdecken kleine und große Gäste des Römerkastells Saalburg die römische Vergangenheit an ihrem Originalschauplatz. Das wieder aufgebaute Römerkastell liegt ganz in der Nähe des Limes, der antiken Grenze des Römischen Reiches. Die Zeitreise bietet ein eindrucksvolles und lebendiges Bild von der Geschichte, Kultur und Lebensart einer Epoche, die 2.000 Jahre zurückliegt und unsere Region noch heute prägt.
Die originalen Funde im Museum und die rekonstruierten Räume im Kastell führen direkt in die Römerzeit. Ein Rundgang durch den archäologischen Park in der herrlichen Taunuslandschaft macht den Besuch zu einem interessanten und erholsamen Erlebnis. Im Sommer finden in der Saalburg zahlreiche Veranstaltungen zu den verschiedensten Themen statt. Dabei lernen die Gäste römische Soldaten, Händler und Handwerker kennen und können auch selbst aktiv werden. So ist die Saalburg nicht nur ein spannendes Ausflugsziel, sondern trägt ganz wesentlich zur Identifikation der Menschen mit ihrer Umgebung und ihrer Geschichte bei.

**Warum ist es so wichtig, sich mit den Spuren, die die Römer bei uns hinterlassen haben, zu beschäftigen?**
Die Beschäftigung mit den antiken Hochkulturen, insbesondere der Griechen und Römer, ist allein deshalb sinnvoll, weil alles, was Menschen denken und fühlen, erleben und erleiden, schon einmal beschrieben, kommentiert und geteilt worden ist. Deshalb führt der humanistische Bildungsansatz weit über die Beschäftigung mit antiker Geschichte hinaus zu den grundlegenden Aspekten menschlichen Lebens und die haben sich seit der Antike nicht wesentlich verändert.
Auch die Beschäftigung mit der alten Geschichte täte uns heute gut. Viele der Probleme unserer heutigen Welt sind in ähnlicher Form schon aufgetreten, gelöst und schriftlich kommentiert worden auf die ein oder andere Weise. Situationen, die wir heute erleben, sind nicht neu, nur leider sind die erfolgreichen Lösungen nicht bekannt oder vergessen worden.
Das Fundament unserer europäischen Kultur und Zivilisation liegt in Rom, ob man Latein nun wichtig findet oder nicht. Die grundlegenden Verträge der Europäischen Union sind nicht umsonst die „römischen".

**Neben der Saalburg, die eine wunderbare Replik ist, gibt es viele reale Spuren entlang des Limes, die sehenswert sind. Beispielsweise ...**
Eine Wanderung entlang des Limeserlebnispfades im Hochtaunus erschließt weitere, gut erhaltene Kastellanlagen, zum Beispiel die romantisch gelegene Kapersburg bei Roßbach oder das höchst gelegene Limeskastell am Kleinen Feldberg bei Oberreifenberg. Im Taunus sind an vielen Stellen noch deutlich Wall und Graben der Limeslinie zu erkennen. Turmfundamente und auch die Rekonstruktion eines Wachturms am Gaulskopf machen den Ausbau der Grenzlinie anschaulich.

# DIE **WETTERAU**

## … DIE ROPPT DIE ROIWE RAUS …

**Die Runkel-Roiwe-Roppmaschin' (… die roppt die Roiwe raus)**
(Musik und Text: Dieter Adam

**Die Sonne schien vom Himmel**
**und der Himmel der war blau.**
**Ich fuhr mit meiner ganz Bagaasch**
**mol in die Wetterau.**
**En Bauer wor am schaffe mit em**
**Riesen-Apperat.**
**Ich frachte ihn: „Was mest'n da?"**
**und er hat blos gesagt:**

**Die Runkel-Roiwe-Roppmaschin',**
**die roppt die Roiwe raus.**

Das Auenland hat J. R. R. Tolkiens in seinem Roman „Herr der Ringe" ein fiktives Gebiet in Mittelerde genannt, das von freundlichen Hobbits bewohnt wird. Ob der Brite sich dabei in den 1950er Jahren von der Wetterauer Auenlandschaft hat inspirieren lassen, muss wohl eher bezweifelt werden. Indes: So wie sein Werk zu den erfolgreichsten Büchern des 20. Jahrhunderts wurde, hat es der Naturraum der großzügigen Auengebiete von Nidda, Nidder, Wetter und Horloff in der Wetterau längst zu europaweiter Bedeutung gebracht. Und was dem einen sein Bilbo Beutlin, ist den Marketingexperten der Wetterau seit 1990 die „Runkel-Roiw-Roppmaschine" der Hessischen Kultband „Adam und die Micky's". Jedem halt das Seine.

Wobei die Geschichte des Wetteraukreises durch die politische Brille betrachtet, gerade mal 50 Jahre alt ist. Im Zuge der Gebietsreform schlossen sich die beiden Kreise Friedberg und Büdingen 1972 zusammen und es entstand mit rund 310.000 Einwohnerinnen und Einwohnern auf einer Fläche von gut 1.100 Quadratkilometern einer der größten Kreise in Hessen.

Der Historiker hat einen anderen Blick. Danach gehört die Wetterau zu den ältesten Kulturlandschaften Deutschlands, die wegen ihrer ertragreichen Böden bereits 7.000 vor Christus eine dichte Besiedlung aufwies. Seitdem wird die höchst ertragreiche Region als Kornkammer geschätzt. Die darauffolgenden Kulturen haben ebenso zahlreiche Spuren hinterlassen. Kein Wunder also, dass sich der Raum nördlich von Frankfurt am Main, östlich des Taunus und südwestlich des Vogelsbergs gerne als wahre Schatztruhe für Entdecker bezeichnet. Allen voran Wanderern und Radlern, denn die Wetterau lässt sich so zweifelsfrei am besten erkunden. Wobei nicht nur imposante Burgen und Schlösser, gut erhaltene Stadtbilder wie etwa in Büdingen, Butzbach, Ortenberg, Münzenberg und Friedberg sowie zahlreiche Kirchen zu einer Reise ins Mittelalter einladen. Wer etwa Angebote für Gesundheit und zur Entspannung für Körper und Seele sucht, findet diese in den traditionsreichen Kur- und Badeorten wie Bad Nauheim, Bad Salzhausen und Bad Vilbel, die sich im „Kneipp Bäder 3Eck Wetterau" gemeinsam als Gesundheitsregion gegen jegliche Konkurrenz stemmen.

Ganz wichtig: Trotz der durchaus als stürmisch zu bezeichnenden Entwicklung, die der Wetteraukreis am Rande der Metropole Frankfurt genommen hat, hat er sich von seiner Ursprünglichkeit viel bewahrt. Die Wetterau, einst Kornkammer des „Heiligen Römischen Reiches Deutscher Nation" genannt, vermittelt an vielen Stellen noch immer einen ländlichen Charakter. Fast 90 Prozent der Kreisfläche werden land- oder forstwirtschaftlich genutzt.

Und: Der Wetteraukreis ist auch ein Zentrum der Mineralwasserherstellung in Deutschland. Rund zehn Prozent des in der Bundesrepublik getrunkenen Mineralwassers stammt aus der Region.

## **BURGEN** UND SCHLÖSSER

### BURG RONNEBURG

Nur wenige Minuten von Büdingen entfernt im Main-Kinzig-Kreis grüßt die Ronneburg schon von Weitem mit ihrer imposanten Silhouette. Die Burg aus dem 13. Jahrhundert ist eine der wenigen im originalen Bauzustand erhaltenen Höhenburgen. Sie ist eingebettet in eine reizvolle Landschaft und trotzdem zentral gelegen vor den Toren Frankfurts am Main. Besonders sehenswert sind der 96 m tiefe Brunnen mit seinem Tretrad, der 32 m hohe Bergfried sowie die historische Burgküche.
**www.burg-ronneburg.de**

### LISSBERGER KRAUTFASS

Die Burg Lißberg ist die Ruine einer Höhenburg im Stadtteil Lißberg der Großgemeinde Ortenberg. Die Burg liegt auf der Kuppe eines Zentralkegels inmitten eines alten Vulkankraters. Weithin sichtbar ist der runde Bergfried mit seiner kegelförmigen Spitze; im Volksmund trägt er den Spitznamen „das Lißberger Krautfass". Die Burg wurde im 12. Jahrhundert von den „Herren von Liebesberg" angelegt, die erstmals im Jahre 1222 urkundlich erwähnt wurden. Mit dem Tode von Friedrich von Lißberg im Jahre 1396 starb das Geschlecht Lißberg aus.

### BURG MÜNZENBERG

Die Silhouette der Burg Münzenberg mit ihren beiden runden Bergfrieden ist schon von weitem zu sehen. Das „Wetterauer Tintenfass", wie sie genannt wird, zählt zu den bedeutendsten romanischen Burganlagen Deutschlands, liegt hoch über der idyllischen Altstadt von Münzenberg und verkörpert das Idealbild einer stauferzeitlichen Burganlage. Unter Kaiser Friedrich Barbarossa wurde sie um 1160/70 errichtet.

### BÜDINGER SCHLOSS

Eine staufische Wasserburg aus dem 12. Jahrhundert ist der Ursprung des Büdinger Schlosses inmitten der Büdinger Altstadt, das danach zur Residenz der Grafschaft Isenburg ausgebaut wurde.
**www.schloss-buedingen.de**

## MUSEEN

### MUSIKINSTRUMENTEN MUSEUM

Das Museum in der Schloßgasse (neben der Kirche) in Ortenberg-Lißberg wurde 1990 als „Geschenk" zum 50. Geburtstag des Frankfurter Instrumentenbauers und -sammlers Kurt Reichmann eröffnet. Die meisten Instrumente stammen aus seinem Besitz. Über 2.000 Exponate - Originale und Nachbauten - sind in dem früheren, einklassigen Schulhaus zu sehen. Die Sammlung der Bordun-Instrumente, also Drehleier und Dudelsack, ist die weltweit größte.
**www.museum-lissberg.de**

### 50ER-JAHRE-MUSEUM

Inmitten der Büdinger Altstadt lädt das „50er-Jahre-Museum" in traditionsreichem Ambiente zu einem Bummel durch das Lebensgefühl und die Wohnkultur der 50er-Jahre ein. Möglich gemacht haben dies die passionierten Flohmarktgänger Else und Walter Arbeiter, die über Jahre hinweg eine Sammlung zusammengetragen haben, die Objekte aus allen Bereichen des damaligen Lebens umfasst. 1999 öffnete das Büdinger „50er-Jahre-Museum" in Trägerschaft eines neu gegründeten gemeinnützigen Vereins „50er-Jahre-Museum e.V." seine Pforten. Heute repräsentiert das Museum die umfangreichste 50er-Jahre-Sammlung in ganz Deutschland mit geschätzten über 200.000 Exponaten. Wobei die umfangreiche Ausstellung im Museum nur etwa 10 Prozent der gesamten Sammlung darstellt.
**www.50er-jahre-museum.de**

### DAS WETTERAU-MUSEUM

Das Wetterau-Museum in direkter Nachbarschaft zur Friedberger Stadtkirche blickt auf eine über 100-jährige Sammlungsgeschichte zurück und versteht sich heute als ein lebendiges Museum für Friedberg und die Wetterau. Einen Schwerpunkt bilden die archäologisch überlieferten Kulturen in der Wetterau von der Steinzeit bis ins frühe Mittelalter, wobei die Epochen der Kelten und der Römer besonderen Raum einnehmen. Schlaglichter auf die Geschichte von Burg und Stadt Friedberg werden mit ausgewählten Exponaten in der stadtgeschichtlichen Abteilung geworfen. Weitere Ausstellungen zeigen die Entwicklung der ländlichen Arbeitswelt in der Wetterau von 1800 bis 1950 sowie einen Friedberger Kolonialwarenladen. Sonderausstellungen und Angebote für Kinder bilden weitere Schwerpunkte der Museumsarbeit.
**www.wetterau-museum.de**

### WEIHNACHTSKRIPPEN-MUSEUM

Das Oberhessische Weihnachtskrippen-Museum ist ein Museum in Ulfa, einem Stadtteil von Nidda, das etwa 200 Weihnachtskrippen aus fünf Kontinenten verschiedener Epochen und Kulturkreise beherbergt. Es ist in der Vorweihnachtszeit geöffnet.
**www.weihnachtskrippen-museum.de**

### HEUSON-MUSEUM IN BÜDINGEN

Mit 12.000 Besucherinnen und Besuchern zählt das Heuson-Museum zu den am besten besuchten Museen in der Wetterau. Hessens ältestes Regionalmuseum ist in Büdingen in einem der ältesten Häuser, dem Alten Rathaus aus dem Jahre 1458, untergebracht. Es trägt den Namen des langjährigen Vorsitzenden des Büdinger Geschichtsvereins und Ehrenbürgers der Stadt Büdingen, Karl Heuson.

**www.heuson-museum.de**

### ROSENMUSEUM STEINFURTH

Sie ist die Schönste im ganzen Land der Blumen – das gilt vor allem im Bad Nauheimer Ortsteil Steinfurth, Deutschlands ältestem Rosendorf. Hier wird die Rose seit über 150 Jahren angebaut und in alle Welt verschickt. Jährlich etwa 2 Millionen Pflanzen. Von dieser Tradition, aber auch von der Geschichte der Rose in Kunst und Kultur erzählt die Dauerausstellung „Rosige Zeiten" im Rosenmuseum, Alte Schulstraße 1, in Bad Nauheim.

**https://rosenmuseum.com**

### GEOLOGISCHER GARTEN MÜNZENBERG

Der Geologische Garten Münzenberg nahe der Ruine der Burg Münzenberg wurde am 18. Juli 1999 eröffnet. Ein Schwerpunkt der Ausstellung besteht in der Darstellung des Werdens und Vergehens von Gesteinen und des Wandels der Erdoberfläche und ihrer Lebenswelt. Eigentümer des Gartens ist Franz Dietrich Oeste, bei dem Führungen vereinbart werden können.

### WINTERSTEINTURM

Bereits 1888 wurde auf dem Winterstein südwestlich von Ober-Mörlen vom Taunusklub Wetterau ein kleiner hölzerner Aussichtsturm errichtet. Um 1920 folgte durch das Hessische Staatsbad der Bau eines neuen Holzturms, der 1960 um ein Stockwerk erhöht wurde. Im Jahr 2004 wurde dieser bedingt durch Baufälligkeit abgerissen. Durch eine Bürgerinitiative aus Ober-Mörler, Bad Nauheimer und Friedberger Bürgern sowie verschiedenen Spenden von Firmen, Institutionen etc. gelang es, einen fünfstöckigen Holzturm (17,65 m) mit zwei Aussichtsplattformen zu errichten – Winterstein genannt.

### WILDPARK IM KÄLBERBACHTAL

Eine der beliebtesten Büdinger Freizeiteinrichtungen ist der Wildpark im Kälberbachtal. Zu den einzelnen Attraktionen des Wildparks gehören der Tierbestand, der Walderlebnispfad, der Skulpturenpfad der Sprudel und die Leohütte. Der Wildpark ist kostenlos zugänglich. Hunde sind an der Leine zu führen.

**www.wildpark-buedingen.de**

### FÜHRERHAUPTQUARTIER ADLERHORST

Das Führerhauptquartier Adlerhorst war ein Bunkerkomplex, der zwischen September 1939 und August 1940 in Langenhain-Ziegenberg, der späteren Siedlung Wiesental und Kransberg entstand. Der Bau erfolgte nach den Plänen des Architekten Albert Speer. Neben Schloss Ziegenberg und diversen Bunkern und Gebäuden in unmittelbarer Nähe gehörten Schloss Kransberg im Hochtaunuskreis und sieben getarnte und unterbunkerte Bauten in Wiesental ebenfalls zum FHQ Adlerhorst.

### DIE KELTENWELT AM GLAUBERG

Die Keltenwelt am Glauberg ist ein archäologisches Museum und Forschungszentrum mit dem Schwerpunkt in der keltischen Zeit. Das Museum ist eines von zwei Häusern des archäologischen Landesmuseums Hessen. Zur Anlage gehören auch ein archäologischer Park und ein Zentrum zur Erforschung der Kelten und der Eisenzeit. Im Zentrum der Ausstellung steht der „Keltenfürst vom Glauberg".

**www.keltenwelt-glauberg.de**

## BESONDERES

### LIMES-KASTELL KAPERSBURG

Das ehemalige römische Limes-Kastell Kapersburg im Taunus gehört zu den am besten erhaltenen römischen Militäranlagen des Obergermanisch-Rätischen Limes. Die Baugeschichte des Kastells weist seit dem Ende des 1. Jahrhunderts mehrere Bau- und Umbauphasen sowie Spuren eines Kastellvicus auf. Das Kastell wurde vermutlich kurz nach der Mitte des 3. Jahrhunderts im Rahmen des Limesfalls kampflos geräumt.

**EISENBAHNFREUNDE WETTERAU**
Die Eisenbahnfreunde Wetterau e. V. betreiben auf der Strecke der Butzbach-Licher Eisenbahn seit 1980 eine Museumsbahn und seit 2004 auch Güterverkehr. Die Eisenbahnfreunde sind sowohl ein Eisenbahninfrastrukturunternehmen als auch ein Eisenbahnverkehrsunternehmen.
**www.efwetterau.de**

**MODELLBAUCLUB BÜDINGEN E.V.**
Der Modellbauclub Büdingen wurde am 27. Mai 1971 in Ortenberg gegründet und hat in seiner fast 50-jährigen Vereinsgeschichte sogar Weltbekanntheit errungen. Dies ist auch ein Verdienst der aktiven Modellbauer der historischen Flotte, die insgesamt vier Mal den Weltmeistertitel im Funktionsschiffsmodellbau, davon drei Mal mit der kurbrandenburgischen Flotte, für den Büdinger Modellbauclub errangen. Die historische Flotte ist heute noch im Modellbaumuseum im historischen Oberhof der Büdinger Altstadt in der Gymnasiumstraße 30 zu besichtigen.
**www.modellbauclub-buedingen.de**

## STÄDTE

# FRIEDBERG

**Schloss Friedberg**
Der Bau der Burg „Fridberch" unter Herzog Ludwig II. dem Strengen wurde erstmals um 1257 erwähnt. Nachdem ein Brand 1541 die Anlage fast vollständig zerstört hatte, wurde das Bauwerk bis 1559 als Jagd- und Lustschloss im Renaissance-Stil wiedererrichtet. 1567 wählte Herzogin Christina von Lothringen das Schloss als Witwensitz, wodurch Friedberg für kurze Zeit zu einem Mittelpunkt des höfischen Lebens in Bayern wurde. Bereits seit 1886 ist das städtische Museum im Schloss, das heute gesellschaftlicher Mittelpunkt und Kulturzentrum ist, beheimatet. Neben der bewegten Schloss- und Stadtgeschichte und den prachtvollen Friedberger Uhren beeindrucken die Abteilungen der Friedberger Fayencen, der Archäologie (mit wichtigen, überregionalen Fundkomplexen) sowie sakralen Kunst, mit de das Museum der erstaunlichen Dichte von gleich drei Wallfahrtsorten in Friedberg Rechnung trägt. Außerdem ist ein Themenbereich der modernen Friedberger Kunst gewidmet, die unter anderem Münzen von Reinhart Heinsdorff (1923–2002), dem Gestalter des deutschen Eurocent, zeigt.

**Burg Friedberg**
Die Burg Friedberg ist mit 3,9 Hektar eine der größten Burganlagen Deutschlands. Sie war jahrhundertelang Mittelpunkt der Burggrafschaft Friedberg. Heute beherbergt sie u. a. verschiedene öffentliche Einrichtungen, so große Teile des Finanzamtes, das Burggymnasium und eine Kirche, innerhalb der historischen Mauern.

**Historisches Rathaus**
Das historische Rathaus prägt am zentral gelegenen Marienplatz mit dem gleichnamigen Brunnen das Friedberger Stadtbild und wurde bei der planmäßigen Stadtgründung an dieser Stelle vorgesehen. Nach der Zerstörung durch die Schweden 1636 entstand das heutige Rathaus im Spätrenaissancestil 1673/74.

**Historische Stadtmauer**
Die Stadtmauer wurde im Zuge des Stadtbaus von Herzog Ludwig des Strengen um 1264 zunächst mit einer Befestigung aus Holz errichtet. Ein Rest dieses rekonstruierten Wehrgangs mit Schießscharten kann nördlich des alten Wasserturms besichtigt werden. Fast alle Türme der Stadtmauer sind noch vollständig erhalten.

**Wallfahrtskirche Herrgottsruh**
Die Wallfahrtskirche „Unseres Herrn Ruhe" (Herrgottsruh) wurde von 1731 bis 1753 erbaut und gehört zu den schönsten Werken des bayerischen Rokokos. Das Zusammenwirken vieler Meister steht für den stiltypischen Gleichklang aus Architektur, Plastik und Malerei.

# BAD NAUHEIM

### SPRUDELHOF
Der Sprudelhof gehört zu den beeindruckendsten Zeugnissen deutschen Jugendstils. Die ehemalige Kuranlage ist ein Gesamtkunstwerk und zeigt eindrucksvoll die Verbindung von Architektur, freier und angewandter Kunst sowie Garten- und Platzgestaltung.

### HISTORISCHER KURPARK
Der berühmte Gartenarchitekt Heinrich Siesmayer, vielen auch als Gründer des Palmengartens in Frankfurt am Main bekannt, schaffte mit einer Bleistiftskizze die Grundlage des historischen Kurparks in Bad Nauheim. Ganz im Sinne des englischen Landschaftsstils finden sich hier alte Bäume, dichtes Buschwerk, luftige Freiflächen, idyllische Teiche und botanische Raritäten. Charakteristisch für den Kurpark sind die Bänke mit ihren rot-weiß gestreiften Sonnendächern.

### EISLAUFEN IM COLONEL-KNIGHT-STADION
Auf den Kufen der Eishockey-Cracks des EC Bad Nauheim können Jung und Alt von Oktober bis Ostern beim öffentlichen Eislauf im Colonel-Knight-Stadion übers Eis flitzen oder Pirouetten drehen.

### GRADIERBAUTEN
Die Gradierbauten wurden einst zur Salzgewinnung eingesetzt. Sie stammen aus dem 18. Jahrhundert, einer Zeit, in der die Nauheimer Saline eine der modernsten Salzfabriken Europas war. Damals wie heute ist der Vorgang gleich: Das salzhaltige Wasser (Sole) aus der Quelle wird nach ganz oben auf die Gradierbauten gepumpt. Dort fließt es langsam die bis zu zehn Meter hohen Wände aus Schwarzdornbündeln herab. Durch Wind und Sonne verdunstet dabei ein Teil des Wassers und der Salzgehalt steigt. Die feinen salzhaltigen Tröpfchen, die im Verdunstungsprozess entstehen und durch den Wind verweht werden, nimmt man dann als frische Meeresbrise wahr.

### SCHWALHEIMER RAD
Das am Flusslauf der Wetter erbaute Wasserrad fasziniert noch heute seinen Betrachter. Die Größe ist allein schon wegen der 84 jeweils 1,25 m breiten Schaufeln imposant. Das Rad mit einem Durchmesser von 9,80 Metern trieb ehemals mit einem 1,3 km langen Holzgestänge ein Pumpwerk an, das Sole auf die Gradierwerke der Bad Nauheimer Saline beförderte. Dabei war das Wasserrad seiner Zeit voraus, denn es lieferte 100 Prozent erneuerbare Energie und verursachte keinerlei Schadstoffausstoß.

# ORTENBERG

Aus dem 13. Jahrhundert stammt die Stadtumwallung Ortenbergs, die den historischen Ortskern mit zahlreichen Fachwerkbauten umschließt. Sehenswert ist auch die dreischiffige Marienkirche, die eines der ältesten Chorgestühle Hessens sowie die Kopie des bedeutenden „Ortenberger Altars“ aus dem 15. Jahrhundert beherbergt. Das Schloss hoch über der malerischen Altstadt wurde in der zweiten Hälfte des 12. Jahrhunderts als Burg erbaut und anschließend mehrfach umgebaut.

# BAD VILBEL

### DIE WASSERBURG
Mitten in der Stadt Bad Vilbel, im nördlichen Teil des Kurparks, stehen am Ufer der Nidda in idyllischer Lage die Reste einer Wasserburg. Sie war einst Wohnsitz der Ritter von Vilbel, von 1581 bis 1796 diente sie als Amtssitz der kurmainzischen Verwaltung. Ihre ältesten Bauteile stammen aus dem 12. Jahrhundert. Nach ihrer Zerstörung im Jahre 1399 wurde sie erneut und vergrößert wieder aufgebaut; seit der zweiten Zerstörung im Jahre 1796 ist sie Ruine geblieben. Bemerkenswert sind der umgebende Wassergraben, das Tor mit Wappenschild, ein barocker Brunnen im Hof und der große Palas über einem langen tiefen Keller. In einem Seitengebäude und im Turm befindet sich das Brunnenmuseum mit örtlichen vorgeschichtlichen und mittelalterlichen Funden und vielem mehr.

### RÖMER-MOSAIK
Das rund 33 Quadratmeter große Römer-Mosaik besticht durch seine Lebendigkeit. Verstärkt wird der Eindruck noch durch das Wasser, das – wie in der Antike – über das Mosaik fließt und die Figuren scheinbar zum Leben erweckt.

### HASSIA QUELLENMUSEUM
Das Unternehmen Hassia Mineralquellen in Bad Vilbel ist einer der modernsten Mineralbrunnen Deutschlands. Im Rahmen einer Betriebsführung kann der Lauf des Mineralwassers von der Quelle bis in die Flasche erlebt werden. Das Hassia Quellenmuseum zeigt die über 140-jährige Unternehmensgeschichte, die zugleich auch ein Stück Industrie-, Familien- und regionaler Geschichte widerspiegelt.

### HISTORISCHES RATHAUS
Das Alte Rathaus am Marktplatz zählt zu den bedeutendsten Fachwerkbauten im fränkischen Stil in der Region. 1498 wurde das Gebäude erstmals als „Spilhuss“ des Gerichts zu Vilbel erwähnt. 1573 erhielt das Haus ein Obergeschoss aus Fachwerk und das spitze Giebeldach. Seine gegenwärtige Gestalt mit Rundbogenportalen und Rundbogenfenstern erhielt das Untergeschoss in der ersten Hälfte des 19. Jahrhunderts.

### HEILWASSERTRINKANLAGEN
Bad Vilbels Heilquellen sind ein natürliches Heilmittel aus tiefen, mit wertvollen Mineralien angereicherten Bodenschichten und auch als Trinkkur bei Erkrankungen der harnableitenden Wege, Magen-, Darm- und Stoffwechselleiden geschätzt.

## **ELVIS'** EUROPEAN HOME

**In Friedberg war Elvis Presley stationiert. Aber in Bad Nauheim hat er von Oktober 1958 bis Februar 1960 gelebt. Hier konnten ihm seine Fans begegnen. Hier hat er in Cafés gesessen und hier hat er seine große Liebe Priscilla kennengelernt. Eineinhalb Jahre, die das 30.000-Einwohner-Städchen elektrisieren und bis heute Spuren hinterlassen haben. Nicht nur, weil hier seit 2002 einmal pro Jahr das „European Elvis Festival" stattfindet.Die Hommage an den King kennt auch mehr als 60 Jahre nach seinem Aufenthalt in der Wetterau keine Grenzen.**

### GOETHESTRASSE 14

Frankfurt nimmt es huldvoll entgegen: In der Goethestraße Nr. 14 steht das Privathaus, in das „der berühmteste Soldat der Welt" mit seiner Entourage 1959 nach kurzem Hotelaufenthalt einzog und bis zum Ende seiner Dienstzeit im März 1960 wohnte.

### ELVIS-BANK

Zu Elvis 87. Geburtstag am 8. Januar 2022 hat die Stadt Bad Nauheim in der Zanderstraße neben der Usa-Brücke eine kunstvoll geschmiedete Bank aufgestellt. Auf der Rückenlehne sind die Noten des deutschen Volksliedes „Muss i denn zum Städtele hinaus" zu lesen, das Presley 1960 mit seinem berühmten Song „Wooden Heart" adaptierte. Weitere Gestaltungshighlights sind eine Gitarre und ein Mikrofon, die die Bank zu einem tollen Fotomotiv für Selfies machen.

### „ELVIS IN BRONCE"

Jeder Elvis-Fan kennt das auf der Usa-Brücke geschossene Foto von Elvis in Uniform. Meike Berger und Angela Storm hat es animiert, über zwei Jahre hinweg Spenden von Elvis Fans auf der ganzen Welt für ihr Projekt „Elvis in Bronce" zu sammeln. Mit Erfolg: Die deutschlandweit einmalige Elvis-Statue aus Bronze steht seit August 2021 auf der sanierten Brücke.

### ELVIS-ZIMMER NR. 10

Elvis mietete für seinen Vater Vernon, seine Großmutter Minnie Mae und seine zwei Freunde und Leibwächter Red West und Lamar Fike zunächst in Bad Nauheim die zweite Etage im Hotel Villa Grunewald in der Terrassenstraße. Das „Elvis-Zimmer" Nr. 10 ist noch bis heute original erhalten geblieben und ist für das besondere Übernachtungserlebnis buchbar.

### ELVIS-STELE

Direkt neben dem Hotel Villa Grunewald befindet sich die Elvis-Stele auf dem Elvis-Presley-Platz. Sie wurde am 26. August 1995 eingeweiht und ist seitdem Gedenkstätte für Elvis-Fans aus der ganzen Welt.

**Noch mehr Elvis-Tipps unter: www.bad-nauheim.de/de/erlebnisreich/tipps-fuer-ihren-aufenthalt/elvis-fans**

Der Rheingau fängt in Frankfurt an – was auf den ersten Blick eher wie eine geografische Verwirrung anmutet, ist schlicht die Wahrheit. Jedenfalls dann, wenn es um das Weinanbaugebiet geht. Frankfurt ist als östlichster Ausläufer des Rheingaus Teil der deutschen Weinbaukultur.

Die imposante Kulisse des Klosters Eberbach

# DARUM IST ES **AM RHEIN SO SCHÖN**

Der Rheingau fängt in Frankfurt an – was auf den ersten Blick eher wie eine geografische Verwirrung anmutet, ist schlicht die Wahrheit. Jedenfalls dann, wenn es um das Weinanbaugebiet geht. Frankfurt ist als östlichster Ausläufer des Rheingaus Teil der deutschen Weinbaukultur. Die Stadt Frankfurt ist im Besitz von 25 Hektar Rebfläche, wovon 1,3 Hektar direkt am Lohrberger Hang liegen und der Rest in Hochheim am Main von der Familie Rupp bewirtschaftet wird. Wie zu früheren Zeiten wird am Lohrberg auch mit Hilfe von Bürgerinnen und Bürgern noch alles in Handarbeit gemacht, denn bei der Lese der Beeren können aufgrund des Gefälles keine Maschinen eingesetzt werden. Aus den Trauben produziert das traditionsreiche Weingut der Stadt jährlich 10.000 Flaschen des bekannten Rieslings „Frankfurter Lohrberger Hang“. Der rare Wein wird im Gutsausschank des städtischen Weinguts im Römer mit Eingang in der Limpurgergasse 2 ausgeschenkt. Dort kann man ihn auch für zu Hause kaufen, denn im Fachhandel ist er nicht erhältlich.

Und noch eine Besonderheit: Seit 2017 hat die Stadt sogar eine eigene Weinkönigin. Lena Roie heißt die aktuelle Botschafterin, die am 18. November von der Rheingauer Weinprinzessin Mara Schneider gekrönt wurde. Seither bringt sie Gästen und Einheimischen nahe, dass Frankfurt nicht nur eine Stadt des Apfelweins, sondern auch des Rieslings ist.

Und wer das nur 40 Kilometer westlich in Wicker gelegene Tor zum Rheingau durchschreiten und erfahren will, warum es am Rhein so schön ist, auf den wartet mit oder ohne Rebensaft eine traumhafte Kulisse für manch ausgedehnten Wochenend-Ausflug. Schließlich gelangen Tages- oder Wochenend-Ausflügler mit dem Auto, der Bahn oder auch dem Schiff vom Anleger am Eisernen Steg aus schnell und unkompliziert an ihr Ziel. Wobei allein schon die Landeshauptstadt Wiesbaden einen ausgiebigen Besuch wert ist.

Dass Wiesbaden die Hessische Landeshauptstadt ist, wissen die meisten. Dass Oberstaatsanwalt Bernd Reuther seit 2005 zunächst montags und mittwochs, seit einigen Jahren im Freitagabendprogramm des ZDF auf Mörderjagd geht, sogar die Österreicher und die Schweizer. Kein Wunder: Schließlich ist der Jurist, gespielt von Rainer Hunold, sozusagen legitimer Nachfolger von so illustren Verbrecherjägern wie Der Kommissar, Der Alte, Die Chefin oder Derrick – und das ist aller Ehren wert.

Im Film befindet sich ganz im Gegensatz zu Realität sein schmuckes Büro im Neuen Rathaus am Schlossplatz. Jedenfalls von außen betrachtet. Die Innenaufnahmen werden im Schloss Biebrich gedreht. Und als Polizeirevier wird ein Bürogebäude in Mainz-Kastel verwendet.

Wobei: Da hätten die Fernsehleute sicher auch ein stattliches Wiesbadener Gebäude finden können. Die Stadt mit ihren rund 279.000 Einwohnern ist schließlich nicht nur die zweitgrößte Stadt des Bundeslands und eines der ältesten Kurbäder Europas mit 26 heißen Thermalquellen, sondern auch nach eigenem Bekunden „eine der wohlhabendsten und zukunftsträchtigsten Citys der Republik" – imposante Vergangenheit inklusive.

Im 19. Jahrhundert entwickelte sich die Stadt zu einem internationalen Kurort. Wiesbaden wurde beliebter Ruhesitz von Offizieren, höheren Beamten und Rentiers, die von ihren Pensionen beziehungsweise den Zinsen ihrer Vermögen lebten. Das Stadtbild wurde geprägt von repräsentativen Wohnhäusern, Hotelpalästen und vornehmen Villen. Und ist es ein Stück weit bis heute. Ohne dabei auf jugendlichen Charme und moderne Ansichten verzichten zu müssen.

Dass Wiesbaden am 12. Oktober 1945 Landeshauptstadt wurde, ist im Übrigen auch – jedenfalls zum Teil - dem Umstand zu verdanken, dass sie vor dem Zweiten Weltkrieg Sitz des Regierungspräsidenten war und über entsprechende Gebäude verfügte. Gerecht geworden ist die Stadt an Rhein und Main dieser Ehre in den vergangenen 79 Jahren allemal.

©visitrheinmain, David Wasicek

## SEHENSWERT

### SCHLOSS BIEBRICH
Das Biebricher Schloss, das 1701 als Gartenhäuschen konzipiert und bis 1703 zu einem Wohnschlösschen ausgebaut wurde, liegt direkt am Rheinufer. Es wird heute von der Hessischen Landesregierung zu Repräsentationszwecken genutzt und ist zudem Schauplatz zahlreicher Tagungen und Feierlichkeiten.

### NEROBERG
Der Neroberg gehört zu einem der beliebtesten Ausflugsziele Wiesbadens. Vom markanten Neroberg-Tempel aus hat man einen großartigen Blick über die Stadt. Die 245 Meter hohe Anhöhe, auf der auch der Neroberger Wein unter Obhut der Hessischen Staatsweingüter gedeiht, bietet viele Freizeitmöglichkeiten. Unter anderem einen Kletterwald.

### NEROBERGBAHN
Die Nerobergbahn am Fuße des Wiesbadener Hausbergs wurde am 25. September 1888 als Wasserballastbahn eröffnet und gilt heute als technisches Kulturerbe. Bei einer Gesamtlänge von 438,5 Metern schafft die Bahn einen Höhenunterschied von 83 Metern mit einer mittleren Steigung von 19,5 Prozent in 3,5 Minuten allein mit Hilfe von Wasserkraft: Der obere Wagen wird mit bis zu 7.000 Litern Wasser befüllt und zieht den unteren nach oben. Unten angekommen wird das Wasser ausgelassen und mit einer Pumpe wieder in das obere Reservoir gepumpt.
**www.nerobergbahn.de**

### THERMINE
Die kleine Stadtbahn Thermine nimmt ihre Fahrgäste mit auf eine kleine Rundreise durch Wiesbaden. Die Fahrt startet am Markt und es gibt zwei Stationen, an denen man aussteigen und später wieder einsteigen kann: die russische Kirche und die Talstation der Nerobergbahn.
**https://thermine.de**

© Wiesbaden Marketing GmbH

**SEKTKELLEREI HENKELL TROCKEN**
Führungen durch die Sektkellerei Henkell Trocken werden schon seit 89 Jahren angeboten. Dabei geht es sieben Stockwerke in die Tiefe.
**www.henkell.com/de**

**SCHIERSTEINER HAFEN**
Der Schiersteiner Hafen war einst ein bedeutender Industriehafen und diente nach dem Zweiten Weltkrieg dreißig Jahre lang der US Navy Rhine River Patrol als Stützpunkt. Heute legen hier Jachten und Ausflugsboote an. Das fast schon mediterrane Flair brachte dem Hafen den Spitznamen „Schiersteiner Riviera" ein.

**WILHELMSTRASSE**
Die Wilhelmstraße ist der repräsentative Boulevard der hessischen Landeshauptstadt und bildet die optische Grenze zwischen der Wiesbadener Altstadt im Westen und dem östlichen Kur- und Villengebiet. Erste Planungen gehen auf den Nassauischen Baudirektor Carl Florian Goetz zurück, der 1806 eine „Alleestraße" zwischen dem Kurgebiet und der gerade angelegten Friedrichstraße vorsah.

**TIER- UND PFLANZENPARK FASANERIE**
Früher war das 25 Hektar große Areal im Nordwesten der Stadt ein fürstliches Jagdgebiet. Heute befindet sich hier dieser naturnahe Tier- und Pflanzenpark. Neben typischen Bauernhoftieren gibt es viele weitere heimische Tiere wie Fischotter, Greifvögel, Wild und Wölfe, aber auch Bären.

**WEINERLEBNISWEG**
Etwas außerhalb von Wiesbaden befindet sich der Weinerlebnisweg durch die malerische Landschaft des oberen Rheingaues. Durch 40 Infostationen am Wegesrand bietet er Gelegenheit, etwas über die Geschichte dieser Gegend zu erfahren.

**APOTHEKERGARTEN WIESBADEN**
Wer nicht unbedingt daraufsetzen will, was der Arzt oder Apotheker empfiehlt und eher naturverbunden unterwegs ist, sollte dem Apothekergarten einen Besuch abstatten. Bei kostenlosen Führungen erfährt man mehr über verschiedenste Heilkräuter.
**www.apothekergarten-wiesbaden.de**

**KURHAUS**
Das Kurhaus ist zweifellos eines der prunkvollsten Gebäude in Wiesbaden. Es empfängt seine Besucher in einem eindrucksvollen Foyer mit einer 21 Meter hoher Kuppel. Imposante Säulen und prachtvolle Säle erzeugen den Charme der Belle Époque. Eingebettet ist das Kurhaus in üppiges Grün und ein Ensemble weiterer historischer Bauten, nebenan liegen etwa das barocke Hessische Staatstheater mit den Theater-Kolonnaden oder der Nassauer Hof am Kaiser-Friedrich-Platz. Zum Flanieren locken dann die vornehme Wilhelmstraße genauso wie das Bowling Green und der sich anschließende Kurpark.

**SPIELBANK WIESBADEN**
Im Kurhaus befindet sich auch das Casino der Stadt. Wobei es nicht einfach irgendein Casino ist, sondern das Casino, von dem behauptet wird, dass sich der Schriftsteller Dostojewski hier Inspiration für sein Buch „Der Spieler" geholt hat.
**www.spielbank-wiesbaden.de**

**KURPARK**
Der 1852 im Stil eines englischen Landschaftsgartens angelegte Park beginnt gleich hinter dem Kurhaus. Das Herzstück des Parks ist der Teich mit seiner sechs Meter hohen Wasserfontäne.

**GOLDGASSE**
In der Goldgasse in der Altstadt reihen sich urige Weinlokale, gutbürgerliche und mediterrane Restaurants aneinander. Zusammen mit der angrenzenden Wagemann- und Grabenstraße zählt die Goldgasse, die ihren Namen einer Vielzahl von Goldschmiede-Ateliers verdankt, zum sogenannten „Schiffchen".

**REDUIT IN KASTELL**
Das Reduit liegt direkt am Rheinufer und wurde errichtet, um die 1661 erbaute Schiffsbrücke über den Rhein zwischen Kastel und Mainz zu verteidigen. In der Reduit Kaserne sind heute ein Kinder- und Jugendzentrum, mehrere Vereine, und ein Museum untergebracht. Im Innenhof finden jedes Jahr Konzerte und ein toller Mittelaltermarkt statt. Das Highlight der Anlage ist aber der einzigartige Naturstrand. In den Sommermonaten kann man hier bei freiem Eintritt, einem Sundowner und tollem Blick auf Mainz am Rhein entspannen.

**KOCHBRUNNEN**
Bereits seit der Antike genießt Wiesbaden den Ruf als Ort der Gesundung und Regeneration. Insbesondere die Römer entdeckten diesen Ort mit den vielen Thermalquellen für sich. Dies findet sich auch im Namen der Stadt wieder: Wiesbaden = Wisibada – das Bad in den Wiesen. Der berühmteste Brunnen der Stadt ist der 43 Meter tiefe Kochbrunnen, das Wahrzeichen der Stadt. Hier sprudelt unaufhörlich 67 Grad heißes Thermalwasser.

**HEIDENMAUER ODER RÖMERTOR**
Ein Zeitzeuge Wiesbadens Geschichte ist das älteste Bauwerk der Stadt – die Heidenmauer, einem Teil eines römischen Aquäduktes, das Trinkwasser bis Mainz-Kastell leitete. Das Römertor selbst entstand erst im Jahr 1903 und wurde mitten in die uralte Heidenmauer gebrochen.

**DOMÄNE MECHTILDSHAUSEN**
Die Domäne Mechtildshausen war im Römischen Reich die Gerichtsstätte des Kaisers, heute ist sie mit einer Fläche von 185 Hektar eines der größten Landgüter Hessens. Seit das Land Hessen das Gut 1987 übernommen hat, wird hier organisch-biologisches Obst und Gemüse angebaut und Geflügel, Rinder und Schweine gezüchtet. Der Ertrag wird in der eigenen Käserei, Metzgerei und Bäckerei weiterverarbeitet und in eigenen Hofläden verkauft. Außerdem gibt es Säfte, Wein, Kaffee und Öle zu kaufen. Und es gibt ein Café, ein Restaurant, ein Hotel und Veranstaltungsräume.
**www.domaene-mechtildshausen.de**

**MARKTKIRCHE**
Die Marktkirche im Herzen Wiesbadens ist im neugotischen Stil errichtet und eines der Wahrzeichen der Stadt. Sie wurde zwischen 1853 und 1862 gebaut und war zu ihrer Zeit der größte Backsteinbau im Herzogtum Nassau. Die Kirche besitzt ein Glockenspiel, ein sogenanntes Carillon, das von einem „Carilloneur" gespielt wird. Beim Spiel werden auch die Läutglocken der Kirche mit einbezogen.
**www.marktkirche-wiesbaden.de**

**STADTSCHLOSS WIESBADEN**
Der prachtvolle weiße Bau wurde zwischen 1837 und 1842 erbaut und war einst die Residenz der Herzöge von Nassau. Nach dem Zweiten Weltkrieg hat Hessen das Schloss übernommen, seitdem ist es Sitz des hessischen Landtags.

**DIE GRÖSSTE KUCKUCKSUHR DER WELT**
1946 hat der Souvenirverkäufer Emil Kronenberger diese Kuckucksuhr aufgestellt, damals noch als eigenständiges Häuschen. Anfang der 50er hat sie dann den offiziellen Bezeichnungsschutz der „größten Kuckucksuhr der Welt" bekommen. Und wie es sich für eine echte Kuckucksuhr gehört, kommt auch aus dieser überdimensionierten Uhr täglich zwischen 8 und 20 Uhr zu jeder halben und vollen Stunde der Kuckuck heraus.

**KAISER-FRIEDRICH-THERME**
Die historische Kaiser-Friedrich-Therme wurde um 1910 im Jugendstil gestaltet und ist daher auch architektonisch ein Hingucker. Die Therme wird aus der Adlerquelle gespeist, der neben dem Kochbrunnen zweitgrößten Thermalquelle in Wiesbaden. Die Wassertemperatur beträgt 64,6 Grad. Hier gibt es alles, was entspannt: Tepidarium, Sudatorium, Dampfsteinbad, finnische Sauna, russisches Dampfbad, ja sogar tropischen Eisregen.
**www.mattiaqua.de/thermen/kaiser-friedrich-therme**

**RETTBERGSAUE**
An einem heißen Sommertag gibt es in Wiesbaden keinen besseren Ort als die Rettbergsaue. Die auto- und hundefreie Insel im Rhein ist drei Kilometer lang und bis zu 300 Meter breit. In den Auen gibt es sogar Sandstrände. Zu erreichen ist die Insel mit der Fähre von Biebrich aus.

# THEATER

### HESSISCHES STAATSTHEATER

Das Staatstheater wurde im neubarocken Stil erbaut und 1894 eröffnet. Es ist ein Erlebnis, im pompösen Saal ein Theaterstück oder eine Oper zu sehen. Auf vier Bühnen werden fünf Sparten (Schauspiel, Konzert, Ballett, Musiktheater und Junges Staatstheater) gezeigt.
**www.staatstheater-wiesbaden.de**

### THALHAUS THEATER

Die Kleinkunstbühne „thalhaus Theater“ befindet sich in idyllischer Lage am Ausgang des Nerotalparks und ist seit 1998 Schauplatz für Kabarett, Comedy, Musik und Varieté. Daneben werden für bis zu 100 Zuschauer freie Theaterproduktionen und szenische Lesungen geboten. Im Musikprogramm sollen Chanson, Jazz, Klassik und Tango ein Publikum ohne Altersgrenzen ansprechen. Die Galerie im thalhaus Theater stellt vier Mal im Jahr zeitgenössische Kunstwerke aus.
**www.thalhaus.de**

### THEATER IM PARISER HOF

Die Kleinkunstbühne im Herzen von Wiesbaden für Kabarett, Comedy & Live-Musik. Früher bekannt als Pariser Hoftheater hat sich dieser außergewöhnliche Ort zu einem Geheimtipp für Kleinkunstliebhaber etabliert. Ausgelegt auf 120 Sitzplätze ist der traditionsreiche Theatersaal groß genug, um Stimmung aufkommen zu lassen und klein genug, für eine gemütliche Atmosphäre und besondere Nähe zwischen Künstler und Publikum.
**www.theaterimpariserhof.de**

### Walhalla im Exil

Neue Keimzelle für Kunst und Kultur als Aufbruch und Einladung an die Stadt: Die Spielstätte „Walhalla im Exil“ will sich in der Nerostraße in den radikal neu gestalteten Räumen des ehemaligen „Gestüt Renz“ als Kultur- und Kunstort etablieren, den es so kein zweites Mal in Wiesbaden gibt: ein Ort als lebendige, aufregende, anregende, offene und provozierende Plattform für Medien, Sprache und Musik.
**www.walhalla-im-exil.de**

### VELVETS THEATER

Das Velvets Theater gehört zu den kulturellen Attraktionen in der hessischen Landeshauptstadt und hat neben einigen immer wiederkehrenden Klassikern und Eigenproduktionen auch Gastspiele auf dem Programm. Die Spielform des Velvets Theaters ist einmalig in Deutschland. Auf einer mit schwarzem Samt ausgeschlagenen „Guckkastenbühne“ führen schwarz vermummte Spieler Puppen und andere Gegenstände durch eine schmale Lichtgasse. Die vom Scheinwerferkegel getroffenen Objekte werden für das Publikum sichtbar, während die Spieler im Dunkel verborgen bleiben. Dadurch lassen sich die erstaunlichsten Effekte erzeugen, so dass die Grenzen zu einer realen Wirklichkeit verschwimmen und das Publikum in eine Welt der Magie und Illusion, voller Poesie und Zauber geführt wird.
**www.velvets-theater.de**

# MUSEEN

## BELLEVUE-SAAL

Der Bellevue-Saal in der Wilhelmstraße 32 ist inzwischen als Ausstellungsort etabliert. Der „Verein zur Förderung künstlerischer Projekte mit gesellschaftlicher Relevanz e.V." wurde 1986 von einer Gruppe von Künstlern als Plattform für die Realisierung eigener Vorhaben gegründet. Als im Herbst 1993 in Wiesbaden ein kultureller Kahlschlag drohte, übernahm der Verein von der Stadt den Ausstellungsort Bellevue-Saal und die Auswahl der Gastkünstlerinnen und -künstler, um in einer Zeit der Einsparungen für die Bildende Kunst eine starke und unabhängige Lobby zu bilden.
**www.kunstverein-bellevue-saal.de**

## SCHLOSS FREUDENBERG

Auf Schloss Freudenberg dreht sich alles um die menschlichen Sinne. Die Dauerausstellung „Erfahrungsfeld zur Entfaltung der Sinne und des Denkens" beinhaltet über 100 Stationen, an denen gerade auch Kinder Naturphänomene wie Licht und Finsternis, Klang und Resonanz, Schwerkraft und Gleichgewicht erleben können. Es gibt einen Barfußweg und viele andere Stationen zu entdecken und im Restaurant Nacht-Mahl wird in kompletter Dunkelheit gegessen und getrunken.
**www.schlossfreudenberg.de**

## BURG SONNENBERG

Die im Jahre 1200 erbaute Burg Sonnenberg war für die Grafen von Nassau einst die wichtigste Bastion. Heute ist die Burg eine Ruine. Im noch erhaltenen Turm befindet sich ein kleines Burgmuseum, das auf drei Ebenen die Geschichte der Burg erzählt.
**www.wiesbaden.de/kultur/museen/stadtteilmuseen/museum-bergfried-burg-sonnenberg.php**

## FRAUEN MUSEUM

Das „Frauen Museum" in der Wiesbadener Wörthstraße 5 zeigt regelmäßig Wechselausstellungen zur Geschichte und Kultur von Frauen in der Gesellschaft. Gegründet 1984, ist das Museum heute eine auch international anerkannte Einrichtung. Rund ein Drittel der Besucher kommt aus den europäischen Nachbarstaaten, Skandinavien und den USA. Zu allen Ausstellungen bietet das Museum ein umfangreiches Rahmenprogramm aus Seminaren, Vorträgen und Workshops.
**www.frauenmuseum-wiesbaden.de**

© Bernd Fickert

## MUSEUM WIESBADEN

Im Landesmuseum für Kunst und Natur finden sich auf 7.000 Quadratmetern Exponate von der Frühgeschichte bis in die Gegenwart. Die drei Flügel des Museumsgebäudes beherbergen Sammlungen Alter Meister, der Kunst der Moderne und Gegenwart, Naturhistorische Sammlungen und Sammlungen der Klassischen Moderne.
**www.museum-wiesbaden.de**

## LITERATURHAUS VILLA CLEMENTINE

Als literarisches Zentrum Wiesbadens ist das Literaturhaus Villa Clementine, Frankfurter Straße 1, seit dem Jahr 2001 ein einzigartiger Ort, an dem sich Literaturschaffende und ein diskutierfreudiges Publikum begegnen. In der stilvollen und einladenden Atmosphäre der historistischen Villa sind nicht nur preisgekrönte Autoren, sondern auch talentierte Nachwuchskünstler gerne zu Gast.
**www.wiesbaden.de/microsite/literaturhaus/index.php**

## MUSEUM FÜR DAS UNTERBEWUSSTSEIN

Am 31. Juli 2012 wurde das „Museum für das Unterbewusstsein" in den Räumlichkeiten des Nassauischen Kunstvereins in der Wilhelmstraße eröffnet. Es ist das fünfte seiner Art weltweit. Der Initiator und Direktor des ungewöhnlichen Museums ist der Kulturpreisträger Wiesbadens 2012 und Fluxus-Künstler der ersten Stunde, Benjamin Patterson.
**www.kunstverein-wiesbaden.de/permanent/benjamin-patterson-/-museum-fuer-das-unterbewusst-sein-eingang-wiesbaden-2012**

## BELLEVUE-SAAL

Der Bellevue-Saal in der Wilhelmstraße 32 ist inzwischen als Ausstellungsort etabliert. Der „Verein zur Förderung künstlerischer Projekte mit gesellschaftlicher Relevanz e.V." wurde 1986 von einer Gruppe von Künstlern als Plattform für die Realisierung eigener Vorhaben gegründet. Als im Herbst 1993 in Wiesbaden ein kultureller Kahlschlag drohte, übernahm der Verein von der Stadt den Ausstellungsort Bellevue-Saal und die Auswahl der Gastkünstlerinnen und -künstler, um in einer Zeit der Einsparungen für die Bildende Kunst eine starke und unabhängige Lobby zu bilden.
**www.kunstverein-bellevue-saal.de**

## SAM – STADTMUSEUM AM MARKT

Im Marktkeller hat das „sam – Stadtmuseum am Markt" seine neue Heimat gefunden. Auf rund 1.300 Quadratmetern können große und kleine Besucher die Geschichte der heutigen Hessischen Landeshauptstadt entdecken.
**https://www.wiesbaden.de/microsite/sam/**

## Wiesbadener Walkmühle

Der gemeinnützige Künstlerverein Walkmühle e.V. ist ein Ausstellungs- und kulturelles Veranstaltungszentrum mit angeschlossenem Atelierhaus in der ehemaligen Industriebrache Walkmühle. Der 2003 gegründete Verein versteht sich als offenes Netzwerk von Künstlern, Kulturinteressierten und Akteuren aus der Kreativwirtschaft.
**www.walkmuehle.net**

# „WIR SCHAFFEN HIER **ETWAS EINMALIGES**“

**Die Kultur in der heimischen Region zu stärken, das ist das Ansinnen von Marsilius Graf von Ingelheim, Geschäftsführer des Rheingau Musik Festivals**

**Was bedeutet das Rheingau Musik Festival für den Rheingau?**
Das Rheingau Musik Festival ist in Europa das größte privatwirtschaftlich organisierte Musikfestival mit einem klassischen Schwerpunkt, das die Elemente unserer Kultur hier in der Region Rheingau voll und ganz aufnimmt. Wir haben einen Markendreiklang. In der ersten Säule die bedeutendsten Künstlerpersönlichkeiten unserer Zeit, die wir hier bei uns im Rheingau willkommen heißen. Das sind als zweite Säule die einmaligen Kulturdenkmäler, die diese Region zu bieten hat. Exemplarisch natürlich das Kloster Eberbach, das Schloss Vollraths, das Schloss Johannesberg, und das ist als dritten Säule die gesamte Kulturregion, die mit der wunderbaren Landschaft, mit dem Wein und mit der Kultur einhergeht. In der Verbindung dieser drei Ebenen schaffen wir hier etwas Einmaliges. Immerhin kommen jedes Jahr um die 140.000 Besucher extra deshalb kommen, um genau diese Verbindung zu erleben.

**... und was bedeutet der Rheingau für das Rheingau Musik Festival?**
Für den Rheingau als Region bedeutet das Festival, dass man hier neben dem Wein-Genuss und dem kulinarischen Genuss auch den Musik-Genuss erfährt. Das betrifft nicht nur die Gäste von weither, sondern auch die Menschen, die hier leben. Und es bedeutet auf der anderen Seite für die gesamte Region ein enormer Impuls. Schließlich sind wir längst der größte Werbetreibende, weil wir mit unseren Konzerten in ganz Europa Menschen ansprechen. Menschen, die dann eine Reise hier in diese Region antreten und nicht nur unsere Konzerte entdecken, sondern hier verweilen und der Rheingau und die Winzer, die Gastronomen und viele andere auf diesem Weg profitieren.

**Kann man sagen, Sie geben dem Rheingau nach dem Wein und den Kulturdenkmälern so etwas wie eine dritte Dimension?**
Absolut. Sehen sie: Viele dieser wunderbaren Kulturstätten sind als historische Orte oder Bauwerke natürlich existent, aber – Beispiel Kloster Eberbach – bevor wir das mit Leben gefüllt haben, war es dort, wie uns der Intendant immer spiegelt, eine ganz andere Situation. Heutzutage blühen diese Orte auf, weil seit 37 Jahren Menschen aus der ganzen Welt dorthin kommen, um hochkarätige Konzerte zu hören und das trägt das natürlich auch über das ganze Jahr hinweg.

**Schwer auszumalen: Beinahe wäre aus dem Rheingau Musik Festival etwas ganz anderes geworden?**
Stimmt, aber das hängt sehr mit der ganz persönlichen Geschichte unseres Gründers und Intendanten, Michael Herrmann zusammen, der ja aus Wiesbaden stammt und der irgendwann gesagt hat, ich möchte in meiner Heimat, in diesen wunderbaren Orten ein Festival gründen, und in der Tat gab es damals von politischer Seite den Vorstoß in eine andere Richtung, nämlich im geteilten Deutschland an die Zonenrandgrenze zu gehen und dort ein Festival zu gründen. Unter anderem, weil man dort Zonenrandförderung bekäme. Aber Gottseidank wurde diese politisch eher kurzsichtige Perspektive nicht angenommen und Michael Herrmann hat auf die langfristige Perspektive gesetzt und das Festival in knapp vier Jahrzehnten ebenso kontinuierlich wie konsequent weiterentwickelt.

**Und dabei auch, wie man hört, die Corona-Krise, wenn auch mit einem Jahr Zwangspause gut weggesteckt?**
Stimmt. Wir haben die Vor-Coronazahlen längst nicht nur erreicht, sondern deutlich überschritten. Die Absage 2020 und die zum Teil massiven Einschränkungen in den Jahren danach waren schmerzlich, aber schon das vergangene Jahr konnten wir von den Besucherzahlen her als erfolgreichstes Jahr seit der Gründung abschließen und wir merken schon jetzt, dass dieses Hoch weitergeht. Die Gründe dafür: Zum einen haben wir uns nie beklagt oder beschwert, sondern die Zeit genutzt, um neue innovative Dinge umzusetzen und uns auszuprobieren. Vor allem aber haben wir erkannt, dass die Menschen gerne wieder Freizeitaktivitäten genießen wollen, aber dass sie mit dem Faktor Zeit bewusster umgehen und das priorisieren, was für sie ein absolutes Erlebnis darstellt. Früher ist man vielleicht 20-mal im Jahr in ein Konzert gegangen, heute nur noch zehnmal. Aber diese zehn Mal sollen etwas ganz Besonderes werden. Und Gottseidank, für unsere Zielgruppe, die renommierte Klassik oder gediegene Jazz-, Rock- und Popkonzerte hören wollen, stehen wir oben auf der Prioritätenliste.

Marsilius Graf von Ingelheim

© Hannah Meinhardt

# DER RHEINGAU

### WEINSTAND SCHLOSS JOHANNISBERG

Vom Weinstand Johannisberg zwischen Geisenheim und Oestrich-Winkel bietet sich ein genialer Blick auf den sogenannten „Inselrhein" zwischen Mainz und Bingen.

### KLOSTER EBERBACH

Das Kloster Eberbach ist eines der ältesten des an Klöstern reichen Rheingaus. Es entstand im frühen 12. Jahrhundert. Heute dient die mittelalterliche Anlage als Weingut, Hotel, Restaurant und Veranstaltungsort. Besonders begehrt sind die Tickets für die Kloster-Konzerte während des Rheingau-Musik-Festivals, das jeden Sommer an zahlreichen Spielorten in der gesamten Region stattfindet.

**www.kloster-eberbach.de**

### ELTVILLE

Der Rosengarten der Kurfürstlichen Burg in Eltville beheimatet über 350 Rosensorten. Die Rosen befinden sich im Burggarten (Amtsgarten), aber auch im historischen Burggraben sowie an der Rheinpromenade.

### OESTRICH-WINKEL

Der Wein-Verladekran von Oestrich-Winkel stammt aus dem Jahr 1745 und stellt mittlerweile das Wahrzeichen des Städtchens dar. Früher wurden hier die Weinfässer zum Beispiel des Klosters Eberbach auf Schiffe gehievt, die den Rheinwein anschließend in die ganze Welt transportierten. Hier finden sich auch das Brentanohaus oder etwa die weltweit einzigartige, 2003 eröffnete Allendorf.Wein.Erlebnis.Welt, in der die Besucher bei unterschiedlichem Licht rund 60 Weine aus den Toplagen des Rheingaus verkosten können.

**www.brentano.de, www.allendorf.de**

### RÜDESHEIM

Rüdesheim am Rhein ist für ihre Weinherstellung, vor allem für Rieslinge, und für unendliche Touristenströme bekannt. Die Drosselgasse ist die berühmteste Straße der Stadt, auch wenn sie nur 144 Meter lang und zwei Meter breit ist. Sie lockt mit Geschäften, Kneipen und Restaurants. Siegfrieds Mechanisches Musikkabinett ist ebenfalls in der Nähe, und die mittelalterliche Brömserburg beherbergt das Rheingauer Weinmuseum, in dem Ausstellungsstücke rund um Weinerzeugung und Weingenuss von der Antike bis heute gezeigt werden.

### NIEDERWALDDENKMAL

Das Niederwalddenkmal oberhalb der Stadt Rüdesheim erinnert an die Einigung Deutschlands im Jahr 1871. Der Bau des 38,18 Metern hohen und 75 Tonnen schweren Monuments dauerte sechs Jahre. Die Hauptfigur mit 12,5 Metern Höhe zeigt die Kriegerin Germania. Der Fußweg nach oben wird durch eine spektakuläre Aussicht auf das Rheintal, Bingen und die Nahemündung belohnt. Wer nicht zu Fuß gehen mag, steigt in Rüdesheim in die Seilbahn.

www.niederwalddenkmal.de

### ABTEI ST. HILDEGARD

Die Abtei St. Hildegard bei Rüdesheim wurde 1165 von Hildegard von Bingen persönlich – gewissermaßen als „Zweigstelle" ihres Klosters auf der gegenüberliegenden Rheinseite gegründet. Neben dem Weinbau spielt in dem Kloster die Buchbinderei eine große Rolle, in der Restaurationswerkstatt wird unter anderem theologische Literatur erhalten.

**www.abtei-st-hildegard.de**

Die Rheinpromenade in ELTVILLE ist ein vielbesuchter Treffpunkt der Besucher des Rheingaus

# DER RHEINGAU
## AUSFLUGSZIELE

### HINDENBURGBRÜCKE
Die Hindenburgbrücke war eine Eisenbahnbrücke über den Rhein zwischen Rüdesheim und Bingen. Die am 1. September 1915 in Betrieb genommene Brücke wurde im Zweiten Weltkrieg zerstört und danach nicht wiederaufgebaut. Seit 2002 bilden die Überreste des Bauwerks den östlichsten Punkt des UNESCO-Welterbes Oberes Mittelrheintal.

### BURG RHEINSTEIN
Die malerische Lage der Burg Rheinstein verzauberte bereits im Jahr 1823 den Prinzen Friedrich von Preußen, der die Burg gegenüber von Assmannshausen auch prompt kaufte.
In der Burg befinden sich heute ein Museum und ein angeschlossenes Restaurant.
**www.burg-rheinstein.de**

### BINGER LOCH
Das Binger Loch ist eine Engstelle am südlichen Ende des Rhein-Durchbruchtals durch das Rheinische Schiefergebirge und stellte bis ins 19. Jahrhundert ein bedeutendes Hindernis für die Schifffahrt dar. Es liegt bei Rheinkilometer 530,8 am rechten Ufer, wenige Meter stromabwärts des Binger Mäuseturms und der Burg Ehrenfels.

### MÄUSETURM
Der Binger Mäuseturm steht auf der Mäuseturminsel im Rhein vor dem Binger Stadtteil Bingerbrück. Der 24,65 Meter hohe als Zollwachturm Anfang des 14. Jahrhunderts erbaute Mäuseturm erhielt seinen Namen aufgrund einer Sage.

### BURG EHRENFELS
Die Burg Ehrenfels ist die Ruine einer Hangburg westlich von Rüdesheim am Rhein auf halber Strecke nach Assmannshausen. Die ehemalige Zollburg steht am nordöstlichen Rheinufer am steilen Hang des Rüdesheimer Berges.

### ZAUBERHÖHLE
Die Zauberhöhle nahe der Rossel bei Rüdesheim wurde zwischen 1760 und 1790 erbaut und besteht aus einem 60 Meter langen, ummauerten und lichtlosen Gang, dessen Wände einst mit Glitzersteinen verziert waren. Der Gang mündet in einen ursprünglich mit Spiegeln bestückten, kuppelbedeckten Rundbau. Von dort bieten sich ebenso fantastische wie effektvolle Ausblicke über das Rheintal bis zur Burg Rheinstein und der Clemenskapelle bei Trechtingshausen. Zur Zauberhöhle gelangt man mit einem Sessellift, der am Standort des früheren Zahnradbahnhofes in Assmannshausen startet. Der Lift trägt seine Benutzer den Berg hoch bis zum romantischen Jagdschloss Niederwald mit seinem großen Wildgehege.
www.schloesser-hessen.de

### ROTWEINTEMPEL
Der Rastplatz für Weinliebhaber liegt im Assmannshauser Weinberg. In dem kupferbedeckten Pavillon findet man ein schattiges Sitzplätzchen und im kleinen Holzhäuschen kann man sich selbst mit dem lokalen Wein versorgen. Die Krönung: der fantastische Blick auf die gegenüberliegende Uferseite mit der Burg Rheinstein.

### ASSMANNSHAUSEN
Assmannshausen steht stellvertretend für viele Gemeinden und kleine Städte am Rheinufer mit ihren uralten Fachwerkhäusern und den engen Gassen, von denen die Weinstuben und Winzerhöfe abgehen. Ein besonderes Kleinod ist das Hotel „Zur Krone“ am Rheinufer, das schon Robert und Clara Schumann, Hoffmann von Fallersleben und Künstler, deren Werke noch heute die Räume des Hauses zieren, bewohnten. Gekrönte Häupter wie Kaiser Wilhelm I. oder „Sissi“ Elisabeth von Österreich, wurden zum Ende des 19. Jahrhunderts in der „Krone“ standesgemäß bewirtet und auch Bundeskanzler Helmut Kohl und der französische Staatspräsident Francois Mitterand trafen sich dort zum Austausch über die europäische Frage.

## THE **BEAUTIFUL RHEIN**

Frankfurt is the eastern most extension of the Rheingau region, with 25 hectare of vineyards, 1.3 hectare of which are located directly on the Lohrberg hillside. The remaining vineyards can be found in Hochheim am Main and are managed by the Rupp family. As in olden times, the harvesting of the grapes on the Lohrberg is done by hand as machines cannot be used due to the steep grade of the hill. This traditional city vineyard has a yearly production of 10.000 bottles of the well known Riesling "Frankfurter Lohrberger Hang", which can be bought at the vineyard's store located in the Römer, Limpurgergasse 2 entrance.
Whether by car or train, or even by boat from the dock at the Eisernen Steg, the Rhein can easily be reached for daytrips, where you can experience for yourself just why it is so beautiful here.

## **WANDERN** IM RHEINGAU

### RHEINSTEIG

Der Premiumweg Rheinsteig führt in 21 Etappen von Wiesbaden im Süden bis nach Bonn im Norden am rechten Rheinufer entlang. Mal fließt Vater Rhein hunderte Meter unter den Wanderern an steilen Felsklippen entlang, mal sieht man ihn nur aus der Ferne, mal wandert man direkt am Ufer entlang.
**www.rheinsteig.de**

### RHEINGAUER KLOSTERSTEIG

Der Rheingauer Klostersteig verbindet auf 30 Kilometern sechs Klöster, davon drei aktive. Der Pilgerweg führt vom Kloster Eberbach nahe Eltville über verschiedenen Stationen zur Marienkirche nach Rüdesheim-Aulhausen.
Klostersteig for you(th) lädt Jugendliche und neugierige Erwachsene ein, auf dem Rheingauer Klostersteig genau hinzuschauen und knifflige Fragen zu beantworten.

### WISPERTAUNUSSTEIG

Der Wispertaunussteig führt vom Welterbe Limes zum Welterbe Oberes Mittelrheintal. Was den Wanderer erwartet? Ein Fluss, zwei Länder, drei Gipfel, vier Dörfer und fünf Täler. Dazwischen unzählige Fernsichten und urwüchsige Wälder mit berauschender Stille. 14 weitere Premiumwege im Rheingau versprechen ein wildromantisches Wandererlebnis.

## **TOURIST** INFORMATIONEN

**Eltville am Rhein**
Telefon (06123) 90 98-0
touristik@eltville.de

**Oestrich-Winkel**
Telefon (06723) 6012806
touristinfo@oestrich-winkel.de

**Rüdesheim am Rhein**
Telefon (06722) 90615-0
touristinfo@ruedesheim.de
www.ruedesheim.jetzt

**Lorch am Rhein**
Telefon (06726) 8399249
tourismus@lorch-rhein.de

**Fragen Sie besser keinen Frankfurter nach Offenbach, entdecken Sie es als Neufrankfurter einfach selbst! Mit rund 140.000 Einwohnern ist Offenbach Hessens fünftgrößte Stadt und mit Sicherheit eine der vielfältigsten Großstädte in ganz Deutschland. Zur sichtbaren Vielfalt trägt nicht zuletzt die Tatsache bei, dass nahezu 60 Prozent der Bevölkerung über einen Migrationshintergrund verfügen und Offenbach somit zur multikulturellsten Stadt Deutschlands machen.**

# OFFENBACH: **VIELFALT DER KULTUREN**

Ledermuseum Offenbach

Der Charme der Stadt ist dabei kein vordergründiger: Von einzelnen Ausnahmen abgesehen, finden sich hier keine architektonischen Juwele aus vergangenen Tagen, keine Hochglanz-Kulturpaläste oder Museen mit internationaler Strahlkraft. Vielmehr ist es der bunte Mix aus Stilen, Epochen und Kulturen, der Offenbachs unverwechselbaren Charakter ausmacht. Die Historie zeigt: wenn Offenbach etwas besonders gut kann, dann ist es der Wandel. Sichtbares Zeugnis des derzeitigen Wandels legen die zahlreichen Baukräne im Stadtgebiet ab – das Rhein-Main-Gebiet wächst schnell, und mit ihm auch Offenbach. Für viele Menschen ist die Stadt am Main der erste Wohnsitz in Deutschland. Offenbach ist Ankunftsstadt und heißt alle willkommen. Manche ziehen weiter, viele bleiben und alle hinterlassen hier ihre Spuren.

So ist es heute die kulturelle Vielfalt, die den besonderen Charme Offenbachs ausmacht. Das quirlige, bunte und friedvolle Miteinander auf den öffentlichen Plätzen, das internationale Angebot an Cafés, Kneipen und Läden zeigt, dass in Offenbach die Welt zuhause ist. Es ist nicht Liebe auf den ersten Blick, die hier entsteht, sondern eine viel nachhaltigere und tiefere Beziehung, wagt man erst einmal den Blick hinter Kulissen, Fassaden und in Hinterhöfe.

Nicht zum ersten Mal häutet sich das einst als Zentrum der Lederindustrie bekannte Offenbach: Im Jahr 1698 nahm Graf Johann Philipp von Isenburg-Offenbach hugenottische Flüchtlinge auf, welche die Tabakfertigung nach Offenbach brachten und für eine Phase der Prosperität in der oftmals klammen Stadt sorgten. Gegen

Ende des 18. Jahrhunderts schließlich etablierte sich die Lederwarenindustrie und sorgte für Wachstum und Arbeit in der Stadt, bis diese im Zuge der Globalisierung nahezu vollständig aus der Stadt verschwand. Dem Thema Leder widmen sich noch heute die Internationale Lederwarenmesse sowie das Deutsche Ledermuseum in der Frankfurter Straße 86. Daneben waren die Schriftkunst und die Druckindustrie prägend für den Industriestandort Offenbach im 19. und 20. Jahrhundert. Auch auf deren Spuren lässt sich im Stadtgebiet exzellent wandeln.

## VON FRANKFURT **NACH OFFENBACH**

Wer sich auf Erkundungstour nach Offenbach begeben möchte, sollte besser auf den PKW verzichten – Parkraum in der Innenstadt ist knapp und teuer. Mit der S-Bahn hingegen ist man von der Hauptwache in rund zehn Minuten im Offenbacher Stadtzentrum. Noch attraktiver gestaltet sich der Weg mit dem Fahrrad oder E-Bike vom südlichen Frankfurter Mainufer bis zum markanten roten Isenburger Schloss. Von hier aus sind es nur wenige Minuten bis zur Stadtmitte.

## **FLANIEREN &** GENIESSEN

### WILHELMSPLATZ MIT WOCHENMARKT

Der schönste – und beliebteste – Platz der Stadt ist ohne Zweifel der Wilhelmsplatz. Hier findet, eingerahmt von nahezu homogener gründerzeitlicher Bebauung, der weit über die Stadtgrenze hinaus bekannte Offenbacher Wochenmarkt statt. Bereits seit 1903 dient der Erzeugermarkt nicht nur der kulinarischen Versorgung, sondern auch dem Austausch von Neuigkeiten aus der Stadt. Mit gut einem Dutzend Gaststätten aller Couleur und einigen kleinen, feinen Ladengeschäften ist die Verweilqualität hier auch außerhalb der Marktzeiten hoch.

**Wilhelmsplatz, 63065 Offenbach**
**www.wochenmarkt-offenbach.de**

**Marktzeiten: Dienstag, Freitag, Samstag, jeweils 7:30 bis 14:00 Uhr (im Winter ab 8:00 Uhr)**

### MAINUFER MIT HAFEN

Von der Kaiserleibrücke im Westen bis nach Rumpenheim im Osten erstreckt sich das Offenbacher Mainufer über rund 9 Kilometer – stets begleitet von einem komfortablen Radweg. Zahlreiche Baukräne zeugen an der Kaiserlei von reger Bautätigkeit. Auf Hin- oder Rückweg lohnt eine Einkehr im überregional bekannten, direkt am Main gelegenen Kulturzentrum Hafen 2.
Im weiteren Verlauf beeindrucken die Wohn- und Büroneubauten des Hafenviertels sowie die imposante Hafentreppe. Wer Lust auf Wassersport verspürt, kann sich am Main-Turm bei schönem Wetter im Stand-Up-Paddling versuchen und/oder verköstigen lassen. Am markant roten Isenburger Schloss öffnet sich der Maindamm in Richtung Innenstadt. Ein paar Meter weiter mainaufwärts lässt sich am vielfältig kulturell bespielten Waggon am Kulturgleis rasten und am Gleisende die Doppel-Helix-Skulptur des HfG-Absolventen Frank Flasskämpfer. Im weiteren Verlauf gelangt man zu den Stadtteilen Bürgel und Rumpenheim – jeweils mit attraktiven Einkehrmöglichkeiten am Fluss.

**MAINUFERRADWEG: Kaiserleibrücke bis Schloss Rumpenheim**
**LÄNGE: rund 9 km**
**INFOS: www.hafen2.net; www.mainturm.de www.waggon-of.de**

### BETONSKULPTUREN IM DREIEICHPARK

Ein bedeutsames industriegeschichtliches Denkmal versteckt sich ein wenig im Dreieichpark im Offenbacher Westend: die vermutlich ältesten erhaltenen Betonbauten ohne Stahlbewehrung in Deutschland. Diese wurden 1879 anlässlich der 2. Hessischen Landes-Gewerbeausstellung errichtet und präsentieren sich kürzlich erfolgter Sanierung in neuem Glanz. Die beiden Bauten, bestehend auf einer den Fußweg überspannenden Brücke und einem Pavillon mit Kuppel. Dass diese bis heute Bestand haben, war ursprünglich gar nicht geplant – sie sollten lediglich den damals aktuellen Stand der Ingenieurskunst unter Beweis stellen. Nun tun sie es bis zum heutigen Tag.

**Dreieichpark, 63067 Offenbach**

### RUMPENHEIMER SCHLOSS MIT PARK

Wahrzeichen des Stadtteils Rumpenheim mit seinem eher dörflichen Charakter ist das gleichnamige Schloss. Als Herrenhaus 1678 erbaut, wurde es im 18. Jahrhundert von Friedrich von Hessen-Kassel zur dreiflügeligen Anlage erweitert. Im 20. Jahrhundert stand das Schloss über viele Jahre leer und verfiel zusehends – sogar der Abriss und Bau von Hochhäusern wurde diskutiert. Dank privater Initiative befinden sich heute überwiegend Wohnungen im Schloss, ein Zutritt ist daher nicht möglich. Umso lohnender gestaltet sich dafür ein Spaziergang durch den denkmalgeschützten Park mit historischem Baumbestand.

**Schlossgasse, 63075 Offenbach**

### WETTERPARK

Der Wetterpark am Buchhügel entstand 2005 als Gemeinschaftsprojekt der Stadt, des Regionalverbands FrankfurtRheinMain und des in Offenbach ansässigen Deutschen Wetterdienstes. Auf einer Fläche von 2 Hektar veranschaulichen an 13 Stationen das Zusammenspiel von Sonne, Luft und Wolken begreifbar – vom Jetstream bis zum Gewitter. Markantestes Bauwerk ist der Wetterturm, von dem aus man bei guter Sicht bis zum Taunus blicken kann. Im 2014 eröffneten Besucherzentrum findet man weitere Exponate und Informationen; hier starten auch die beliebten Themenführungen durch den Park.

**Am Wetterpark 15, 63071 Offenbach**
**www.offenbach.de/wetterpark**
**KONTAKT: 0 69 / 83 83 68 96**

**KLINGSPORMUSEUM**
Die erste kommerzielle Nutzung der vom Münchener Alois Senefelder erfundenen Lithografie erfolgte in Offenbach: Musikverleger Johann Anton André erwarb 1799 das Patentrecht für das Druckverfahren, veröffentlichte im Jahr 1800 Mozarts Klavierkonzerte und hatte somit entscheidenden Anteil an der Verbreitung von Musiknoten für die breite Masse. Gleichfalls prägend für die Druckbranche war die Kunst der Schriftgießerei in der Firma der Gebrüder Klingspor. Für diese entwickelte unter anderem Rudolf Koch ab 1906 wegweisende Schriftarten. Das Klingspor-Museum im Büsingpalais lässt diese Zeit wieder lebendig werden, widmet sich darüber hinaus auch der internationalen Schrift- und Buchkunst einst und jetzt.
**Herrnstraße 80; 63065 Offenbach**
**www.klingspormusuem.de**
**KONTAKT: 0 69 / 80 65 21 64**

**DEUTSCHES LEDERMUSEUM**
Einen umfangreichen Überblick über die globale Geschichte der Lederwaren, deren Herstellung und modischen Ausprägungen bietet das 1917 gegründete Deutsche Ledermuseum. Die Sammlung umfasst die Bereiche „Angewandte Kunst", „Ethnologie" und „Deutsches Schuhmuseum". Wechselausstellungen beleuchten das Thema Leder aus unterschiedlichen Perspektiven. Von den Stiefeln römischer Legionäre über Kaiserin Sisis Seidenstiefel bis zu den Plateauschuhen der Spice Girls ist schon diese Abteilung einen Besuch wert.
**Frankfurter Straße 86,**
**63067 Offenbach**
**www.ledermuseum.de**
**KONTAKT: 0 69 / 82 97 98-0**

**HAUS DER STADTGESCHICHTE**
In Zusammenarbeit mit der HfG entstand im Haus der Stadtgeschichte eines der modernsten Museumsdesigns der Region. Faszinierende Einblicke in die Historie Offenbachs – von der Vor- und Frühgeschichte über die Industrialisierung bis zur Gegenwart. Besonderes Augenmerk der Ausstellung gilt der Geschichte der Hugenotten und Juden in Offenbach. Daneben zeigen die Abteilungen „Kunst der Moderne" und „Grafische Sammlung" Werke bedeutender Künstler der Stadt.
**Herrnstraße 61, 63065 Offenbach**
**www.haus-der-stadtgeschichte.de**
**KONTAKT: 0 69 / 80 65 26 46**

## KUNST&KULTUR

**HFG RUNDGANG**
1832 als Handwerkerschule gegründet, zählt die Offenbacher Hochschule für Gestaltung (HfG) seit vielen Jahren zu den renommiertesten deutschen Kunsthochschulen. Aus den beiden Fachbereichen Kunst und Design gehen nicht nur regelmäßig international erfolgreiche Kreative hervor, die HfG wirkt seit jeher aktiv bei der Entwicklung der Stadt mit und begleitet deren stetigen Wandel kreativ. Einen Einblick in die Arbeiten der Studierenden bietet alljährlich der HfG-Rundgang zum Ende des Sommersemesters im Juli.
**Schlossstraße 31, 63065 Offenbach**
**www.hfg-offenbach.de**
**TERMIN: Ende Juli 2024**

**OFFENBACHER KUNSTANSICHTEN**
Die alle zwei Jahre stattfindenden Kunstansichten haben sich über die Jahre einen exzellenten, weit über die Stadtgrenzen hinaus reichenden Ruf erarbeitet. Es öffnen stattweit Ateliers und Werkstätten, Galerien, Privatsammlungen und Museen ihre Türen. Auch alternative Ausstellungsräume, Industrielofts, Offspaces und der öffentliche Raum in diesen drei Tagen einen Einblick in das einzigartige und kreative Kunstnetzwerk der Stadt. Das Kunstfestival verbindet über 160 Künstlerinnen und Künstler an beinahe 70 Orten mit der Öffentlichkeit.
**www.offenbach.de/kunstansichten**
**ca. 70 Orte im gesamten Stadtgebiet**

**LICHTERFEST IM BÜSINGPARK**
Das Offenbacher Lichterfest zählt seit Jahren zu den kulturellen Highlights Offenbachs. Über 30 Vereine sorgen mit ihren Kerzenilluminationen für den stimmungsvollen Rahmen des Open-Air-Konzertes vor der historischen Kulisse des Büsing-Palais. Für den musikalischen Rahmen sorgt seit vielen Jahren die mittlerweile in Hanau ansässige „Neue Philharmonie Frankfurt" mit einem eigens zusammengestellten Klassik-Crossover-Programm. Picknickdecken oder Stühle werden von den Besuchern selbst mitgebracht.
**TERMIN: 10. August 2024**
**Büsingpark Offenbach**
**www.offenbach.de/lichterfest**
**KONTAKT: 0 69 / 84 00 04-170**

**FILMKLUBB**
Aus Liebe zum Zelluloid und Filmklassikern in 35 mm entstand in einem Hinterhof im Offenbacher Westend. Nicole Werth hat sich in einer ehemaligen Luftpumpenfabrik dem Kinofilm, verschrieben. Gezeigt werden die cineastischen Perlen auf einem historischen 35-mm-Bauer-Projektor aus dem Jahr 1947. Zu den Programmhighlights zählen Stummfilmklassiker, die vom in Wiesbaden lebenden Wiener Ralph Turnheim kongenial vertont werden. Dazu gesellen sich liebevoll kuratierte Filmreihen und ab 19 Uhr immer ein leckeres kulinarisches Speisenangebot. Abgerundet wird das Programm durch Lesungen, Ausstellungen und Filme in Digitaltechnik, die nicht selten einen Offenbachbezug aufweisen.
**Isenburgring 36, 63069 Offenbach**
**www.filmklubb.de**
**KONTAKT: nic@filmklubb.de**

**ARTEFAKT – FAHRRAD TRIFFT KULTUR**
Der besondere Fahrradladen, denn hier gibt es viel mehr als nur feine Bikes und kompetente Reparaturen: Einmal im Monat werden die Geschäftsräume zum Kino oder es wird gleich zum Open-Air-Event am nahen Friedrichsweiher geladen. Dies gilt auch nach Umzug in die stark frequentierte Berliner Straße. Ebenfalls ein Artefakt-Projekt: Am 26./27. Juli 2024 übernehmen die Rennräder die Hoheit über die Straßen entlang des Landgrafen- und Hessenrings: Auf einem exakt 1000 m langem Rundkurs werden nicht nur die Offenbacher Stadtmeisterschaften ausgetragen, es findet erstmalig auch ein Kriterium der Rad-Bundesliga der Frauen statt. Dazu gibt es ein feines Rahmenprogramm aus Gesang, Wein und kleinen Speisen. Konsequenter Name der Veranstaltung: Rad, Wein & Gesang.
**ANSCHRIFT: Berliner Straße 43-47, 63065 Offenbach am Main**
**WEB: artefakt-offenbach.de**
**KONTAKT: 0 69 / 83 83 83 44**

Radiolegende Volker Rebell hat mit seinen anspruchsvollen Sendungen (u.a. „Volkers Kramladen“ auf hr3) den Musikgeschmack der hessischen Radiohörer beeinflusst und deren musikalischen Horizont erweitert. In der ehemaligen Werkstatt seiner Eltern hat der passionierte Beatles- und Stones-Fan vor einigen Jahren einen kleinen, aber feinen Veranstaltungsraum geschaffen, in dem intime Live-Auftritte, Lesungen, Kleinkunst oder Kabarett sowie Ausstellungen rund um die Popular- und Independent-Kultur stattfinden.
**ANSCHRIFT: Bieberer Straße 145 A, 63071 Offenbach**
**WEB: www. radio-rebell.de**
**KONTAKT: 0160 / 95 16 60 24**

**CAPITOL**
Das Capitol, zwischen 1913 und 1916 als Synagoge mit markanter Kuppel errichtet, bringt heute viel Glanz in den Kulturbetrieb Offenbachs. Ob Firmenevent, Rockkonzert, Theater, Musical oder Kabarett – in exklusivem Ambiente finden hier bis zu 1.500 Gäste Platz. Zu den beliebtesten Veranstaltungen zählen die regelmäßigen Konzerte des auch international gefragten Capitol Symphonie Orchesters im Rahmen der Capitol Classic Lounge.
**Goethestraße 1-5, 63067 Offenbach**
**www.capitol-online.de**
**KONTAKT: 0 69 / 829 00 20**

## AUSFLÜGE

**HAINBACHTAL**

Im Süden Offenbachs, zwischen der Stadtgrenze und Heusenstamm, befindet sich das wild-romantische Hainbachtal. Startet man seine kleine Wanderung bereits am Parkplatz „Nasses Dreieck" ist der Abstecher zum kleinen Waldzoo mit seinen Kängurus, Waschbären oder Ziegen. Unterhalb der Werkstätten Hainbachtal folgt man dem Bachverlauf in südöstlicher Richtung. Hier befindet sich der wildere Teil des Weges, der bei schönem Wetter dazu animiert, bei schönem Wetter anstatt des gut ausgebauten Weges direkt durch den Bach zu waten. Sobald die Dietzenbacher Straße kreuzt, bieten sich rechts oder links des Bachlaufs zahlreiche Möglichkeiten für den Rückweg an. Nicht verpassen sollte man aber einen Abstecher zu Kaffee und Kuchen ins Waldcafé, einem inklusiven Café der AWO Offenbach bei den Werkstätten Hainbachtal.
**PARKEN: „Nasses Dreieck" an der Stadthalle oder bei den Werkstätten Hainbachtal, Waldstraße 353; an gleicher Adresse befindet sich auch das Waldcafé (oben)**

**RUMPENHEIMER KUNSTTAGE**

Das idyllisch-beschauliche Rumpenheim hat nicht nur ein schönes Schloss zu bieten: Eine engagierte und vielseitige Kunstszene mit Ateliers und Galerien machen den Stadtteil am Mainufer zu dem Kulturort der Stadt. Ob bildende Kunst oder Malerei, Installationen oder Kunsthandwerk in den Bereichen Schmuck, Kleidung oder Porzellan – bei der jährlichen Werkschau „Rumpenheimer Kunsttage" öffnen die Tore ihrer Ateliers und (fast) der ganze Stadtteil ist aktiv. Längst kommen Besucher von weit her, um die Arbeiten zu bestaunen und das ein oder andere Werk gleich zu erwerben.
**WO? Im gesamten Stadtteil Rumpenheim**
**www.kunst-ort-rumpenheim.de**

**RUND UM DEN BIEBERBACH**

Das für den Offenbacher Stadtteil namensgebende Bächlein Bieber zählt sowohl in südlicher Richtung als auch gen Norden als beliebtes Ausflugsziel mit etlichen Einkehrmöglichkeiten. Reizvoll gestaltet sich der Wechsel aus dichtem Wald und freier Flur, vielfältige Wegoptionen lassen die Ausflüge hier problemlos an die eigenen Anforderungen und zur Verfügung stehende Zeit anpassen. Zur Einkehr empfehlen sich, wenn man Richtung Mühlheim unterwegs ist, die Käsmühle mit ihrem riesigen Biergarten oder – in entgegengesetzter Richtung – die Obermühle mit bester gutbürgerlicher Küche.
**PARKEN: Am Gasthaus Käsmühle, Dietesheimer Straße 408, 63073 Offenbach (Richtung Norden) oder Parkplatz der TGS Bieber, Langener Straße 163, 63073 Offenbach**
**EINKEHREN: www.gasthaus-obermuehle.de und www.zur-kaesmuehle.de**

## OFFENBACH **AKTIV**

**KLETTERPARK AM BIEBERER BERG**

Direkt unterhalb des schmucken Stadions am Bieberer Berg befindet sich seit 2007 der Fun Forest AbenteuerPark Offenbach. 16 Baumwipfelrouten von leicht bis schwer bietet der Kletterpark im idyllischen Leonhard-Eißnert-Park. Dabei verbindet er auf 3 Hektar über 160 Bäume mit 13 Kilometern Stahlseil und eignet sich ideal für Geburtstage oder private Feiern oder Firmenevents vom Frühjahr bis in den Herbst. Ein Picknick auf der großen Wiese samt Wasserspielen direkt nebenan rundet einen Sonnentag am Berg perfekt ab.
**Bieberer Straße 276a**
**www.offenbach.funforest.de**
**KONTAKT: 0 69 / 85 70 20 00**

**WALDSCHWIMMBAD ROSENHÖHE**

Das notorisch finanzschwache Offenbach verfügt als einzige Großstadt Deutschlands über kein kommunales Schwimmbad mehr – und doch verfügt die Stadt mit dem Waldschwimmbad auf der Rosenhöhe über ein attraktives Freibad mit 50-Meter-Bahn und großzügiger Liegewiese. Möglich macht dies der Verein EOSC (Erster Offenbacher Schwimmclub), für den schon der legendäre Schwimm-Olympiasieger Michael Groß seinen Bahnen zog. Vereinsmitglieder profitieren von erweiterten Öffnungszeiten – aber auch allen anderen steht das Schwimmbad bei moderaten Eintrittspreisen zur Verfügung. Im Winter wird der Schwimmbetrieb durch eine Traglufthalle im beheizten Wettkampfbecken sichergestellt.
**Auf der Rosenhöhe 29, 63069 Offenbach**
**www.eosc.de**
**KONTAKT: 0 69 / 84 11 69**

# EXKURSION NACH OFFENBACH

© Kirsten Nijhof

**Julia Finkernagel ist Filmemacherin, Buchautorin und Coach, aber das war sie nicht immer. Zehn Jahre arbeitete die studierte Kommunikationsdesignerin im mittleren Management der Fraport AG. Aus einem Sabbatjahr wurde ein bis heute andauerndes Abenteuer als Autorin und Regisseurin.**

Einem größeren Publikum bekannt ist sie durch die TV-Dokureihe „Ostwärts – mit dem Rucksack der Sonne entgegen". Aus dieser Reihe sind ihre Ostwärts-Bücher hervorgegangen, die beide zu Spiegel-Bestsellern wurden. Seit 12 Jahren lebt Julia Finkernagel in Offenbach, und wenn sie nicht filmt, schreibt oder Veranstaltungen moderiert, arbeitet sie als zertifizierte Coachin für Persönlichkeitsentwicklung mit den Schwerpunkten Potenzialfindung, Vielbegabung und Präsenztraining und gibt ihre Begeisterungsfähigkeit für Vielfalt weiter.

**Frau Finkernagel, Sie haben bei ihren Reisen – besonders in das östliche Europa – viele Menschen und Orte kennengelernt. Was macht Offenbach für Sie vor diesem Hintergrund einzigartig?**
Es ist ja ein offenes Geheimnis, dass Offenbach von seinem bunten Mit- und Nebeneinander geprägt ist. Mir gefällt, dass sich hier so viele durch ihre Herkunftskultur unterschiedlich geprägte Menschen ansiedeln, meistens auch entspannt miteinander umgehen, und dass alle etwas aus ihrer Heimat mitbringen. Das ist wie ein riesiges Buffet an Einflüssen und Gewohnheiten. Ganz oft entdecke ich in Offenbach etwas wieder, was ich zuvor bei meinen Reisen und Reportagen erlebt habe. Dann fühle ich mich ganz kurz irgendwo in die Welt gebeamt, und kann zuhause mein Fernweh stillen. Stellenweise ist Offenbach dann auch herrlich hessisch – es wird mir also nie langweilig.

**Was unterscheidet aus Ihrer Sicht Offenbach von der großen Schwester Frankfurt?**
Vielleicht erstmal ein Blick auf das, was die beiden Geschwister verbindet: kulturelle Vielfalt, die in Kunst, Film, Theater, Diversität, Mehrsprachigkeit, Musik, Esskultur ihren Ausdruck findet. Hier sind die beiden Städte am Main für mich absolut auf Augenhöhe. Klar hat Frankfurt durch die Skyline noch ein Fitzelchen mehr Weltstadtoptik, aber auch dort gibt es ja grotesk provinzielle Ecken, die das weltgewandte „Mainhattan" auf den Teppich zurückholen. An Offenbach mag ich, dass vieles nicht so „gewollt" rüberkommt. Wenn man beim Bild der Schwestern bleibt, trägt Offenbach etwas weniger Schminke, und auch eher die Sneakers der Vorsaison statt neuer Slingpumps. (Ich spreche nur von den Städten!) Ich finde auch gut, dass die Mieten (noch) nicht so aberwitzig hoch wie in den meisten Stadtteilen Frankfurt sind. In der Offenbacher Kulturszene erlebe ich ein gutes Miteinander – wir kennen und schätzen uns gegenseitig und gönnen den anderen ihren Erfolg.

**Welche Orte sollten auch Frankfurter unbedingt in Offenbach aufsuchen?**
Nummer eins: den schönsten Wochenmarkt weit und breit, geschenkt. Am Wilhelmsplatz hole ich mir zu Gemüse, Obst und Bio-Eiern immer auch ein Stück Seelenfrieden. Rundherum gibt es lauter Schätzchen: den griechischen Fischhändler, die versteckte Mozzarella-Fabrik im Hinterhof, den Laden 4 Zimmer und Garten an der Südflanke. Auch abends ist es klasse am Wilhelmplatz, aber nicht nur dort. Mein derzeitiger Favorit ist das eher versteckt liegende japanische Restaurant SHIN in der Bahnhofstraße im Offenbacher Nordend. Wenn ich woanders essen gehe, denke ich so oft: in Offenbach würde das jetzt besser schmecken, wäre günstiger und die Portionen größer.

Weil wir gerade im Nordend sind, dort lohnt sich ein Schlendergang vorbei an den kleinen inhabergeführten Läden wie der Étagérie in der Taunusstraße, wo Selbstgemachtes von lokalen Künstlern verkauft wird, man aber auch Mittagessen und einen Cappuccino bekommt. Und sofort fallen mir zwei weitere hübsche Cafés mit Ladenanschluss ein, die ich wirklich mag: der Unverpackt-Laden mit Kaffee- und Gebäcktheke (und einer Auswahl von nachhaltigen Geschenken) im Senefelder Quartier, gleich gegenüber vom Konzept-Store Tafelgold. Und vis-à-vis vom Ledermuseum das Café Mein Lieblingsplatz.

Wer's nicht so mit Kaffeetrinken hat, kann bald wieder mal auf der Fahrradstrecke am Main Richtung Osten am Bembelboot stoppen. Dessen gut gelaunter Käpt'n müsste demnächst wieder für Äppler, Frankfurter Mojito und Bratwurst anlegen. Außerdem sollten alle einmal im Leben im Filmklubb im Isenburgring gewesen sein, um die Kombination aus Kino und Wohnzimmeratmosphäre in der umgebauten Luftpumpenfabrik zu erleben – mit hausgemachtem Essen, tollen portugiesischen Weinen und einem handverlesenen Programm aus Kunst und Arthouse-Kino. Manchmal gebe ich dort auch einen Abend.

**Haben Sie für uns noch einen echten Geheimtipp?**
Die Stummfilmabende mit dem Leinwand-Lyriker Ralph Turnheim im Filmklubb finde ich außergewöhnlich. Den HfG-Rundgang mache ich jedes Jahr mit, wenn die Hochschule für Gestaltung zum Abschluss des Sommersemesters für ein Wochenende ihre Werkstätten öffnet. Die Taschentauschbörse des Ledermuseums finde ich großartig und nachhaltig, da bringt man mit etwas Vorlauf seine alten Handtaschen hin und darf sich dann an einem späteren Wochenende eine andere gebrauchte Tasche aussuchen. Ich denke, es kommt rüber: Offenbach ist einfach klasse.

©visitrheinmain, David Vasicek

Am nordwestlichsten Zipfel Bayerns gelegen, bietet Aschaffenburg – oder „Aschebersch", wie es die Einwohner liebevoll nennen – mit seinen rund 70.000 Bewohnern zahlreiche historische Bauten, vielfältige Museen, exzellente Shoppingmöglichkeiten und wunderschöne Parks und Gärten. Am Mainufer lässt es sich sommers herrlich flanieren, während sich im Schloss Johannisburg sowie im Stiftsmuseum Geschichte hautnah erleben lassen.

# DIE PERLE UNTERFRANKENS

# ASCHAFFENBURG -
## ZU JEDER JAHRESZEIT EINE REISE WERT

Bereits im Jahr 1161 erhielt Aschaffenburg Stadtrechte, besonders prägend für die Stadt am Untermain waren die Jahre als zweite Residenz der Mainzer Erzbischöfe zwischen 1541 und 1803. Diese residierten in der mächtigen Anlage von Schloss Johannisberg, welches sich exponiert oberhalb des Mainbogens befindet.
In der Innenstadt lässt es sich herrlich flanieren, einkaufen und in einem der schönen Biergärten einkehren – schließlich befinden wir uns in Bayern. Wermutstropfen: Die Aschaffenburger Kultbiermarke „Schlappeseppel" kommt bereits seit vielen Jahren aus dem benachbarten Großostheim.
Mit dem Auto ist Aschaffenburg von Frankfurt aus über die Autobahn A3 in rund 30 Minuten zu erreichen. Mit der Bahn ist man vom Frankfurter Hauptbahnhof binnen 30 und 45 Minuten in Aschaffenburg.

## HISTORISCHE BAUTEN
UND PARKS

### PARK UND SCHLOSS SCHÖNBUSCH
Auf der linksmainischen Seite Aschaffenburgs befindet sich einer der ältesten Parks im Stil eines englischen Landschaftsgartens in Deutschland. Bauherr war der Mainzer Kurfürst und Erzbischof Friedrich Carl Josef von Erthal, der 1783 den Schwetzinger Hofgärtner Friedrich Ludwig Sckell mit der Realisierung beauftragte. Neben den typischen Gestaltungsmerkmalen aus offener Landschaft, Wald- und Wasserflächen beeindrucken hier das Schloss samt Orangerie, ein Aussichtsturm und der Irrgarten. Von der Aschaffenburger Innenstadt gelangt man über den Main in wenigen Minuten zu Park und Schloss Schönbusch.
**Kleine Schönbuschallee 1**
**63741 Aschaffenburg**
Der Park ist ganzjährig geöffnet.
Aufgrund von Sanierungsarbeiten ist Schloss Schönbusch im Jahr 2024 für Besucher leider nicht zugänglich.

### SCHLOSS JOHANNISBERG
Die gewaltige Vierflügelanlage entstand zwischen 1605 und 1614 unter Kurerzbischof Johann Schweikard von Kronberg und zählt zu den bedeutendsten Schlossbauten der Renaissance in Deutschland. Der Straßburger Baumeister Georg Ridinger übernahm von der mittelalterlichen Vorgängerburg lediglich den Bergfried als fünften Turm.
Zum Ende des 18. Jahrhunderts erfolgte eine klassizistische Umgestaltung des Bauwerks. Im Schlossmuseum befindet sich eine Gemäldegalerie, unter anderem mit berühmten Werken von Lucas Cranach dem Älteren. Sehenswert sind zudem die Schlosskapelle mit ihrem Renaissancealtar, eine Korkmodellsammlung antiker Bauten sowie fürstliche Wohnräume und das Städtische Schlossmuseum. Zwischen Schloss und Pompejanum befindet sich der Schlossgarten, welcher in Form einer mediterranen Ideallandschaft gehalten ist.
Für den bayerischen König Ludwig I. war diese Szenerie nichts weniger als das „bayerische Nizza".
**Schlossplatz 4, 63739 Aschaffenburg**
**Ganzjährig geöffnet**

### POMPEJANUM
Inspiriert von den damaligen Ausgrabungen in Pompeji ließ König Ludwig I. diese idealtypische Nachbildung eines römischen Wohnhauses durch den Architekten Friedrich von Gärtner hoch über den Ufern des Mains errichten. Um die zwei Innenhöfe mit Atrium und Wasserbecken sowie einem begrünten Viridarium (Grün- oder Kalthaus) sind im Erdgeschoss Empfangs- und Gästezimmer, Küche und Speisezimmer angeordnet. Die Wände sind im antiken Stil bemalt, die Fußböden als Mosaik mit antiken Mustern ausgeführt. Ergänzt werden die Räume mit römischen Kunstwerken aus den Staatlichen Antikensammlungen und der Glyptothek in München. Um das Pompejanum erstreckt sich eine kleine, ebenfalls Mitte des 19. Jahrhunderts angelegte Gartenpartie.
**Pompejanumstraße 5**
**63739 Aschaffenburg**
**Ende März bis Ende Oktober geöffnet**

### PARK SCHÖNTAL
Die Wurzeln des Parks Schöntal reichen bis in das Jahr 1440 zurück. Ursprünglich als Tiergarten angelegt, erfolgt um 1780 die Umgestaltung in einen Landschaftspark nach englischem Vorbild durch den Gartenkünstler Friedrich Ludwig Sckell. Dieser bezog die Ruine der Kirche zum Heiligen Grabe als Staffage in die Gestaltung ein und legte um sie herum einen Teich an. Im Frühling ziehen die Magnolien alle Blicke auf sich (einer der größten Magnolienhaine Deutschlands), die ehemalige Orangerie beherbergt inzwischen das Kabarett im Hofgarten. Der rund 9,2 Hektar große Park bietet heute einen großen Spielplatz, Klettermöglichkeiten und vieles andere mehr, was ihn zu einem mustergültigen Bürgerpark macht.
**Kleine Schönbuschallee 1**
**63741 Aschaffenburg**
**Park ganzjährig geöffnet**

### STIFTSBASILIKA
Den Heiligen Petrus und Alexander geweiht, geht die Aschaffenburger Stiftsbasilika auf den Herzog Liudolf von Schwaben und dessen Gemahlin Ida zurück. Die im romanischen und teils frühgotischen Stil erbaute Kirche feierte im Jahr 1958 ihr tausendjähriges Bestehen. Zur 1.000-Jahr-Feier erhob Papst Pius XII. das Gotteshaus zur Basilika, der einzig päpstlichen Basilika im Bistum Würzburg. Der Sakralbau verfügt über einen reichen Kunstschatz, der ihm städtischen Stiftsmuseum zu bestaunen ist. Von besonderer kunsthistorischer Bedeutung ist der 1519 von Matthias Grünewald geschaffene Maria-Schnee-Altar mit dessen berühmtem Gemälde „Die Beweinung Christi". Weitere Sehenswürdigkeiten sind das überlebensgroße Holzkruzifix aus ottonischer Zeit (10. Jahrhundert) sowie der spätromanische Kreuzgang.
**Stiftsgasse 5, 63739 Aschaffenburg**
**Stiftsbasilika ganzjährig geöffnet**

Ernst Ludwig Kirchner, Kopf Erna, 1917, Öl auf Leinwand, 70,5 x 60,5 cm, ©Kirchner Museum Davos, Schenkung Stiftung Baumgart-Möller

## MUSEEN

### STIFTSMUSEUM

Das Aschaffenburger Stiftsmuseum befindet sich im früheren Kapitelhaus des Stiftes St. Peter und Alexander. Neben dem Stiftsschatz werden hier archäologische Funde aus der Steinzeit und der Antike, mittelalterliche und Renaissancekunst gezeigt. Höhepunkt der Ausstellung ist der Magdalenen-Altar aus der Werkstatt Lucas Cranachs d. Ä., der um 1525 fertiggestellt wurde. Auch andere Werke, etwa die Silberbüsten der Kirchenpatrone, genießen internationalen Rang. Somit zählt der Stiftsschatz zu den bedeutenden mittelalterlichen Kirchenschätzen in Deutschland, den man bei einem Besuch in Aschaffenburg nicht verpassen sollte.

**Stiftsplatz 1a, 63739 Aschaffenburg**
**Di-So 11-17 Uhr**

### CHRISTIAN-SCHAD-MUSEUM

Das Christian-Schad-Museum ist ein Neuzugang der reichhaltigen Aschaffenburger Museumslandschaft. Seit dem 4. April 2022 sind hier Werke aus allen Schaffensperioden des Wahl-Unterfranken zu sehen. 1894 geboren, gilt Schad als einer der wichtigsten Vertreter der Neuen Sachlichkeit. Die Exponate im brandneuen Museum widerspiegeln dabei Einflüsse aus dem Dadaismus, Expressionismus und dem Magischen Realismus nach 1945. Bereits in jungen Jahren entwickelte er eine kameralose Form der Fotografie, die Schadographien, welche den Rayographien des Amerikaners Man Ray ähneln. Die Besucher erwarten Malerei, Zeichnung, Druckgrafik, Collagen und Schadographien aus allen Schaffensperioden.

**Pfaffengasse 26**
**63739 Aschaffenburg**
**ganzjährig geöffnet**

### KIRCHNERHAUS

Das Kirchnerhaus widmet sich dem wohl bedeutendsten Aschaffenburger Künstler der jüngeren Vergangenheit: Ernst Ludwig Kirchner wurde 1880 in Aschaffenburg geboren, war Gründungsmitglied der Künstlergruppe „Brücke" und zählt zu den wichtigsten Vertretern des Expressionismus. Das Geburtshaus Kirchners befindet sich gegenüber vom Bahnhof und wurde 2012 denkmalgerecht saniert. Getragen vom Verein „KirchnerHAUS Aschaffenburg", befindet sich in den ehemaligen Wohnräumen der Familie ein Dokumentationsraum, im Erdgeschoss des Hauses befinden sich weitere Räume für Ausstellungen, Vorträge und weitere Veranstaltungen.

**Ludwigstraße 19, 63739 Aschaffenburg**
**Di-Sa 14-17 Uhr, So 11-17 Uhr**
**Montag Ruhetag**
**www.kirchnerhaus.de**

### BRAUEREI-MUSEUM IM SCHLAPPESEPPEL

Zwar wird in Aschaffenburgs ältester Wirtschaft kein Schlappeseppel-Bier mehr ausgeschenkt, im angeschlossenen Brauerei-Museum ist die Kultmarke jedoch weiterhin präsent. Zwischen Schloss und Stiftskirche gelegen, lohnt auch weiterhin der Besuch von beidem: Museum und Gaststätte, die sich ihren rustikalen Charme bewahrt hat. Im Museum findet man bis zu 200 Jahre alte Kupferkessel, Filter, Pumpen oder Holzfässer aus der 1978 aufgegebenen Brauerei. Weitere historische Werkzeuge, eine Kopie der kurfürstlichen Gründungsurkunde und auch das Original-Schlappeseppel-Rezept sind hier zu bestaunen. Wer da keinen Durst bekommt, mag wohl kein Bier!

**Schlossgasse 28, 63739 Aschaffenburg**
**www.schlappeseppel-ab.de**
**Führungen nach telefonischer Vereinbarung unter Tel. (0 60 21) 2 55 31**

## KULTUR

### COLOS-SAAL

Weit über die Grenzen Aschaffenburgs hinaus bekannt ist der Live-Musikclub Colos-Saal. Zunächst im Nachbargebäude beheimatet, wurden die Räume Ende der 1980er Jahre zu klein und man zog in das Nachbargebäude – eine ehemalige Brauereigaststätte um. Den Schwerpunkt bilden bis heute Livekonzerte aller Couleur, garniert durch Comedy und Kabarett sowie politische Veranstaltungen. Seit Jahrzehnten hat das Colos-Saal eine unverzichtbare Rolle im kulturellen Leben von Stadt und Region Aschaffenburg inne und einige Generationen für Jazz, Rock, Blues oder Pop begeistert. Von regionalen Acts über Geheimtipps bis zu internationalen Showgrößen, fast alle waren schon hier zu Gast und kommen stets gerne wieder.

**Roßmarkt 19, 63739 Aschaffenburg**
**www.colos-saal.de**

### HOFGARTEN-KABARETT

Seit dem 6. September 1998 besteht das Hofgarten-Kabarett, das von Urban Priol als Theater und Restaurant in der Orangerie des Hofgartens eröffnet wurde. Das denkmalgeschützte Gebäude, eine Orangerie aus dem 18. Jahrhundert im Stadtpark Schöntal, wurde vom Ehepaar Priol nahezu aufwendig renoviert und in einen Veranstaltungsort für Kabarett und Kleinkunst umgewandelt. Hier kommen alle Freunde der Satire und des mal mehr, mal weniger feinsinnigen Humors auf ihre Kosten. Alles, was in der deutschsprachigen Kleinkunstszene Rang und Namen hat, war hier schon zu Gast. Und selbstverständlich gilt es hier auch neue Talente und Newcomer zu entdecken. Ein Abendessen im benachbarten Restaurant Da Claudio rundet einen unterhaltsamen Abend perfekt ab.

**Hofgartenstraße 1a**
**63739 Aschaffenburg**
**www.hofgarten-kabarett.de**

**ASCHAFFENBURGER BACHTAGE**
Zu den musikalischen Höhepunkten des Sommers zählen seit 1985 die Aschaffenburger Bachtage. Organisiert von der Bachgesellschaft Aschaffenburg e. V., finden an verschiedenen Orten Aufführungen der Werke Johann Sebastian Bachs und seiner Zeitgenossen statt. Das Motto der Aschaffenburger Bachtage 2024 lautet „In Stylo Francese – Bachs französische Musik". Es zeigt den Musiker Bach als eine über den eigenen Tellerrand schauende Persönlichkeit, die in den seinerzeit gängigen europäischen Musikstilen zu Hause war. Im Rahmen der Bachtage werden sich international renommierte Künstler und Ensembles sowie erfolgreiche Nachwuchsmusiker der französisch beeinflussten Musik des mitteldeutschen Bach sowie originärer Werke französischer Barockkomponisten wie Couperin oder Rameau widmen und einen Hauch Versailles in Aschaffenburg erklingen lassen.
**13.–28. Juli 2024, diverse Orte**
**Programm und Tickets unter www.aschaffenburger-bachtage.de**

**MORGENTAU FLORISTIK & CAFÉ**
Ideen muss man haben: Das Morgentau verbindet kreative Floristik mit Kaffee- und Kuchengenuss vom Feinsten. Während Linda Zander in ihrem Laden liebevoll Blumen und passende Deko präsentiert, lädt das von ihrer Mutter betriebene Café die Gäste zum Verweilen. Blumenladen und Café zeigen die persönliche Handschrift der beiden Zanders und ihr Gespür für eine geschmackvolle visuelle Inszenierung. Wer hat eigentlich behauptet, dass der Blumenkauf eine Sache von nur wenigen Minuten sein muss? Über die richtige Blumenwahl für den Geburtstag der/des Liebsten kann man ruhig noch mal bei einem leckeren Stück Kuchen samt Espresso sinnieren ...
**Sandgasse 4, 63739 Aschaffenburg**
**www.morgentau-floristik.de**

**FRIDAS EISKREM**
Nicht nur bei sommerlichen Temperaturen: Die Lust auf ein köstliches, selbstgemachtes Eis lässt sich herrlich bei Fridas Eiskrem in der Sandgasse 39 stillen. Täglich frisch aus natürlichen, regionalen Rohstoffen zubereitet, sind die süßen Kreationen ein Hochgenuss. Die offerierten Sorten bewegen sich dabei gerne abseits des Mainstreams und ermöglichen ungeahnte Geschmackserlebnisse. Zwischen Stiftsbasilika und Park Schöntal gelegen, sollte man hier unbedingt einen Zwischenstopp einlegen. Wer es dort nicht hinschafft: In der zentralen Herstallstraße gibt es sommers zudem einen Straßenverkauf.
**Sandgasse 39, 63739 Aschaffenburg**
**www.fridas-eiskrem.de**

**AUF EINE „BRIZZA"**
Die „Brizza" stellt eine Neudichtung der Pizza dar. Die Mischung aus bayerischem Brezelteig und dem italienischen Klassiker ist eine Besonderheit in Aschaffenburg, die man in der Gaststätte Wurstbendel sowie im kulinarischen Schönbusch vorfindet.
**https://schoenbusch-ab.de**
**www.wurstbendel.de**

## VERHALTEN BEI NOTFÄLLEN

**DIE FÜNF W IM NOTRUF-FALL**

**Bitte beim Anruf sofort folgende Informationen durchgeben:**

**Wo ist der Unfall?**

**Was ist passiert?**

**Wie viele Verletzte/Erkrankte gibt es?**

**Welche Art Verletzungen/ Erkrankungen?**

**Warten auf Rückfragen, nicht gleich auflegen!**

# **WICHTIGE** TELEFONNUMMERN

## NOTRUFNUMMERN

| | |
|---|---|
| Polizei / Notruf | 1 10 |
| Notarzt / Feuerwehr | 1 12 |
| Ärztlicher Bereitschaftsdienst | (0 69) 1 92 92 |
| Gift-Notruf Mainz | (0 61 31) 1 92 40 |

## **NOT**DIENSTE

**Apotheken-Notdienst**
www.aponet.de

**Notdienst Kassenärztliche Vereinigung Hessen**
01805-60 70 11

**Zahnärztlicher Notdienst Hessen**
(Suche nach PLZ)
01805-60 70 11 / www.kzvh.de

**Frauen-Notruf**
(0 69) 70 94 94

**Notmütterdienst**
(0 69) 9 51 03 30

**Elterntelefon**
0800-1 11 05 50

**Deutscher Kinderschutzbund**
(0 69) 97 09 01 20

**Kinder- und Jugendschutztelefon**
0800-2 01 01 11
Kostenfreie Telefonnummer

**Nummer gegen Kummer – Kinder- und Jugendtelefon**
11 61 11

**Sperr-Notruf**
(EC-, Kreditkarte, Handy-Karte etc.)
11 61 16

**Störungsstelle Mainova Notruf**
(Strom, Erdgas, Fernwärme, Straßenbeleuchtungsanlagen)
(0 69) 21 38 81 10

## BERATUNG

**Frauen helfen Frauen e. V.**
Unterstützung für Frauen und deren Kinder, die häuslicher Gewalt ausgesetzt sind. Betroffenen bietet der Verein Schutz, Unterkunft und psychosoziale Beratung.
Berger Straße 40-42, 60316 Frankfurt
(0 69) 48 98 65 51
frauen-helfen-frauen-ffm.de

**Frauenberatung**
Beratung zu den Themen Schwangerschaft, Beziehung, Trennung, finanzielle Nöte, Erziehungsschwierigkeiten, Arbeitslosigkeit, Belastung durch die Pflege von Familienmitgliedern, häusliche Gewalt und vielen mehr.
Caritasverband Frankfurt e. V.
Alte Mainzer Gasse 17
60311 Frankfurt
(0 69) 29 82 28 57
www.caritas-frankfurt.de

**Frauennotruf Frankfurt**
Umfassende Beratung, Hilfe in der Krise und Unterstützung bei Klärungs- und Bewältigungsprozessen für Frauen und Mädchen, die von sexualisierter, körperlicher und digitaler Gewalt bedroht oder betroffen sind.
Kasseler Straße 1a
60486 Frankfurt
(0 69) 70 94 94
www.frauennotruf-frankfurt.de

**FIM – Frauenrecht ist Menschenrecht e. V. Beratungs- und Informationszentrum für Migrantinnen und ihre Familien**
Interkulturelles Beratungszentrum für Migrantinnen und ihre Familien in Frankfurt. Frauen finden in schwierigen Lebenslagen Rat und Unterstützung. Vertraulich, kostenlos und in mehr als 15 Sprachen.
Varrentrappstraße 55, 60486 Frankfurt
(0 69) 69 87 00 82 50
www.fim-frauenrecht.de

**Sozialdienst katholischer Frauen e. V.**
Kriegkstraße 36
60326 Frankfurt , (0 69) 9 73 82 30
www.skf-frankfurt.de
Zentrum für Frauen

**Diakonisches Werk für Frankfurt und Offenbach Beratungsstelle für Frauen.**
Alfred-Brehm-Platz 17, 60316 Frankfurt
(0 69) 2 47 51 49-60 30
www.diakonie-frankfurt-offenbach.de

**Wildwasser Frankfurt e. V. Information- und Beratungsstelle für Mädchen und Frauen gegen sexuellen Missbrauch**
Böttgerstraße 22, 60389 Frankfurt
(0 69) 95 50 29 10
www.wildwasser-frankfurt.de

**Frankfurter Kinderbüro**
Das Kinderbüro versteht sich als Sprachrohr der Frankfurter Kinder. Als Amt der Stadt Frankfurt ist es eine wichtige Anlaufstelle für Kinder, Jugendliche und Erwachsene. Die Mitarbeiter des Kinderbüros hören zu, beraten, informieren und setzen sich für Kinder und ihre Rechte ein.
Schleiermacherstraße 7
60316 Frankfurt
(0 69) 21 23 90 01
www.frankfurter-kinderbuero.de

**Informationszentrum für Männerfragen e. V.**
Ansprechpartner für Männer, Frauen und Paare in den unterschiedlichsten Lebenssituationen
Walter-Kolb-Straße 5-7, 60594 Frankfurt
(0 69) 4 95 04 46

**„gewaltfreileben“**
Beratungsstelle für Lesben, Trans und queere Menschen.
Träger ist der Broken Rainbow e. V.
(0 69) 43 00 52 33
www.gewaltfreileben.org

**Amt für multikulturelle Angelegenheiten**
Das Amt für multikulturelle Angelegenheiten (AmkA) befasst sich mit allen Fragen rund um Integration, Migration, Antidiskriminierung und das Zusammenleben in Frankfurt.
Mainzer Landstr. 293
60326 Frankfurt
(0 69) 21 24 15 15
www.amka.de

## SUCHT

**Anonyme Alkoholiker Kontaktstelle**
Stiftstraße 2
60313 Frankfurt
Rückgebäude
(0 69) 1 92 95
aa-kontakt@anonyme-alkoholiker.de
www.anonyme-alkoholiker.de

**Blaues Kreuz**
Beratung und Vermittlung bei riskantem und abhängigem Konsum von legalen Drogen
Blaues Kreuz Diakoniewerk mGmbH
Suchtberatungsstelle
Borsigallee 19, 60388 Frankfurt
(0 69) 39 62 32
www.blaues-kreuz.de

**CALLA – Beratungsbüro für suchtmittelabhängige Frauen**
Der Verein informiert, berät und hilft.
Mörfelder Landstraße 6-8
60598 Frankfurt
(0 69) 9 86 68 89 10
www.calla-ev.de

**Wohnen für suchtkranke Menschen Betreutes Wohnen für Menschen in besonderen Lebenslagen Caritasverband Frankfurt e. V.**
Mainkai 40, 60311 Frankfurt am Main
(0 69) 29 82-63 31
www.caritas-frankfurt.de

**Evangelische Suchtberatung**
Der Evangelische Regionalverband Frankfurt bietet Informationen und Hilfestellung bei Fragen rund um das Thema Sucht. Ob Alkohol, illegale Drogen, Medikamente, Glücksspiel und anderes: Das Angebot richtet sich an Betroffene, Angehörige und Menschen aus dem sozialen Umfeld.
Evangelisches Zentrum am Weißen Stein
Eschersheimer Landstraße 567
60431 Frankfurt
(0 69) 5 30 23 02
www.evangelische-beratung.com/sucht

**Fachstelle Sucht – Beratung und Therapie**
Metzlerstr. 34
60594 Frankfurt
(0 69) 61 44 64
www.suchtberatung-frankfurt.de

**Frankfurter Zentrum für Ess-Störungen**
Frankfurter Zentrum für Ess-Störungen gGmbH
Hansaallee 18
60322 Frankfurt
(0 69) 55 73 62 (Terminvereinbarung)
(0 69) 55 01 76 (Beratungshotline)
www.essstoerungen-frankfurt.de

**Suchthotline**
Ein gemeinsames Angebot der Drogennotrufe aus Berlin, Essen, Frankfurt und München.
0 18 06-31 30 31 (rund um die Uhr!)
www.sucht-und-drogen-hotline.de

## SONSTIGES

**Fundbüro der Stadt Frankfurt**
(0 69) 21 24 24 03

**Sperrmüll**
Nach Terminabsprache sammelt die Frankfurter Entsorgungs- und Service GmbH (FES) Sperrmüll ein:
0800-2 00 80 07-10 bzw.
www.fes-frankfurt.de/leistungen/buerger/sperrmuell

**Telefonjoker für Behördenfragen**
Wo kann ich mich nach meinem Umzug ummelden? Wie melde ich ein Gewerbe an? Wo meinen Hund? Was brauche ich für einen neuen Personalausweis?

**Es gibt unendlich viele Behördenfragen – und eine Nummer, die bei der Antwort hilft: (069) 115**

# IMPRESSUM

**MEIN FRANKFURT 2024**

**Herausgeber:**
RheinMainMedia GmbH (RMM)
Waldstraße 226
60371 Offenbach

**Geschäftsführer:** Achim Pflüger (RMM)

**Chefredaktion:** Bernd Buchterkirch
(verantwortlich für den redaktionellen Teil)

**Anzeigen:**
RheinMainMedia GmbH (RMM)
Waldstraße 226
60371 Offenbach
vertreten durch den Geschäftsführer
Achim Pflüger

**Objektleitung:** Marc Saade (RMM),
Tel.: (069) 75 01 48 80

**Layout:** Meike Voigt Grafikdesign
meike.voigt.design@gmail.com

**Korrektorat:** M. Sporer-König

**Englische Übersetzung:** R. Mann

**Produktion:** Bernd Buchterkirch (RMM)

**Vertrieb:**
RheinMainMedia GmbH (RMM)
Waldstraße 226
60371 Offenbach,
Tel.: (069) 21 99 30 00,
Fax: (069) 21 99 32 64

**Druck:**
Print Media Group GmbH
Sankt-Reginen-Platz 5, 59069 Hamm

**Autoren:**

Angelika Brecht-Levy
(Kulturelles Schwergewicht)
Constanze Kleis (Homo Francofurtiensis)
Sabine Börchers (Spielen mitten in der Stadt)
Stefan Krieglsteiner
(Offenbach – Vielfalt der Kulturen,
Aschaffenburg – zu jeder Zeit eine
Reise wert)

Ulrich Müller-Braun
(Botschafter für Frankfurt und die Metropolregion, Wunscherfüller vom Dienst, Bildung schafft Wissen , Es grünt so grün, Frankfurt bewegt, Tolle Stimmung und spezielle Atmosphäre, Eine spannende Melange, Schlichtweg „Die Höhe", Die Wetterau, Darum ist es am Rhein so schön)

Bernd Buchterkirch

**Bildnachweise:**

Jonas Ratermann

Horst Friedrichs
R.Rüffer
Maik Reuß
Jens Priedemuth
Enrico Sauda
Meike Voigt

Pixabay
Adobestock (oneinchpunch, Tierney, chokniti, Preview, Rawpixel, fotobox, jchizhe, ivanko80, vectorfusionart, bilderstoeckchen, contrastwerkstatt, Barbara Prinz, Halfpoint, Wellnhofer Designs, David Pereiras, travelview, Robert Kneschke, Wayhome Studio, Suteren Studio, Olga Zarytska, Nektarstock, Jacob Lund, push2hit.de, Seventyfour, Song_about_summer, Javier Brosch, Aboltin, Silke Koch, Birgit Reitz-Hofmann, Lapping Pictures, Geber86, fotografci, luna, travelview, pikselstock, BGStock72, traveldia, ABND Creativity, BB Digitalfotos, Roman, Christian Müller)

Stadt Frankfurt am Main, TCF
Grünflächenamt Stadt Frankfurt
Bad Homburg Tourismus
Taunus von der Höhe

Rheingau:
Filmagentur Rheingau Woody T. Hermer,
Rüdesheim Tourist AG –
Marlis Steinmetz, Christian Mähringer,
Saskia Marloh, Robert Carrera,
Wolfgang Blum, Karl Hoffmann,
Moritz Kertzscher